MARY T. BROWNE

DIE MACHT DES KARMAS

Wie wir die Vergangenheit verstehen,
die Zukunft gestalten können

Aus dem Amerikanischen
von Rita Höner

Die amerikanische Originalausgabe erschien 2002
unter dem Titel »The Power of Karma«
bei HarperCollins Publishers Inc., New York.

Die Namen und Charakteristika der in diesem Buch
erwähnten Personen sind zum Schutz
ihrer Privatsphäre verändert worden.

Für Lawrence

Umwelthinweis:
Alle bedruckten Materialien dieses Taschenbuches
sind chlorfrei und umweltschonend.

Deutsche Erstausgabe Oktober 2003
© 2003 der deutschsprachigen Ausgabe
Wilhelm Goldmann Verlag, München
in der Verlagsgruppe Random House GmbH
© 2002 Mary T. Browne
Umschlaggestaltung: Design Team München
Umschlagfoto: Photonica
Satz: Buch-Werkstatt GmbH, Bad Aibling
Druck: GGP Media GmbH, Pößneck
Verlagsnummer: 21654
WL · Herstellung: WM
Made in Germany
ISBN 3-442-21654-0
www.goldmann-verlag.de

2. Auflage

Inhalt

Was ist Karma
und wie beeinflusst es mich?
7

Einführung
9

Karma
14

Karma und Reinkarnation
43

Karma und Gesundheit
82

Karma und Sex
125

Karma und Geld
170

Karma und Macht
216

Karma und Gleichgewicht
251

Liste der Merksätze
281

Was ist Karma und wie beeinflusst es mich?

Karma ist das universelle Gesetz von Ursache und Wirkung. Anders gesagt: Sie ernten, was Sie gesät haben. Jeder bekommt, was er verdient. Der Mensch ist, was er isst. Wenn Sie lieben, werden Sie geliebt. Rache wendet sich gegen den Rächer. Alles kommt zurück.

Wörtlich übersetzt bedeutet Karma »Tat, Handlung, Aktion«. Gute Taten entsprechen gutem Karma. Böse Taten entsprechen schlechtem Karma. Jeder Mensch ist für das, was er tut, allein verantwortlich, und jede Aktion erzeugt eine Reaktion, die in jeder Hinsicht der Handlung gleichwertig ist.

Karma ist Gerechtigkeit. Es ist keine Belohnung oder Bestrafung. Es hat keine Vorliebe für irgendjemanden, denn alles, was wir bekommen, müssen wir uns verdienen. Das Karma bestimmt nichts und niemanden vorher. Wir selbst sind der Verursacher, und das Karma regelt die Folgen mit vollkommenem Gleichgewicht.

Viele Leute meinen, sie könnten nichts tun, um ihr Karma zu ändern – warum sollten sie versuchen, ihre Situation zu ändern, wenn sowieso alles vorherbestimmt ist? Diese Vorstellung macht ihnen Angst. Sie meinen, um ihr real vorhandenes Karma zu akzeptieren, müssten sie passiv bleiben. Aber das stimmt einfach nicht. Karma ist etwas Aktives. Wir können – von einem Augenblick zum nächsten – Entscheidungen treffen, die unsere Zukunft gestalten, und die Bereiche unseres Lebens transformieren, die uns unglücklich machen.

Betrachten Sie das Karma als Bank. Die Karmabank ist eine unparteiische, ehrwürdige, unbestechliche, unfehlbare und solide Institution. Jeder Mensch im Universum hat in diesem gigantischen Depot ein Konto. Jedes Mal, wenn Sie etwas Positives tun, zahlen Sie gutes Karma auf Ihr Konto ein. Jede negative Tat erzeugt schlechtes Karma. Das Ziel besteht darin, ein perfekt ausgeglichenes Konto zu haben. Wenn Sie das erreicht haben, haben Sie Ihr Karma gemeistert.

Einführung

Seit mehr als zwanzig Jahren verwende ich meine übersinnlichen Fähigkeiten dazu, Menschen zu beraten. Im Verlauf dieser Zeit sind Tausende zu privaten Konsultationen zu mir gekommen. Meine Arbeit besteht überwiegend darin, ihnen zu helfen, ihre Probleme zu erkennen und ihnen anschließend Lösungen vorzuschlagen. Ich habe keine Macht über das Schicksal der Menschen. Aber ich habe einen Großteil meiner Zeit damit zugebracht, mir die häufigsten Probleme im Denken meiner Klienten, Freunde und Bekannten anzusehen. Und egal ob sie Vorstandsvorsitzender einer Weltfirma, Oscarpreisträgerin, Rechtsanwalt, Psychiater, Wall-Street-Broker, Telefonistin, Sekretärin, Studentin, Mutter oder Journalist waren, ein roter Faden durchzog ihr Leben immer. Die individuellen Umstände waren verschieden, aber die Bedürfnisse waren die gleichen: Alle sehnten sich nach Gesundheit, Liebe, Sicherheit und Gleichgewicht. Paradoxerweise denken die Leute häufig, diese Ziele ließen sich am effizientesten erreichen, wenn sie mit Sex, Geld und Macht manipulieren. Sie kommen zu mir in der Hoffnung, dass ich ihnen mit Hilfe meiner übersinnlichen Fähigkeiten den besten Weg nennen kann, ihre Wünsche zu verwirklichen.

Der Schwerpunkt meiner Arbeit, der mich auch am meisten begeistert, waren und sind die Einzelsitzungen mit Menschen aus allen sozialen Schichten. Im Lauf der Jahre wurde meine Praxis so groß, dass es unmöglich wurde, jeden, der um eine Einzelsitzung oder eine Heilung nachsuchte, zu empfangen. Es musste etwas geschehen. Das Schreiben war die praktischste Methode, mein Wissen und meine Erfahrung einem breiteren Publikum vorzustellen.

Mein erstes Buch, *Love in Action,* wurde durch die Sitzung mit einem Klienten angeregt, der mir sagte: »Ich bin heute zu Ihnen gekommen, weil ich Gott finden will.« Die Leute haben aus vielen Gründen ein Treffen mit mir vereinbart. Ein paar suchten mich aus purer Neugierde auf. Andere hatten fest umrissene Fragen, etwa: »Werde ich meinen jetzigen Freund heiraten?«, oder »Welches Jobangebot soll ich annehmen?«, oder: »Wie viele Kinder sehen Sie in meiner Zukunft?« Aber das war das erste Mal, dass jemand mich bat, ihm zu helfen, Gott zu finden.

Es war Ende der Achtzigerjahre – der »Ich«-Generation. Die Menschen fühlten eine große spirituelle Leere. In meinem ersten Buch teilte ich meine Überzeugung mit, dass der direkteste Weg zu Gott darin besteht, anderen auf jede mögliche Weise zu dienen. Man brauche nicht Mahatma Gandhi oder Mutter Teresa zu sein, um ein sinnvolles Leben zu führen. Man braucht weder Gutmensch noch Fußabtreter zu sein, um ein Leben im Geiste des Dienens zu führen. Jede Tat, die wir tun, um anderen zu helfen, ist ein Schritt zu Gott hin – jedes Leben ist gleich wichtig. *Love in Action* stellte dem Leser einen spirituellen Weg zu Freiheit und Glück vor.

Life After Death wurde geschrieben, weil die Hälfte meiner Klienten mich bat, ihnen begreiflich zu machen, was passiert, wenn wir sterben. Seit dem einen Krieg sind nicht mehr so viele junge Männer und Frauen auf tragische Weise ums Leben gekommen. Meines Erachtens gehörten eine an Verzweiflung grenzende Depression, Krankheiten wie Parkinson, die sich vorher auf ältere Menschen beschränkt hatten, und die Aids-Epidemie zu den häufigsten Gründen für das zunehmende Interesse der Menschen am Leben nach dem Tod. Weil ich auf übersinnliche Weise ins Jenseits hineinsehen kann, hatte ich die direkte Erfahrung, auf deren Grundlage ich das Buch schreiben konnte. Die anhaltend positive Reaktion auf *Life After Death* beweist mir, dass Menschen die Angst vor dem Tod überwinden *können,* was dazu führt, dass sie die Heiligkeit des Lebens mehr schätzen.

Die Macht des Karmas schreibe ich, weil die häufigsten Fragen bei Einzelsitzungen und Vorträgen derzeit das Gesetz des Karmas und seine Wirkung auf den Alltag betreffen:

1. Ist alles in unserem Leben vorherbestimmt?
2. Ich tue alles, was ich kann, um ein guter Mensch zu sein. Warum läuft in meinem Leben dann so viel schief?
3. Werde ich je meinen Seelengefährten finden?
4. Warum ist meine Mutter an Krebs gestorben? Sie war der freundlichste Mensch auf Erden.
5. Ich mache für meinen Chef die ganze Arbeit, aber er dankt es mir nie und verdient zwanzig Mal mehr als ich. Warum passiert mir das?
6. Ich faste, gehe ins Fitness-Studio, zähle jede Kalorie und wiege immer noch dreißig Pfund zu viel. Mein Arzt sagt, meine Schilddrüse wäre in Ordnung. Warum ist mein Körper so?
7. Er hat geschworen, er würde mich lieben. Warum hat er nie wieder angerufen?
8. Betrüge ich meinen Mann, wenn ich im Internet Sex habe?

9. Ein Astrologe hat mir gesagt, dass ich geboren wurde, um berühmt zu werden. Wann ist es endlich so weit?
10. Glauben Sie an Reinkarnation? Ich habe eine Rückführung in ein früheres Leben gemacht, und mir wurde gesagt, dass dies mein letztes Leben auf der Erde ist.
11. Ich will wegen meines Freundes meinen Mann verlassen. Wird das auf mich zurückfallen?
12. Warum passiert mir das? Bezahle ich für etwas, das ich in einem früheren Leben getan habe?

Zeitschriften, Zeitungen, Fernsehen und Filme verwenden das Wort »Karma« genauso oft, wie sie früher die Formulierung »Alles kommt zurück« oder »Jeder bekommt, was er verdient« benutzt haben. Ein Wort, von dem viele Menschen glauben, dass es nur in ein östliches oder New-Age-Vokabular passt, ist in unsere Alltagssprache eingegangen.

Mir wurde klar, dass eine Erklärung der Begriffe Karma, Reinkarnation, Vorherbestimmung und freier Wille unbedingt notwendig war. Ich wollte das Hirngespinst zerstreuen, dass Ereignisse uns zufällig zustoßen, je nachdem, wie viel Glück wir bei der Verlosung haben; dass wir nur ein einziges Leben haben; dass irgendeine allmächtige Kraft für uns bestimmt und wir selbst nicht die Macht haben, Entscheidungen für uns zu treffen.

Ich möchte plausibel verständlich machen, wie Karma wirkt und wie wir an unserem Karma arbeiten können. Es kann kein Karma ohne Reinkarnation geben, und deshalb muss die unauflösliche Verbindung zwischen ihnen eingehend erklärt werden. Allzu lange sind Karma und Reinkarnation Rätsel geblieben. Ohne das Wissen um das Karma und seinen direkten Einfluss auf alle Lebensbereiche sind anhaltende – physische, spirituelle und psychische – Veränderungen nicht möglich. Visualisationen, Affirmationen, positives Denken, Heilmeditationen, die Anrufung höherer Wesen oder ähnliche Methoden sind Zeitverschwendung, wenn wir das Karma nicht begriffen haben.

Wenn wir uns mit dem Karma beschäftigen wollen, müssen wir zuerst verstehen, was Gleichgewicht ist. Im Gleichgewicht leben bedeutet, mit uns selbst und der äußeren Welt im Frieden zu sein. Das ist Harmonie. Auf die eine oder andere Weise fehlt sie den Menschen – manche sind vollkommen gesund, haben aber kein Geld, andere haben fantastischen Sex, aber keinen Job, wieder andere haben Geld, kränkeln aber, oder sie haben Macht, aber keine Liebe.

Meine Überzeugung, dass alles Karma ist, ist das Leitmotiv meines Lebens. Ich glaube, dass die Leute mit sich und anderen mehr Geduld haben werden, wenn es mir gelingt, meinen leidenschaftlichen Glauben an das Karma und die Reinkarnation an sie weiterzugeben. Denn wozu hetzen, wenn die ganze Ewigkeit vor uns liegt? Wir haben viel Zeit, uns zu entwickeln und glücklich zu werden. Wir können in jeder Situation, vor die wir gestellt werden, immer nur das Bestmögliche geben.

Gerade wenn uns schwierige Zeiten ins Haus stehen und wir wissen, dass die Zukunft wahrscheinlich auch nicht rosiger werden wird, haben wir die riesengroße Chance, uns spirituell weiterzuentwickeln. Denken wir daran: Alles ist Karma, und die Gestaltung unserer Zukunft liegt in unserer Hand.

1. Karma

Wo kommt das Karma her?

Es überrascht mich nicht, dass viele Leute den Begriff »Karma« nicht genau erklären können. Wenn Sie zehn verschiedene Personen nach der Bedeutung des Wortes fragen, bekommen Sie zehn verschiedene Antworten: »Bedeutet es nicht Schicksal?«, oder: »War das nicht ein Wort, das um 1960 in der Woodstock-Ära benutzt wurde?«, oder: »Ich glaube, Karma bedeutet, dass ich etwas falsch gemacht habe«, oder: »Ist das nicht etwas, das mit den Buddhisten zu tun hat?«, oder: »Na klar, es bedeutet Pech!« Die meisten Leute wissen, dass die Zehn Gebote aus der Bibel stammen, aber sie haben keine Ahnung, woher das Karma kommt.

Karma und Reinkarnation sind die grundlegenden Lehren des Buddhismus und wurden auch von Schulen der esoterischen Philosophie gelehrt, etwa den Pythagoräern und den Platonikern. Aber für unsere praktischen Zwecke will ich bei Adam und Eva anfangen.

Adam und Eva

Das Bedürfnis nach Gesundheit, Sex, Geld und Macht entstand in dem Augenblick, in dem der Geist in den physischen Körper einging und gezwungen wurde, in der materiellen Welt zu leben. Der entscheidende Moment kam, als Adam und Eva aus dem Paradies vertrieben wurden.

Sie hatten alles bekommen, unter einer Bedingung: Esst nicht die Frucht vom Baum der Erkenntnis von Gut und Böse. Sie aßen diese Frucht. Sie brachen das Gesetz. Sie zahlten den Preis. Kein Gott schrieb ihnen ihr Karma vor; sie zogen es sich selbst zu. Adam und Eva wurden aus ihrem vollkommenen Leben vertrieben. Von diesem Augenblick an musste jeder sich gewaltig abstrampeln, um sein Glück zu verdienen. Mit den Gratis-Mittagessen war jetzt Schluss. Von nun an war die Stofflichkeit für die spirituelle Entwicklung unumgänglich. Simpel gesagt: Wir mussten für Essen und Unterkunft arbeiten, uns mit persönlichen Beziehungen herumschlagen, gesundheitlichen Problemen ins Auge sehen und sterben.

Das Karma entstand mit der Menschheit. Die Geschichte von Adam und Eva ist eine Metapher für den Geist, der sich in einem physischen Körper inkarniert. »Paradies« ist ein anderes Wort für die geistige Welt, einen Ort voll Schönheit und Harmonie, in dem die Seele nach dem Tod des Körpers weiterexistiert. Die Vertreibung von Adam und Eva bescherte uns die »Schule zur Entwicklung unserer Seele«. Die physische Welt bietet jedem von uns zahllose Gelegenheiten zu lernen, irgendwann im Gleichgewicht – in Harmonie – zu leben. Die karmischen Schläge, die so hart erscheinen, stellen sich oft als das Beste heraus, das passieren konnte.

Woher weiß ich etwas über das Karma?

Erstens habe ich als Sensitive den angeborenen Glauben an das Gesetz des Karmas. Auf Grund meiner übersinnlichen

Begabung kann ich Dinge wahrnehmen, ohne dass sie mir gesagt werden. Karma war für mich immer etwas absolut Plausibles. Zweitens hat meine Beschäftigung mit dem Buddhismus, dem Hinduismus, dem Judentum, dem Christentum und der Theosophie diesen Glauben erhärtet. Drittens bestätigen tief schürfende Diskussionen mit meinem Meister und Lehrer, dass das Karma die einzige praktische, pragmatische, brauchbare, vernünftige, umfassende, intelligente, logische, sachliche, psychisch gesunde Antwort darauf ist, warum bösen Menschen Gutes widerfährt oder warum gute Menschen Böses erleben. Viertens habe ich in meinem Leben und im Leben aller Menschen, die ich kennen gelernt habe, Karma in Aktion gesehen.

Egal ob jemand das Gesetz des Karmas versteht oder nicht, er muss seine Folgen tragen. Dazu ein Beispiel: Sie haben das Parkverbotsschild nicht gesehen, aber Sie bekommen trotzdem ein Knöllchen. Sie legen sich mächtig ins Zeug, um die Politesse zu überzeugen, dass es nicht Ihre Schuld war. Trotzdem müssen Sie blechen, denn Sie haben das Gesetz gebrochen. Dass Sie das Gesetz nicht kannten, ist keine Entschuldigung. Wahrscheinlich hat jeder von uns so etwas schon einmal erlebt.

Mein merkwürdiges Karma

Manche Leute sind zum Sänger, Arzt, Wissenschaftler oder Maler geboren, andere haben von Geburt an übersinnliche Fähigkeiten. Hunderte von Leuten haben mich gefragt: »Warum sind Sie als Sensitive geboren worden und ich nicht?« Darauf kann ich nur antworten: »Ich bin mit einer übersinnlichen Begabung geboren worden. Ich muss sie in früheren Leben entwickelt haben. Es ist mein Karma zu entscheiden, wie ich in diesem Leben mit ihr umgehe.«

Diese Begabung ist wie alle Begabungen nutzlos, wenn der, der sie mitbekommen hat, nichts mit ihr macht. Ein Samen wird nie zu einem Baum, wenn er nicht eingepflanzt wird. Motivation, Disziplin, Selbsterforschung, Geduld, Ausdauer und Humor waren notwendig, um mein Talent zu einem Vehikel zu formen, mit dem ich anderen helfen kann. Menschen mit übersinnlichen Fähigkeiten gibt es seit Anbeginn der Menschheit.

Die erste wirklich übersinnliche Erfahrung, an die ich mich erinnere, hatte ich mit sieben Jahren. Meine Schwester und ich waren nach Iowa gezogen, um bei unserer Oma Grace zu leben. Meiner Großtante Mayme gehörte das Bestattungsinstitut der Stadt. Eines Tages bat sie mich, herüberzukommen und für sie Telefondienst zu machen. Nachdem sie mir genau erklärt hatte, was ich tun sollte, wenn ein Anruf kam, ging sie. Ich nahm meinen Job ziemlich ernst, setzte mich in ihr Büro und starrte das Telefon an. Nach kurzer Zeit wurde ich unruhig, und also machte ich einen Spaziergang durch die Leichenhalle. Ohne zu wissen, was mich dorthin geführt hatte, wurde ich von einem der Räume angezogen, in dem später am Tag eine Totenwache stattfinden sollte.

Es war früh, und deshalb war von der Familie der Verstorbenen noch niemand da. Die Schüchternheit hielt mich davon ab, hineinzugehen, und so stand ich vor dem Raum, in dem der Sarg aufgebahrt war, und empfand eine Stille, die einem sonst beim Betreten einer Kirche begegnet. Blumen und der wachsige Geruch der Kerzen erfüllten den

Raum. Plötzlich schien ein Blumenarrangement in der Luft zu schweben. Einen Augenblick lang war es, als würden die Blumen frei im Raum hängen, und dann fingen sie an, sich ganz sacht durch den Raum zu bewegen. Ich machte die Augen zu, dann wieder auf und rechnete damit, dass die Erscheinung – die ganz gewiss ein Produkt meiner Fantasie war – jetzt verschwunden wäre. Aber nein. Die Blumen schwebten immer noch in der Luft. Dann sah ich ganz schwach den Schatten einer Frau, die den Strauß hielt. Auf ihrem Gesicht lag ein strahlendes Lächeln, sie winkte mit einer Hand, stellte die Blumen an ihren ursprünglichen Platz zurück und verschwand. An diesem Punkt ging ich geradewegs auf den Sarg zu. In ihm lag die Frau, die die Blumen gehalten hatte. Ich hatte keine Angst. Ich spürte, dass eine große Erregung mich durchströmte. In diesem Augenblick erfüllte mich die Gewissheit, dass es den Tod nicht gab. Als ich meiner Großmutter erzählte, was geschehen war, nickte sie nur, als würde sie es voll und ganz verstehen. Sie sagte mir, ich solle es niemandem gegenüber erwähnen, denn die meisten Leute würden mir nicht glauben. »Du hast eine Begabung. Sei dankbar dafür«, meinte sie nur. Oma Grace war eine sehr praktische Frau. Sie war ganz und gar von ihrem katholischen Glauben überzeugt. Sie hatte nie über irgendwelche übersinnlichen Phänomene gesprochen. Meine merkwürdige Begabung wurde in meiner häuslichen Umgebung nicht gefördert. Aber Großmutters simple Bestätigung, dass es in Ordnung war, eine Sensitive zu sein, war mir als Sicherheit genug. Ich hatte nie das Bedürfnis, ihr spezielle Fragen zu übersinnlichen Fähigkeiten zu stellen. Ich wusste auch, dass Großmutter alles gesagt hatte, was sie zu diesem Thema sagen würde.

Eine meiner besten Freundinnen aus der Kindheit erinnerte mich daran, dass meine Fähigkeit, verlorene Gegenstände mit einer ziemlich hohen Trefferquote zu lokalisieren, anfing, als wir Kinder waren. Wenn jemand sagte: »Ich kann meine Schlüssel nicht finden«, sprudelte aus mir heraus: »Sie sind hinter dem dritten Buch auf dem Regal in deinem Schlafzimmer.« Wenn die Betreffende dann nachsehen ging, ob die Schlüssel tatsächlich da waren, kam sie jedes Mal mit ihnen zurück und meinte erstaunt: »Woher wusstest du das?« Es gab dafür keine rationale Erklärung, denn ich war nie in der Nähe des entsprechenden Hauses gewesen. Vielleicht halten Sie es für seltsam, dass ich meine Begabung so leicht akzeptierte. Man hatte mich gelehrt, nicht anzugeben, und für mich war es normal, Dinge zu finden. Es war einfach ein Teil von mir. Es passierte so oft, dass sich die Menschen, die mir nahe standen, daran gewöhnten und meine Fähigkeit für selbstverständlich hielten. Niemand machte um meine übersinnliche Begabung ein großes Tamtam. Ich glaube, dass dies der Hauptgrund dafür ist, dass ich mich in meiner Haut immer sehr wohl gefühlt habe. Als ich einmal ein Tagebuch von mir fand, das ich mit zwölf Jahren geschrieben hatte, las ich überrascht: »Ich weiß, dass ich schon gelebt habe und wieder leben werde.« Offenbar glaubte ich schon an die Reinkarnation, bevor ich das Wort gehört hatte. Auch wenn Großmutter bestätigt hatte, dass ich »eine Begabung« hatte, spielte sie nie auf frühere Leben an, und metaphysische Bücher gab es in unserer Stadt in Iowa nicht. Mein Glaube an die alte Philosophie der Reinkarnation hat weder eine in meinem Umfeld begründete noch eine wissenschaftliche Basis. Es erschien mir einfach vernünftig, dass ich schon einmal gelebt hatte.

Ich war ein kreatives Kind, das von einem frühen Lebensalter an sang und immer sehr am Theater interessiert war. Nachdem ich die Highschool abgeschlossen hatte, ging ich an die Universität von Iowa, um Musik und Schauspielkunst zu studieren. Während der Schulzeit hatte ich einen Teilzeitjob in einer Buchhandlung. Dort machte ich die erste Bekanntschaft mit Büchern über metaphysische Themen, insbesondere mit Werken, die Karma, Reinkarnation und das Leben nach dem Tod betrafen. Dieses Interesse blieb, als ich das College verließ und nach New York übersiedelte.

In meinen ersten Jahren dort verfolgte ich meine Theaterkarriere weiter und beschäftigte mich außerdem mit der Metaphysik. Meine übersinnlichen Fähigkeiten wurden stärker und präziser, und ich entwickelte den überwältigenden Wunsch, den Menschen zu helfen. Beim Vorsprechen wusste ich immer schon, wer die Rolle bekommen würde, einfach indem ich mich umblickte: Vor meinem »geistigen Auge« konnte ich sehen, wer ausgewählt werden würde. Ich sah einen Menschen an und wusste es einfach. Oft mussten wir ein paar Stunden warten, bis der Direktor uns empfing. Ich verbrachte dann meine Zeit damit, den Leuten, die ich dort traf, ein Reading zu geben. Es passierte einfach; ich fing an, mit jemandem zu reden, und die Informationen aus einer anderen Welt kamen durch. Die anderen Anwesenden hörten natürlich, was ich sagte, und nach kurzer Zeit waren alle um mich versammelt. Schauspieler sind bekanntlich sehr aufgeschlossen. Sie akzeptierten meine Fähigkeit einfach und waren dankbar für meine Mitteilungen. In dieser Zeit meines Lebens wollte ich unbedingt irgendeine Art von Anleitung, aber ich wusste nicht, wo ich sie finden sollte. Ich brauchte niemanden, der mir sagte, wie ich *übersinnlicher* sein konnte. Ich brauchte Hilfe, um zu lernen, mit meinen Fähigkeiten umzugehen und sie auf bestmögliche Weise einzusetzen. Ich betrieb auf eigene Faust Studien in dieser Richtung und begeisterte mich für die Lehren von Helena Petrovna Blavatsky. Sie stammte aus einer Familie russischer Adliger, kam 1873 in die USA und gründete dort die Theosophische Gesellschaft. Sie besaß außergewöhnliche übersinnliche Fähigkeiten, reiste durch die Welt, trieb Studien in Tibet und schrieb sehr viel.

Ihr berühmtestes Werk ist *Die Geheimlehre*, in der sie ausführliche Erklärungen zu Karma, Reinkarnation, Wissenschaft, Philosophie und Religion gibt. Die wiederkehrende Botschaft lautet: Der höchste Lebenszweck besteht darin, der Menschheit zu dienen. Durch das Karma können wir zum Meister unseres Schicksals werden und im Gleichgewicht mit der gesamten Natur leben. Reinkarnation und Karma sind die einzigen vernünftigen Erklärungen für die scheinbar unlogischen Ereignisse, an denen unser Leben so reich ist. Wenn Sie diese Lehre akzeptieren, folgt daraus, dass Sie nie Opfer sein können. Sie ziehen nur Situationen an, die Sie selbst hervorgebracht haben. So etwas wie Glück oder Pech gibt es nicht, denn nichts geschieht durch Zufall.

Ich erreichte das Stadium, in dem ich nicht mehr zwei Herren dienen konnte: dem Theater und meinem Wunsch, den Menschen mit meiner übersinnlichen Begabung zu helfen. Ich verabschiedete mich von meinen Theaterambitionen, und von diesem Moment an führte die Mund-zu-Mund-Werbung mir Klienten zu. Es war eine große Chance für mich, die ich nie bedauert habe.

Ein altes Sprichwort sagt: »Wenn der Schüler bereit ist, kommt der Lehrer.« Ich arbeitete etwas über ein Jahr mit

Klienten, bevor ich meinen Lehrer kennen lernte. Ich nenne ihn Lawrence, aber das ist nicht sein richtiger Name. Ich tue dies aus Achtung vor seiner Privatsphäre, aber an seinen Lehren habe ich nichts verändert.

Mein Karma mit Lawrence

Ich nahm Lawrence, meinen Lehrer, zum ersten Mal durch einen Wiederholungstraum wahr. Ich war etwa zehn, als er zum ersten Mal auftrat. Der Traum ging so:

Ich war in einem Haus und saß ruhig auf einer Matte auf dem Boden. Wo genau es war, weiß ich nicht, aber es schien tropisch zu sein, denn da waren hübsche Palmen und exotische Blumen, die in Töpfen arrangiert waren. Ich war ruhig und fühlte mich in diesem einfachen Haus vollkommen heimisch. Ein sehr großer Mann mit den dunkelblausten Augen, die ich je gesehen hatte, kam in den Raum hinein und streckte mir die Hand entgegen. Ich nahm seine Hand und studierte sein Gesicht; irgendwie wusste ich, dass ich mich an seine Gesichtszüge genau erinnern musste. Als ob er meine Gedanken gelesen hätte, lächelte er und sagte: »Ich bin dein Lehrer. Du wirst mich nicht vergessen. Wir werden uns persönlich begegnen, wenn die Zeit gekommen ist.«

Meine erste persönliche Begegnung mit Lawrence fand vor über 17 Jahren statt, an einem herrlichen Frühlingstag im New Yorker Central Park. Die übersinnliche »innere Stimme«, die Teil meiner Begabung ist, zwang mich, in den Park zu gehen. Die Fähigkeit, Botschaften zu empfangen, indem man jemanden klar und deutlich in seinem Kopf sprechen hört, wird als Hellhörigkeit bezeichnet. Ich wachte mit der Botschaft auf: »Zieh dich an und geh so schnell du kannst in den Central Park.« Ohne präzise Erwartung kam ich dort an.

Ich setzte mich auf eine Bank und bemerkte Lawrence erst, als er mich mit Namen ansprach. Ich wandte mich zu der Stimme um, und ein Schock des Wiedererkennens durchfuhr mich. Das war der Lehrer, von dem ich seit meiner Kindheit geträumt hatte. Ehrfurcht und Faszination erfüllten mich. Er nahm meine Hand und beruhigte mich sofort.

Lawrence ist ein Mensch, eine reale Person, kein Geist. Er ist sehr groß, ziemlich schlank und sieht so aus, als wäre er um die fünfzig. Er scheint nie älter zu werden. Er hat die wunderschönsten blauen Augen, die ich je gesehen habe; aus ihnen spricht ein Verständnis und ein Mitgefühl, die fast unirdisch wirken. Aber nicht sein äußeres Erscheinungsbild hebt ihn von anderen Menschen ab, sondern die ihm innewohnende Spiritualität, die Aura völliger Harmonie. Ich muss betonen, dass es Lawrence' Entscheidung ist, wen er trifft und wann ein Treffen notwendig ist. Viele Leute haben gefragt, ob ich sie meinem Lehrer vorstellen könnte. Darauf kann ich nur antworten, dass dies nicht in meiner Macht steht. Lawrence hat seine Gefühle voll unter Kontrolle und kann, wenn er will, erstaunliche übersinnliche Leistungen vollbringen. Diese Fähigkeiten führt er nie ohne sehr guten Grund vor. Er legt Wert auf die Feststellung, dass die Anwendung übersinnlicher Kräfte gefährlich und verwirrend sein kann, wenn sie nicht zum Lehren oder Dienen erfolgt. Seit meiner ersten Begegnung mit ihm haben wir uns im Lauf der Jahre an vielen Orten überall auf der Welt getroffen. In gewisser Weise fühle ich mich wie ein Soldat, der Befehle erhält und sie befolgt, ohne Fragen zu stellen – ich weiß einfach, dass der Grund zum richtigen Zeitpunkt offenbart wird. Meist jedoch erfolgen seine Mitteilungen nicht persönlich. Manchmal nimmt er durch Briefe oder Telefonanrufe Kontakt zu mir auf. Am häufigsten kommuniziert er auf übersinnlichem Wege mit mir, indem er mir kraftvolle Gedanken schickt. In diesem Fall höre ich seine Stimme, und er gibt mir Hilfe oder Anweisungen, während ich ruhig dasitze und mir seine Botschaften anhöre.

Ich nenne ihn »Meister«, obwohl er mir einmal gesagt hat: »Mein Kind, für den, der sein wahres spirituelles Selbst gefunden hat, gibt es weder einen Meister noch einen Schüler. So jemand betrachtet jeden anderen Menschen als gleichwertig. Du musst den Meister in dir selbst finden und andere an dieser Entdeckung teilhaben lassen. Das ist ein Teil deines Karmas. So werden auch sie mit einem Leben gesegnet, in dem innerer Frieden und Gleichgewicht herrschen.«

Paris

Eine unserer Begegnungen fand in Paris statt. Ich bekam einen Brief von ihm, in dem er mich anwies, dorthin zu reisen. Er teilte mir mit, ich würde ihn zu einer bestimmten Uhrzeit am Eingang zum Rodin-Museum treffen. Wir besuchten das Museum zusammen und sahen uns die Meisterwerke dort an. »Die größte Kunst ist die Lebenskunst«, meinte er.

Wir studierten die Form der Skulpturen. Lawrence

sprach über die Werke und die Geschichte der Künstler wie jemand, der sehr gut Bescheid weiß. Er kennt sich mit der Kunst aus wie ein Gelehrter, und sein Wissen geht einher mit Verehrung für das Talent des Künstlers und die Schönheit seines Werks.

»Es dauert viele Leben, ein Talent wie das von Rodin zu entwickeln«, erklärte er. Lawrence verglich die meisterlichen Skulpturen von Auguste Rodin und Camille Claudel mit unserem Leben. Die Kunstwerke haben die Form einer Hand, eines weinenden Kindes, eines Paares beim Liebesakt, eines tief in Gedanken versunkenen Mannes angenommen. Sie alle haben als Marmor, Stein oder Lehm angefangen. Die Gedanken des Künstlers haben diese Materialien in herrliche Formen verwandelt, die den Beobachter zu tiefen und mannigfaltigen Emotionen anregen. »Das ganze Leben ist ein sich fortgestaltendes Kunstwerk. Jeder hat bei der Gestaltung seiner Zukunft sehr viel Macht. Ein großer Bildhauer zerschneidet einen Stein nicht planlos. Er entscheidet sich für die Form, die er hervorbringen will, und macht sich dann daran, sein Kunstwerk zu formen. Ein weiser Mensch denkt nach, bevor er etwas tut oder auf etwas reagiert«, philosophierte Lawrence.

Wir sprachen über Karma und Reinkarnation und darüber, wie unsere früheren Leben das gegenwärtige beeinflussen. Drei Mal betonte er, dass wir das meiste über unsere früheren Leben lernen, wenn wir uns das jetzige genau ansehen. Er sagte: »Diese Künstler bringen ihre Werke hervor, und die Menschen bringen ihr Schicksal hervor.«

Lawrence verließ Paris ein paar Tage früher als ich. Er sagte mir, ich solle noch einmal ins Rodin-Museum zurückkehren und mir die Skulpturen eine Zeit lang ansehen. Er versprach mir, dass wir uns sehr bald wiedersehen würden. »Du wirst verstehen, warum ich diesen speziellen Treffpunkt ausgesucht habe.« Ich kehrte ins Rodin-Museum zurück und sah mir jedes einzelne Kunstwerk lange an. Als ich vor dem *Denker* stand, war ich in einem fast meditativen Zustand. Und dann fiel es mir wie Schuppen von den Augen. Die vollständige Erkenntnis, dass wir die Macht haben, unsere Zukunft zu gestalten und unser Karma zu steuern, auf Ebenen, die wir nie für möglich gehalten hätten, traf mich wie ein Blitzstrahl. Die Idee, meine Erfahrungen – die vergangenen, die gegenwärtigen und die zukünftigen – mitzuteilen, begann Form anzunehmen.

Lawrence ist auf seine tief greifende und doch pragmatische Art eine enorme Hilfe deshalb, weil er seine außergewöhnliche Weisheit mitteilt und uns auf diese Weise anleitet. Ich habe ihn einmal nach dem Dilemma zwischen persönlicher Verantwortung und individuellem Karma gefragt. Er hat gelächelt und gesagt: »Mein Kind, wenn du jemanden siehst, der am Ertrinken ist, weigerst du dich dann, ihn zu retten, weil du denkst, dass es vielleicht sein Karma ist zu sterben? Oder springst du ins Wasser und rettest ihn, weil es dein Karma ist, ihm wieder ins Leben zurückzuhelfen?«

Ich erwiderte: »Ich würde ihn retten, weil es mein Karma ist, dazu in der Lage zu sein. Vielleicht war es das Karma des anderen, Angst zu haben oder seine Kleider zu ruinieren – *nicht* unbedingt zu sterben. Das Karma ist keine Einbahnstraße. Jeder von uns hat die Verantwortung, mit all seinen Möglichkeiten jedem zu helfen, der unseren Weg kreuzt.«

Lawrence fügte hinzu: »Du würdest dir ein sehr schlechtes Karma zuziehen, wenn du jemanden ertrinken ließest, obwohl du die Möglichkeit hättest, ihn zu retten.«

Mein sechster Sinn

Im Hinblick auf übersinnliche Fähigkeiten herrscht viel Verwirrung. Manche Leute denken bei dem Wort »übersinnlich« an ziemlich verrückte Sachen: Zigeunerinnen, die aus Kristallkugeln wahrsagen, Ouija-Bretter, die buchstabenweise Botschaften verkünden, Sitzungen mit Tarotkarten und Tische, die bei spiritistischen Sitzungen über dem Boden schweben und Grüße von Verstorbenen bringen, sind nur ein paar davon.

Seit Noël Cowards brillantem Theaterstück *Geisterkomödie* denkt die breite Öffentlichkeit bei einem spirituellen Medium an den Charakter der Madame Arcati. Margaret Rutherford spielte Cowards ideales Medium als exzentrische, verschrobene, ziemlich irre, Fahrrad fahrende Mittlerin von Botschaften der Geister. Eins meiner Ziele besteht darin, solche falschen Vorstellungen zu zerstreuen. Ich möchte das Geheimnisvolle aus dem Bereich des Übersinnlichen herausholen, ohne das Wunderbare zu zerstören. Zu den häufigsten Irrglauben gehört, ein sensitiver Mensch sei das gleiche wie ein Medium. Aber das stimmt nicht.

Ein Medium ist so etwas wie ein Kanal zwischen den Lebenden und den Seelen der Verstorbenen. Ein Sensitiver ist in der Lage, Informationen zu empfangen, die außerhalb der Sphäre der fünf Sinne angesiedelt sind. Deshalb wird die sensitive Begabung auch als »sechster Sinn« bezeichnet.

Alle Botschaften, die ich von Verstorbenen erhalte, kommen in meinen Kopf, vor mein geistiges Auge.

Meine übersinnliche Begabung funktioniert folgendermaßen: Ich sehe einen Menschen an und nehme Fakten aus seinem Leben wahr, ohne dass sie mir genannt werden. Jemand setzt sich in meinem Büro hin, und ich »weiß«, welchen Beruf, welche persönlichen Beziehungen und welche Ängste er hat, wie es um seine Gesundheit bestellt ist oder wo er geboren ist. Manchmal kommen diese Informationen in Form von Bildern zu mir. Dieses Phänomen ist als *Hellsichtigkeit* bekannt.

Meist kommen Worte in meinen Kopf; diese Form der übersinnlichen Begabung wird als *Hellerkenntnis* bezeichnet. Dabei handelt es sich um eine mentale Erkenntnis, bei der die Information ohne Hilfe von Bildern oder Klängen unwillkürlich in das Denken einströmt. Eine andere Form der übersinnlichen Begabung, durch die Informationen zu mir kommen, ist die *Hellhörigkeit*. Bei ihr höre ich im Kopf ganz deutlich eine stimmliche Botschaft, die von anderen Menschen, die diese übersinnliche Fähigkeit nicht besitzen, nicht vernommen wird. Außer dass ich zukünftige Ereignisse vorhersagen kann, kann ich auch erkennen, wie die Vergangenheit die gegenwärtigen oder zukünftigen Lebensumstände beeinflusst. In einer Sitzung sage ich auf der Basis des gegenwärtigen Verhaltens das voraus, was mit größter Wahrscheinlichkeit passieren wird. Der freie Wille kann immer dazwischengehen und so das Karma verändern. Ich sehe zum Beispiel, dass eine Schauspielerin eine Rolle in einem Broadway-Stück bekommt, wenn sie zum Casting geht. Sie geht nicht hin. Ergebnis ihrer Entscheidung: keine Rolle. Durch das, was sie (nicht) getan hat, hat sie das Karma verändert.

Bei meiner Arbeit ist es sehr wichtig, dass ich weiß, wie viel jemand auf einmal verkraften kann. Das ist bei jedem Menschen anders, und jeder hat ein anderes Temperament.

Manche Leute, die schwer krank sind, wollen jede Einzelheit über ihren Gesundheitszustand wissen, während andere nicht alles auf einmal hören wollen. Ich habe die Verantwortung, mich auf den Betreffenden einzustimmen und das zu sagen, was er annehmen kann und was produktiv ist. Bestimmtheit und Ehrlichkeit müssen durch Einfühlungsvermögen und Freundlichkeit gemildert werden. Manchmal ist es freundlich, knallhart zu sein. Viele Leute haben Angst, wenn sie zu mir kommen; sie denken, ich würde ihnen drohendes Unheil verkünden.

Schon der gesunde Menschenverstand sagt uns: Wenn wir am Horizont etwas Unerwünschtes sehen, können wir die notwendigen Schritte ergreifen, um es zu vermeiden. Dinge, die zum Zeitpunkt der Sitzung unangenehm erscheinen, sind rückblickend nicht immer schlechte Nachrichten. Nehmen wir an, zu mir kommt eine Frau, die eine Beziehung zu einem unehrlichen Mann hat. Ich nenne ihr Einzelheiten, die beweisen, dass ich seinen Charakter richtig sehe. Sie will nicht hören, dass ihr Schatz eine miese Mücke ist, denn sie hofft auf eine Heirat. Ich rate ihr, sich Zeit zu lassen und mehr über sein Verhalten herauszufinden. Sie ist vielleicht enttäuscht über die Neuigkeit, aber die Zeit beweist, dass ich Recht hatte. Sie beendet die Beziehung. Das tut kurzfristig weh, erspart ihr langfristig aber einen Haufen Kummer.

Wenn ich sehe, dass ein Klient ein gesundheitliches Problem hat, rate ich ihm, sofort einen Arzt aufzusuchen. Eine mediale Sitzung ist kein Ersatz für eine körperliche Untersuchung. Hellseher sind keine Ärzte, und wenn sie verantwortungsbewusst sind, versuchen sie nie, medizinische oder psychologische Empfehlungen zu geben, die in den

Bereich der Gesundheitsfachleute gehören. Sie können einem Klienten sagen, dass sie ein körperliches oder seelisches Problem sehen, aber anschließend muss er sich ordnungsgemäß medizinisch untersuchen lassen. Manche Leute haben eine Krankheit und waren bei zwanzig Ärzten, ohne dass die Ursache des Problems gefunden wurde. Ihnen kann ich sagen, wie ich ihre Situation »sehe«, und das können sie anschließend mit ihrem Arzt überprüfen.

Lyle und das Salzkorn

Lyle sah schrecklich aus, als er zu mir kam. Er war seit über einem Jahr krank, und kein Arzt hatte herausgefunden, was bei ihm nicht stimmte. Er war kurz davor zu verzweifeln, konnte nicht mehr arbeiten und hatte das Gefühl, den Verstand zu verlieren. Ich setzte mich hin und sah ihn an, und das Wort »Salz« schwirrte in meinen Kopf. »Es hört sich vielleicht verrückt für Sie an, Lyle, aber ich glaube, Ihr Problem hat mit Salz zu tun«, sagte ich ihm.

»Wie meinen Sie das?«, fragte er und sah mich ungläubig an.

»Ich kann Ihnen nichts weiter sagen, denn ich sehe nichts anderes. Bitte fordern Sie Ihre Ärzte auf, Ihren Körper auf ein Salzproblem hin zu untersuchen.«

Lyle rief zwei Monate nach unserer Sitzung an. Er hatte sich an der Mayo-Klinik gründlich durchchecken lassen. Er hatte sie gebeten zu kontrollieren, ob irgendein Problem vorlag, das mit Salz zu tun hatte. Am letzten Tag fanden die Ärzte heraus, dass sein Salzhaushalt nicht in Ordnung war. Jetzt geht es ihm super, er arbeitet wieder und ist sehr dankbar.

Manchmal sitzt ein Klient bei mir, und ich bekomme während der Sitzung Botschaften von ihm bekannten lieben Verstorbenen. Ich versuche nie, die Seelen Verstorbener anzuziehen, aber wenn es das Karma eines Menschen ist, eine Botschaft zu bekommen, gebe ich sie weiter. Ich bin dann nicht in einem tranceähnlichen Zustand, sondern mir immer völlig im Klaren darüber, was ich dem Menschen vor mir sage. Wenn ich solche Botschaften erhalte, sind keine Geister mit mir im Raum. Meine Einsichten stammen von den heiligen Begabungen Hellsichtigkeit und Hellhörigkeit. Ich sehe vor meinem geistigen Auge Bilder oder Worte. Oft kann ich mich auf einen »astralen Bildschirm« einstellen; dazu setze ich eine Form metaphysischer Konzentration ein, die mir erlaubt, die Grenze zwischen Erde und Geist zu durchbrechen. Dabei hilft mir mein Geistführer, Weiße Feder.

Weiße Feder

Ich habe Weiße Feder meinen Lesern bereits in meinen ersten beiden Büchern vorgestellt. Viele Leute haben mir Fragen zu ihm gestellt. Sie werfen meine Beziehung zu ihm mit meiner Beziehung zu Lawrence durcheinander. Dabei sind die beiden so verschieden wie Tag und Nacht.

Weiße Feder ist ein Geistführer. Er ist kein Lehrer, sondern ein Beschützer und Mittler. Er bewahrt mich, wenn möglich, vor negativen Einflüssen und hilft mir bei der Verbindung zwischen Erde und Geist.

Dieser indianische Freund mit der beeindruckenden Statur trat in meiner Kindheit häufig in mein Bewusstsein. Ich war über zwanzig, als ich seinen Namen erfuhr. Er prägte mir seinen Namen durch Hellhören ein. In meinem Kopf hörte ich eine kräftige, klare, deutliche Stimme: »Ich bin Weiße Feder. Ruf meinen Namen, wenn du mich brauchst. Ich werde nie weit von dir weg sein. Ich folge dir seit deiner Geburt.« Weiße Feder ist vom Stamm der Dakota-Sioux. Ich glaube, eine gute Kurzbeschreibung für ihn wäre »Spaß beiseite«.

Er ist nicht ständig bei mir. Er regelt eine Sache und macht dann mit seinen anderen Beschäftigungen in der geistigen Welt weiter. Alle Sensitiven und Medien genießen den Schutz eines Geistwesens. Es ist eine große Ehre, den Namen seines Geistführers zu erfahren. Ja, er ist also tatsächlich ein Geist bzw. die Seele eines Toten; beide Bezeichnungen treffen auf ihn zu. Sie müssen eine Sensitive sein, um ihn zu sehen, denn er hat keinen materiellen Körper, nur einen geistigen.

Wir leben in einer Welt, in der die Menschen unbedingt Geistführer haben wollen. Manchmal lautet die erste Frage eines Klienten: »Sehen Sie meine Geistführer um mich herum?« Die meisten Leute, die nach einem Geistführer fragen, sind einsam, haben einen lieben Menschen durch Tod verloren oder sind falsch informiert. Sie klammern sich an ihre Freunde oder Verwandten, die in die geistige Welt »hinübergegangen« sind, und denken, dass ihre Oma, ihr Onkel, ihr Mann, ihre Frau, ihr Liebhaber oder ihre Patin jetzt vielleicht ihr Geistführer sind. Die Menschen suchen den Rat der Toten, weil sie ihrem eigenen Urteil oder den Lebenden nicht vertrauen. Ein weiser Mensch erkennt an, dass die Kommunikation zwischen den Welten möglich ist, wartet aber, bis das Karma beschließt, ihm eine Botschaft zukommen zu lassen. Nur ganz wenige Menschen haben einen Geistführer. Aber wir alle können unser höheres Selbst um Anleitung bitten. Die entsprechende Fähigkeit entwickelt sich, wenn wir lernen, in die Stille zu gehen und dort unsere innere Stimme zu hören. Sie können Ihr höheres Selbst bitten, Ihnen die Kraft zu geben, aus all Ihren Erfahrungen zu lernen. Dazu brauchen Sie keine Unterstützung aus der Geistwelt. Weiße Feder trifft keine Entscheidungen für mich. Es ist mein Karma, bei meiner übersinnlichen Arbeit seine Hilfe zu haben. Ich verehre diesen großen Geist sehr. Ich schätze seine Unterstützung nie gering und erwarte nie, dass er Dinge für mich erledigt, die ich selbst tun muss. Ich möchte es noch einmal sagen: Man bekommt einen Geistführer, wenn das karmische Vermächtnis es so will, nicht weil man unbedingt einen haben will. Menschen, die einen Geistführer haben, haben ihn sich verdient.

Nachdem ich die Problematik eines Menschen sensitiv wahrgenommen habe, schlage ich praktische und spirituelle Methoden zu ihrer Auflösung vor. Viele Probleme ließen sich vermeiden, wenn wir begreifen würden, dass jede einzelne unserer Aktionen und Reaktionen unser Leben formt. Wenn wir in Harmonie mit dem Leben handeln, ist uns gutes Karma – Liebe, Gesundheit, Erfüllung, Geborgenheit, Glück und Inspiration – sicher. Umgekehrt ziehen wir schlechtes Karma – Unglück, Krankheit, Instabilität und Zwietracht – an, wenn wir in Disharmonie mit dem Leben handeln.

Es heißt, ein Bild sagt mehr als tausend Worte. Deshalb möchte ich Ihnen nun beschreiben, wie eine Einzelsitzung bei mir aussieht.

Beth rettet ihr sinkendes Schiff

Beth kam an, und ich nahm sofort wahr, dass sie auf eine Scheidung zusteuerte. Sie und ihr Mann hatten die Kommunikation auf allen Ebenen abgebrochen, und beide waren ziemlich sauer aufeinander. Im Grunde liefen zwischen ihnen die absoluten Machtspielchen ab. »Beth, wenn dieses Verhalten so weitergeht, führt es zu einer Scheidung«, prophezeite ich ihr. Sie saß ruhig da und meinte dann: »Gott ja, es läuft schlecht zwischen uns, aber eine Scheidung will ich nicht.« Ich konnte ihr ihre negative Einstellung bewusst machen und »sah«, dass ein letzter Versuch ihre Beziehung retten könnte. Beth versprach, sie würde ihr Bestes tun. »Bitte«, drängte sie, »machen Sie mir ein paar Vorschläge, denn ich weiß nicht, wie ich es anstellen soll, diese Situation zu ändern.«

Ich erwiderte: »Erstens müssen Sie die unumstößliche Entscheidung treffen, nicht mehr so widerwärtig zu sein, sondern positiv zu handeln. Zweitens: Hören Sie auf, Ihren Mann für alles verantwortlich zu machen. Sie haben beide Anteil an dem Problem. Drittens: Seien Sie freundlich, hören Sie ihm zu und zählen Sie bis zehn, wenn Sie am liebsten schreien würden. Viertens: Kaufen Sie sich ein Tagebuch und schreiben Sie alles auf, was in Ihrer Ehe gut ist. Notieren Sie Ihre drei Kinder als Allererstes auf der Liste und machen Sie dann weiter. Wenn man Dinge aufschreibt und über sie nachdenkt, werden sie realer.«

»Ich hab Ihnen gar nicht gesagt, dass wir drei Kinder haben oder dass ich ziemlich eklig zu meinem Mann werden kann und ihn anschreie.« Beth war ziemlich verblüfft, als sie das sagte.

»Das ist mein Job, Beth. Es wird von mir erwartet, dass ich Dinge weiß, die man mir nicht gesagt hat«, erwiderte ich. Dieses Wissen half ihr, meiner Anleitung zu vertrauen. Sie bat mich, meine Ratschläge noch einmal durchzugehen. Ich gab ihr ein Blatt Papier und bat sie, sie aufzuschreiben. Beth ging mit ihren Notizen und dem festen Entschluss, ihr sinkendes Schiff zu retten.

Zehn Monate später suchte Beth mich noch einmal auf. Ich war beeindruckt von ihrer positiven Einstellung. »Mary«, sagte sie, »unsere letzte Sitzung hat ziemlich heilsam auf mich gewirkt, und ich schwöre, das hat auf meinen Mann abgefärbt.« Sie hatten beide angefangen, sich respektvoll und freundlich zu behandeln. Es war nicht einfach, aber beide änderten ihr Karma und retteten die Ehe.

Praktische Hilfsmittel

Wenn Sie den meisten Nutzen von diesem Buch haben wollen, wäre es günstig, wenn Sie sich ein paar Dinge besorgen würden. Es ist nicht unbedingt erforderlich, aber ich garantiere Ihnen, dass die Gestaltung aller Bereiche Ihres Lebens dadurch erfolgreicher verläuft.

1. Ein *Die-Macht-des-Karmas*-Tagebuch

Kaufen Sie sich ein Tagebuch bzw. ein Heft. Sie brauchen für dieses Tagebuch bzw. Heft nicht viel Geld auszugeben, aber es sollte Ihnen richtig gut gefallen. Überschreiben Sie es mit *Die Macht des Karmas* und benutzen Sie es in Verbindung mit diesem Buch.

Aber jetzt bitte keine Panik und keine Angst – es wird nicht von Ihnen verlangt, mehr hineinzuschreiben, als Ihnen ohne Unbehagen möglich ist. Ich habe festgestellt, dass wir schlussendlich überhaupt nichts tun, wenn zu viel von uns verlangt wird. Meine eigene Erfahrung hat mich gelehrt, dass es eine unschätzbare Hilfe sein kann, wenn man Dinge zu Papier bringt. Ich hätte unmöglich Ereignisse meines Lebens rekonstruieren können, wenn ich kein Tagebuch geführt hätte. Ich hätte weder meine Kämpfe noch meine Siege gesehen, wenn ich keine schriftlichen Aufzeichnungen über mein Leben angefertigt hätte. Also legen Sie sich dieses Tagebuch zu. Sie werden entdecken, dass es sehr effizient ist.

2. Farbige Karteikarten

Sie brauchen farbige Karteikärtchen. Diese Kärtchen finden in Verbindung mit den entsprechenden Kapiteln Verwendung. Ich empfehle Ihnen, die folgenden Farben zu benutzen:

Karma und Reinkarnation	Weiß
Gesundheit	Blau
Sex	Rosa
Geld	Grün
Macht	Lila
Gleichgewicht	Gelb

Wir werden das ganze Buch hindurch mit diesen Karten arbeiten, um Erinnerungshilfen, Affirmationen, Gebete und praktische Vorschläge zu notieren. Betrachten Sie sie als spirituelle Lesezeichen. Sie werden uns helfen, wenn wir negative in positive Verhaltensweisen verändern und so neues, gutes Karma erzeugen. Alle Texte, die auf die Karteikarten geschrieben werden, sind in diesem Buch besonders hervorgehoben.

Zum Beispiel können Sie ein *blaues* Karteikärtchen nehmen und die folgende kraftvolle Affirmation notieren:

Unkontrollierte Wut erzeugt negatives Karma. Sie wirkt sich zerstörerisch auf meine Gesundheit, meine Arbeit, meine Freunde, meine Familie und meine Seele aus. Ich finde Wege, meine Wut zu beherrschen.

Platzieren Sie dieses Karteikärtchen an einem leicht zugänglichen Ort und lesen Sie die Zeilen so oft wie möglich. Wie schon gesagt, sind diese Kärtchen ausgezeichnete Lesezeichen; sie passen bestens ins Portmonee und können mit einem Magneten an die Kühlschranktür gepappt oder in einem Rahmen auf Ihren Schreibtisch gestellt werden. Wichtig ist nur, dass Sie sie in Ihrer Nähe behalten und sie durchgehen, bis Sie die Worte tief in Ihre Seele aufgenommen haben. Das einzige andere materielle Hilfsmittel, das Sie brauchen, ist Ihr Lieblingsschreibgerät.

Im Verlauf des ganzen Buches werden Ihnen immer wieder verschiedene spirituelle Übungen vorgeschlagen:

1. Meditation

Die meisten Leute haben es mit dem Meditieren versucht, dann aber aufgegeben, weil sie zu beschäftigt sind. Sie brauchen nicht Stunden Ihres Tages für das Meditieren zu reservieren. Tatsächlich können ein paar Minuten effizienter sein, als wenn Sie versuchen, eine feste Zeit einzuhalten. Meditation ist eine gedankliche Aktivität, ein positiver Geisteszustand. Sie brauchen zum Meditieren nicht Ihren Kopf leer zu machen oder Ihre Augen zu schließen.

Konzentrieren Sie sich auf eine Vorstellung oder ein Bild. Fast alles kann Gegenstand einer Meditation werden: Liebe, Kraft, Vergebung, Sicherheit oder Gleichgewicht. Die einzige zentrale Bedingung für das Meditieren ist, dass Sie nicht zulassen dürfen, dass Sorgen oder Probleme in Ihre Gedanken einbrechen. Sie müssen den Gedanken ständig in Ihrem Kopf halten. Das können Sie auch, während Sie etwas anderes tun, etwa in einem Geschäft oder in der Bank warten. Sie können einen Gedanken halten, dürfen aber nie Ihre Umgebung aus dem Blick verlieren. Wenn Sie beim Warten über Liebe und Harmonie meditieren, vergeht die Zeit angenehmer. Sie können auch vor dem Schlafengehen meditieren und Ihren Geist Richtung Vergebung oder Mitgefühl driften lassen. Dann schlafen Sie friedlicher, und beim Aufwachen sind Sie immer noch in dieser gelassenen Verfassung.

Durch das Meditieren können wir via Konzentration schlechtes Karma vertreiben oder gutes Karma aufbauen. Es stimmt, der Faktor Zeit ist in unserer hektischen, unruhigen Epoche ein wertvolles Gut. Aber sobald wir verstanden haben, wie kraftvoll die Meditation wirkt, werden wir Momente finden, diese Methode zu praktizieren. Jede Aktivität, die mit absoluter Konzentration ausgeführt wird, ist eine Form der Meditation. Schubladenaufräumen kann zu einer Form der Meditation werden, wenn Sie es mit ruhiger Hingabe tun. Ihre Gedanken verweilen bei der Schublade, sie beschäftigen sich nicht mit dem Briefträger oder dass Sie noch etwas einkaufen, Briefe beantworten oder das Abendessen planen müssen. Jedes Mal, wenn Ihr Verstand von der vor Ihnen liegenden Aufgabe abschweift, lenken Sie Ihre Gedanken auf die Schublade zurück. Im Verlauf dieses Buches werden Sie viele Meditationen kennen lernen.

2. Selbsterforschung

Bei dieser mentalen Übung werfen wir einen intensiven Blick auf uns selbst. Das erfordert Mut, denn es kann wehtun. Wir sehen uns eine Zeit lang einen bestimmten Bereich unseres Lebens gründlich an. Gegenstand unserer Selbsterforschung kann alles Mögliche sein: emotionale Reaktionen, unser Zeitmanagement, unser Verhalten gegenüber anderen etc.

Diese Übung hilft uns, die Bereiche unseres Lebens zu verstehen, die wir nur schwer annehmen können. Mein Lehrer Lawrence, der ein gebildeter Mann ist, zitiert an dieser Stelle oft Plato: »Ein ungeprüftes Leben ist nicht lebenswert.«

Was ist ein ungeprüftes Leben? Es ist ein Leben, in dem wir nicht wissen, warum wir tun, was wir tun, oder warum wir in der Vergangenheit dies oder jenes getan haben. Es bedeutet, nie innezuhalten und nachzudenken, bevor wir etwas tun. Jemand, der ungeprüft lebt, sagt zum Beispiel: »Ich weiß nicht, warum ...
ich deprimiert bin,

ich keine wahre Liebe finde,
ich zu viel trinke,
ich keinen Beruf finden kann, der mich glücklich macht,
ich nie irgendetwas zu Ende bringe, was ich angefangen habe,
ich ständig müde bin,
ich nicht respektvoll behandelt werde.
Probieren Sie einmal die folgende einfache Übung aus: Lassen Sie jeden Abend, bevor Sie schlafen gehen, die Ereignisse des Tages Revue passieren. Das ist so etwas wie ein spiritueller Checkup. Geloben Sie, es morgen besser zu machen, wenn Sie feststellen, dass Sie disharmonisch gehandelt und schlechtes Karma erzeugt haben. Diese Übung wird klarer anhand der praktischen Beispiele zur Selbsterforschung, die in diesem Buch vorgestellt werden.

3. Visualisierung

Bei ihr entwerfen Sie mit Hilfe Ihrer Vorstellungskraft ein Bild in Ihrem Kopf. Dazu ist es günstig, wenn Sie sich in eine entspannte, konzentrierte Verfassung begeben. Machen Sie sich zum Beispiel ein geistiges Bild von sich, auf dem Sie glücklich sind. Stellen Sie keine bestimmten Personen, Ereignisse, materiellen Besitztümer oder Wünsche mit in das Bild. Sehen Sie einfach nur sich selbst, wie Sie eine Straße entlangschlendern, am Meer sitzen, unter einem Baum liegen oder den Himmel betrachten. Schränken Sie Ihr Glück nicht ein, indem Sie es von etwas oder jemandem außerhalb von Ihnen selbst abhängig machen. Halten Sie dieses Bild; genießen Sie die ruhigen, friedlichen, ausgewogenen Gefühle, die es Ihnen beschert. Wiederholen Sie dies jeden Tag ein paar Mal. Das ist nur ein einfaches Beispiel für die positive Verwendung dieser Methode. Viele andere Möglichkeiten, mit Hilfe Ihrer Visualisierungsfähigkeit schlechtes Karma in gutes zu verwandeln, teile ich Ihnen im weiteren Verlauf des Buches mit.

4. Affirmationen

Eine Affirmation ist die Äußerung einer spirituellen Wahrheit, die uns helfen soll, eine falsche Einstellung zu überwinden. Die Methode besteht in der Wiederholung eines positiven Satzes (zum Beispiel: »Jeden Tag geht es mir in jeder Hinsicht immer besser und besser.« Emile Coué).

5. Gebet

Die meisten Leute verwenden das Gebet, um etwas zu erbitten, das sie nicht verdient haben: »Lieber Gott, bitte mach, dass er mich anruft«, oder: »Bitte lass mich den Wettlauf gewinnen«, oder: »Bitte lass mich im Lotto gewinnen«, oder: »Bitte mach, dass mein Auto anspringt.« Wahres Beten erkennt das höhere Selbst in jedem von uns an. Die in diesem Buch vorgestellten Gebete unterstützen unseren Wunsch, mehr Mitleid, Einfühlungsvermögen, Verständnis, Sicherheit und Ausgeglichenheit zu entwickeln.

6. Die Zahl Vierzig

Im ganzen Buch spielt die Zahl Vierzig eine große Rolle, wenn es um die Zeit geht, die zur Umformung von Lebensbereichen notwendig ist. Es kann vierzig Sekunden, Minuten, Stunden, Tage, Wochen oder Monate dauern, bis eine bestimmte Veränderung Ihnen in Fleisch und Blut übergegangen ist. Jede in diesem Buch angegebene Zahl oder Dauer wird aus einem bestimmten Grund genannt und beruht auf einer Anweisung von Lawrence, meiner persönlichen Erfahrung oder der historischen Evidenz.

Ich verwende die Zahl Vierzig unter anderem deshalb, weil eine starke metaphysische Kraft hinter ihr steht. Es ist die Zahl der Vollendung. Moses verbrachte vierzig Tage auf dem Berg Sinai, Jesus wurde vierzig Tage in der Wüste versucht. Nachdem Noah die Arche gebaut hatte, regnete es vierzig Tage, und die Israeliten wanderten vierzig Jahre durch die Wüste. Die Fastenzeit dauert vierzig Tage, und Jesus war vierzig Stunden tot, bevor er ins Leben zurückkam. Das Leben beginnt mit Vierzig. In Stonehenge stehen vierzig Steinsäulen in einem Kreis, der einen Durchmesser von vierzig Schritten hat.

2. Karma und Reinkarnation

Was ist Karma?

Der Begriff Karma ist lange Zeit zu Unrecht für alles Mögliche verantwortlich gemacht worden. Meines Erachtens liegt dieser Irrtum daran, dass die meisten Leute gar nicht wissen, was sie mit dem Begriff anfangen sollen. Das Karma ist gründlich missverstanden worden. Gewöhnlich wird es von den Leuten dann verantwortlich gemacht, wenn sie meinen, sie hätten im Leben schlechte Karten zugeteilt bekommen. »Es ist mein Karma, ich kann nichts daran ändern, dass ich wütend/einsam/pleite/deprimiert/unverstanden/beruflich unzufrieden bin.« Es gehört zur Veranlagung des Menschen, mit dem Finger auf alles und jeden außer sich selbst zu zeigen, wenn im Leben etwas schief läuft.

Finden Sie es nicht merkwürdig, dass die Leute die guten Dinge in ihrem Leben selten dem Karma zuschreiben? Es ist schon ziemlich ungewöhnlich, wenn jemand sagt: »Ich hab doch wirklich ein Super-Karma. Ich habe eine wundervolle Familie, bin gesund, habe eine Menge Freunde, genug Geld und einen fantastischen Job. Ich muss irgendetwas richtig machen.« Denken Sie daran, dass die Karmalehre besagt, dass alles, was in der Natur geschieht, vom Gesetz von Ursache und Wirkung bestimmt wird. Sie ernten, was Sie säen. Jeder bekommt, was er verdient. Der Mensch ist, was er isst. Wenn Sie lieben, werden Sie geliebt. Die Rache wendet sich gegen den Rächer. Wörtlich übersetzt bedeutet »Karma« »Tat, Handlung, Aktion«. Gute Taten bedeuten gutes Karma. Böse Taten bedeuten schlechtes Karma. Jeder Mensch ist für das, was er tut, allein verantwortlich, und jede Aktion bringt eine Reaktion hervor, die in jeder Hinsicht der Aktion gleichwertig ist. Wenn Sie etwa Ihre Hand ins Feuer legen, wird sie verbrannt. Das ist nicht die Schuld des Feuers. Ihr fehlendes Urteilsvermögen ist die letztendliche Ursache für Ihre Schmerzen. Einmal ist, so hoffen wir, genug, um die Lektion zu lernen: Sei vorsichtig, wenn du mit Feuer umgehst.

Nehmen Sie zwei *weiße* Karteikarten und schreiben Sie:

1. **Karma bedeutet »Tat«. Gute Taten erzeugen gutes Karma.**
2. **Karma bedeutet »Tat«. Böse Taten bedeuten schlechtes Karma.**

Vergessen Sie nicht, dass Karma gut oder schlecht sein kann. Wir können uns mit Feuer warm halten oder ein Essen kochen, das wir dann mit anderen teilen. Die Leute sehen, wenn sie an Karma denken, eher die Strafe als die Belohnung, weil ihr eigenes Verhalten eher eigennützig als uneigennützig war. Wir brauchen nicht auf gutes Karma zu warten. Wir können es jetzt hervorbringen. Jeder Augenblick bietet die Gelegenheit, unser Leben so zu gestalten, dass das karmische Gleichgewicht größer wird.

Nehmen Sie ein *weißes* Karteikärtchen und schreiben Sie:

Ich erlebe mehr schlechtes Karma als gutes Karma, wenn ich öfter eigennützig als uneigennützig bin.

Das Karma ist nicht außerhalb von uns. Wir sind unser Karma. Schwer zu verdauen? Ganz gewiss. Aber es wird Ihr Leben verändern, wenn Sie erst einmal verstanden haben, wie schön und gerecht dieses göttliche Gesetz ist.

Nehmen Sie ein *weißes* Karteikärtchen und schreiben Sie:

Ich bin mein Karma.

Karma ist Gerechtigkeit. Es belohnt oder bestraft nicht. Wir leiden für die Schmerzen, die wir verursacht haben, und wir ernten Freude für das Gute, das wir gesät haben. Das Karma begünstigt nichts und niemanden, denn wir müssen alles, was wir bekommen, verdienen. Durch das, was wir früher getan, gedacht oder gewollt haben, sind wir, was wir sind. Durch unser gegenwärtiges Verhalten bauen wir unsere Zukunft auf. Das Karma bestimmt nichts und niemanden vorher. Wir selbst sind der Verursacher, und das Karma regelt die Folgen mit vollkommener Harmonie.

Nehmen Sie zwei *weiße* Karteikärtchen und schreiben Sie:

1. Durch das, was ich früher getan, gedacht oder gewollt habe, bin ich, was ich bin.
2. Durch das, was ich jetzt denke, tue und will, baue ich meine Zukunft auf.

Jeder Kummer und jeder Schmerz, jede Freude und jede Wonne lassen sich auf das zurückverfolgen, was wir in diesem oder einem früheren Leben getan haben. Hochherzige Taten und konstruktive Gedanken erzeugen positives Karma. Jedes Mal, wenn wir optimistisch, mitleidig, rücksichtsvoll und freundlich sind, bringen wir gutes Karma hervor. Dies führt zu einem Leben, in dem wir mehr Liebe, Sicherheit und Gleichgewicht haben. Wenn Sie eine gute Saat aussäen, wird die Ernte gut.

Nehmen Sie ein *weißes* Karteikärtchen und schreiben Sie:

Hochherzige Taten und konstruktive Gedanken erzeugen positives Karma.

Liebe zieht Liebe an, Großzügigkeit bringt Reichtum hervor, und die Kraft positiven Tuns führt zu gutem Karma: Glück und Gleichgewicht. Wenn wir dagegen verantwortungslos, selbstsüchtig, habgierig, gedankenlos, rachsüchtig, kleinmütig oder unfreundlich handeln oder entsprechende Gedanken haben, erzeugen wir schlechtes Karma. Die Folgen dieser Negativität sind Zwietracht, Unsicherheit und Chaos. Wir müssen nicht etwas offensichtlich Böses tun, damit wir oder andere unter den Folgen unseres Verhaltens leiden. Oft verletzen wir andere schon durch kleine Rücksichtslosigkeiten.

Karma: Die universelle Bank

Lassen Sie mich noch einmal wiederholen, was ich vorher über das Karma gesagt habe: Die Karmabank ist eine unparteiische, ehrwürdige, unbestechliche, unfehlbare, solide Institution. Jeder Mensch im Universum hat in diesem gigantischen Depot ein Konto. Jedes Mal, wenn Sie etwas Positives tun, zahlen Sie etwas auf Ihr Konto ein; jede negative Tat zieht ihm etwas ab. Das letztendliche Ziel besteht darin, ein vollkommen ausgeglichenes Konto zu haben. Das bedeutet, dass Ihr Konto im Plus ist: Es sind keine Fehlbeträge da, keine Rechnungen mehr zu bezahlen.

Jeder Mensch ist für seine Investitionen voll verantwortlich. Es gibt keine Entschuldigungen nach dem Motto: »Ich habe vergessen, etwas einzuzahlen, und deshalb ist mein Scheck geplatzt.« Denken Sie daran, diese Bank ist unparteiisch, und Unwissenheit schützt Sie nicht vor den Folgen Ihres Tuns. Sie zahlen die Gebühr für die Überziehung, egal welchen Grund sie hatte. Niemand kümmert sich darum, dass Sie nicht daran gedacht haben, Ihr Konto auszugleichen, oder dass Sie nicht wussten, wie Sie das überhaupt anstellen sollten. Auf die eine oder andere Weise lernen Sie, dass Sie, und nur Sie, für Ihr Konto bei der Karmabank verantwortlich sind. Jeder bekommt, was er verdient.

Wir dürfen das Karma aus früheren Leben nie als Entschuldigung für ein mangelndes Urteilsvermögen in diesem Leben benutzen. Nehmen wir als Beispiel jemanden, der seine Einkommensteuer jahrelang ignoriert und damit durchkommt. Dann kommt eines Tages ein Brief vom Finanzamt, in dem er zur Zahlung der rückständigen Steuern aufgefordert wird, plus Zinsen. Es hat vielleicht Jahre gedauert, aber irgendwann wird die Schuld fällig. Sie können Armut geltend machen, um Gnade bitten, den Postboten verantwortlich machen, der die Post nicht zugestellt hat, oder den Hund, der Ihre Steuererklärung gefressen hat, aber Sie *werden* die Zeche *bezahlen*. Vielleicht wird Ihr Gehalt gepfändet oder Ihr Eigentum konfisziert, oder Sie gehen sogar ins Gefängnis, aber die anderen werden eintreiben, was ihnen zusteht. Sie können bis in alle Zukunft behaupten, das Ganze wäre ungerecht, aber Sie werden gezwungen zu zahlen. Denn es ist Ihre karmische Schuld, einzig und allein Ihre.

Wir müssen der Tatsache ins Auge sehen, dass alles Karma ist – Vergangenheit, Gegenwart und Zukunft, Gutes und Böses, Reichtum und Armut, Krankheit genauso wie Gesundheit. Durch das, was wir tun und denken, erzeugen wir gutes oder schlechtes Karma. Das ist keine obskure, abstrakte New-Age-Spinnerei. Es ist gesunder Menschenverstand. Ihr Karmabankkonto ist eine Synthese Ihrer gegenwärtigen und Ihrer vergangenen Handlungen. Wir selbst entscheiden über die Gestaltung unserer Zukunft. Wir können unsere Probleme angehen und uns bemühen, Lösungen zu finden, oder weitermachen wie bisher und die gleichen idiotischen Dinge bis in alle Unendlichkeit wiederholen. Die Karmabank erlässt uns unsere Schulden nicht. Aber sie belastet Sie auch nicht für Dinge, für die Sie nicht verantwortlich sind. Viele Leute hatten ernstliche Probleme mit ihrer Habenspalte und fanden die Kraft und die Disziplin, sich wieder auf den richtigen Weg zu begeben. Ähnlich können wir Methoden erlernen, unser Karmakonto in Ordnung zu bringen und den Grundstock zu spirituellem und finanziellem künftigem Wohlstand zu legen.

Sie sind Ihr Karma, und deshalb sind Sie der Besitzer Ihrer eigenen Karmabank. Hören Sie auf, irgendjemanden oder irgendetwas für Ihre Verbindlichkeiten verantwortlich zu machen. Es sind *Ihre* Probleme, und *Sie* müssen sie lösen. Denken Sie auch daran, dass beide Seiten der Bilanz Karma sind. Kluge Entscheidungen bringen Ihnen ein Guthaben ein. Die guten Dinge, die sich aus einem schönen Pölsterchen auf dem Konto ergeben, sind Ihre ganz persönliche Sondervergütung; niemand sonst bekommt sie gutgeschrieben. Die Karmabank ist nicht bestechlich. Sie ernten, was Sie säen, und bekommen, was Sie verdienen. Alles kommt zurück. Alles, was Ihnen zusteht, kommt irgendwann zu Ihnen.

Sie können es nicht mitnehmen – oder doch?

Wenn wir in die geistige Welt »hinübergehen«, lassen wir unser Karmakonto auf der Erde zurück. Beim Aufenthalt in den Reichen des Geistes erzeugen Sie kein Karma. Ihr Kontostand bleibt genauso – im Plus oder im Minus –, wie Sie ihn zurücklassen, wenn Ihr physischer Körper stirbt. Wenn Ihr Geist dann wieder geboren wird, wartet Ihr Konto schon auf Sie, und im weiteren Verlauf Ihres Lebens können Sie beschließen, etwas auf es einzuzahlen oder es zu belasten. Das erklärt die scheinbaren Ungerechtigkeiten des Lebens. Jeder empfindungsfähige Mensch muss sich fragen, warum der eine in Macht und Reichtum hineingeboren wird und ein anderer, der es sehr viel mehr zu verdienen scheint, sich mit Armut und einer Underdog-Position herumschlagen muss. Oder warum der eine von Geburt an blind ist und der andere Augen wie ein Luchs hat. Die Erklärung findet sich in den Auszügen der Karmabank!

Die Akasha-Chronik

Wir hören oft von einer Speicherbank, einem Ort, an dem das Unterbewusstsein Daten speichert, zu denen der Zugang nicht sofort und willentlich möglich ist. Das ist die Akasha-Chronik, in der alle Vorgänge Ihres Karmabankkontos gespeichert sind. Stellen Sie sich eine riesige Bibliothek vor, in der alle Transaktionen jedes einzelnen Menschen aus all seinen Leben verzeichnet sind. Die Akasha ist ein unsichtbarer Bereich um unser Universum herum. In diesem Bereich wird alles, was je im Kosmos passiert ist, aufgezeichnet und gespeichert. Man kann ihn sich als »metaphysische Bibliothek« vorstellen, die unendlich viele Daten enthält. Alles, was wir in einem unserer Leben denken oder tun, wird in der Akasha-Chronik festgehalten.

Den karmischen Bumerang vermeiden

Der so genannte »karmische Bumerang« ist für den Inhalt meines Buches sehr wichtig. Als Bumerang bezeichne ich eine Tat, die sich gegen ihren Urheber richtet. Anders gesagt: Sie werden genauso verletzt, wie Sie verletzen wollten. Der Bumerang kommt nicht immer sofort zurück. Manche brauchen Wochen oder sogar Jahre, bis sie sich zeigen.

Manche Leute meinen, sie könnten tun, wozu sie Lust hätten, egal wie egoistisch es ist, und ungestraft davonkommen. Nichts könnte von der Wahrheit weiter entfernt sein. Ein Fluch zum Beispiel wendet sich gegen den, der ihn äußert, oder gegen diejenigen seiner unschuldigen Verwandten oder Freunde, die zum Zeitpunkt des Fluches dieselbe Luft geatmet haben wie er.

Stellas Urknall-Bumerang

Stella, eine Klientin von mir, verfluchte jemanden, auf den sie sehr neidisch war. Sie knallte die Faust auf den Tisch und schrie: »Ich hasse sie! Sie hat alles, und ich habe nichts. Ich wünschte, sie wäre tot!«

»Beherrschen Sie sich, Stella. Sagen Sie das nie mehr«, wies ich sie zurecht. »Begreifen Sie nicht, wie gefährlich es ist, so viel Wut, so viel Negatives herauszuschleudern? Es ist schlecht. Es könnte auf Sie zurückschlagen und Ihnen oder jemandem, der Ihnen nahe steht, schaden.«

»Es ist mir egal. Ich hasse sie!«, versetzte Stella arrogant. Ich konnte nichts ausrichten, denn ihre irrationale Wut und ihre Eifersucht hatten ihre Vernunft ausgeschaltet. Monate später erfuhr ich, dass Stella ihren Job verloren und ihre Ersparnisse aufgebraucht hatte; ihr Mann hatte sie verlassen, und ihre Mutter hatte einen schweren Schlaganfall erlitten. Der Frau dagegen, die von ihr verflucht worden war, ging es gut. Die Nachricht, dass Stella sich all das zugezogen hatte, ging mir sehr zu Herzen.

Stellas Bumerang zeigt uns auf erschreckende Weise, wie schnell bestimmte karmische Taten zurückkommen und zu persönlichen Katastrophen führen können. Aber täuschen Sie sich nicht, wir sind auch verantwortlich für die kleinen Dinge des Alltags – Dinge, an die wir kaum denken. Haben Sie schon einmal zu Unrecht einen Mitarbeiter oder eine Freundin angeraunzt? Diese Negativität verschwindet nicht einfach. Sie kommt genauso auf Sie zurück. Sie werden für Ihren mangelnden Respekt dadurch zahlen müssen, dass jemand anders Sie missachtet.

Lois muss die Suppe auslöffeln

Vor über zehn Jahren verführte Lois, die damals achtundzwanzig war, Morris, einen reichen, verheirateten Mann mit zwei Kindern. Er ließ sich von seiner Frau scheiden, mit der er zwanzig Jahre verheiratet gewesen war, und heiratete sie. Letztes Jahr verließ Morris Lois wegen einer Frau, die seine Tochter sein könnte. Der Bumerang war zurückgekommen. Es hatte über zehn Jahre gedauert, aber schließlich saß Lois im selben Boot wie Morris' erste Frau. Sie war am Boden zerstört, aber sie musste die Suppe auslöffeln, die sie sich eingebrockt hatte. Sie schwor, sich nie mehr mit einem verheirateten Mann einzulassen. Morris wiederum hat wegen seines egoistischen Verhaltens eine ausgesprochen schlechte Beziehung zu seinen Kindern und ist heute ein sehr unglücklicher Mann. Auch zu ihm ist der Bumerang zurückgekommen.

Hier ein paar sichere Tipps, die Ihnen helfen, den Bumerang zu vermeiden. Schreiben Sie sie in Ihr *Die-Macht-des-Karmas*-Tagebuch und lernen Sie sie auswendig.

1. Denk nach, bevor du handelst.
2. Behandle andere so, wie du behandelt werden möchtest.
3. Nimm nichts, was dir nicht gehört (zum Beispiel Ehemänner oder -frauen, Jobs, Geld).
4. Deine Seele speichert alles, was du tust. Du kommst nicht ungestraft davon.
5. Du bekommst, was du verdienst; also arbeite auf Liebe, Sicherheit und Gleichgewicht hin.

6. Rache wendet sich gegen den Rächer. Sei nie auf Rache aus.

Karma hängt mit Reinkarnation zusammen

Das Gesetz des Karma ist untrennbar mit der Lehre von der Reinkarnation verknüpft. Die Reinkarnation, die auch die Basis meiner Thesen bildet, geht davon aus, dass wir nicht nur ein Leben haben, sondern viele. Wir kommen auf die Erde zurück, bis wir durch unsere Arbeit an uns selbst »vollkommen« geworden sind. Die Vollkommenheit ist ein Zustand absoluter Selbstlosigkeit. Jeder Wunsch nach materiellen Annehmlichkeiten aller Art ist durch das umfassende Engagement ersetzt worden, der Menschheit zu dienen. Im Grunde ist der Mensch ein Konglomerat aus all seinen Leben, aber er sollte sich darauf konzentrieren, das jetzige bestmöglich zu leben. Karma und Reinkarnation sind untrennbar ineinander verwoben. Jeder von uns erzeugt durch alles, was er denkt und tut, gutes oder schlechtes Karma. Die Reinkarnation und unser Leben in der Materie, das heißt auf der Erde, stellen uns die Schule zur Verfügung, in der wir unser Karma ins Gleichgewicht bringen und so letztendlich zum Meister unseres Schicksals werden können.

Durch unsere verschiedenen Leben haben wir die Chance, uns zu wunderschönen, friedlichen, erfüllten, liebevollen und selbstlosen Menschen zu entwickeln. Erfahrungen, an die wir uns nicht erinnern, sind nicht verloren. Sie sind Teil unseres Geistes und existieren in unseren Gefühlen, Vorlieben, Neigungen und Veranlagungen weiter.

Das Leben hat eine Fortsetzung, kein Ende. Wir gehen mit dem ganzen Erfahrungsschatz, den eine Abfolge von Leben uns eingebracht hat, von der materiellen Welt in die geistigen Reiche über. Dort bleiben wir, bis unsere Seele bereit ist, weiteres Wissen aufzunehmen. Dann werden wir wieder in einen materiellen Körper hineingeboren, um unsere Ausbildung zu vervollkommnen und unser persönliches Karma weiter ins Gleichgewicht zu bringen. Wir nehmen unser Karmabankkonto wieder in Besitz und arbeiten weiter daran, es auszugleichen.

»Mich seht ihr hier nicht wieder«

Vielen Leuten, die zurzeit ein schweres Leben haben, gefällt die Vorstellung, wieder auf die Erde zurückzumüssen, möglicherweise gar nicht. Ich habe zahlreiche Menschen erklären hören: »Mich seht ihr hier nicht wieder.« Eigentlich sagen sie damit: »Ich bin nicht glücklich.«

Sie wollen glücklich sein und halten es für aussichtslos, dieses Ziel zu erreichen. Ich versuche immer, meinen Klienten begreiflich zu machen, dass man die Erfahrung, die zum Glücklichsein erforderlich ist, in einem einzigen Leben genauso wenig erwerben kann, wie ein einziger Schultag ausreicht, um einen College-Abschluss zu machen.

Wir werden also in das physische Leben hineingeboren, bis wir unsere Ausbildung abgeschlossen haben und zu vollkommenen Menschen geworden sind. Wir kommen auf die Erde zurück, um die Folgen unseres Tuns zu ernten und an Wissen und Weisheit zuzunehmen, damit wir irgendwann zum Meister über uns selbst werden. Wir werden geboren, um auf diesen Zustand hinzuarbeiten, der vollkommenes Gleichgewicht bedeutet: geistig-seelisches, körperliches und spirituelles. Wenn wir dieses Ziel erreicht haben, ist es nicht mehr notwendig, auf der irdischen Ebene zu inkarnieren.

Meisterschaft über sich selbst bedeutet im Einzelnen:
- vollkommene körperliche und geistig-seelische Gesundheit,
- Kontrolle über alle Formen übersinnlicher Phänomene,
- die Fähigkeit, alle Sprachen zu verstehen,
- absoluter Mut in jeder Situation, auch in lebensgefährlichen,
- absolute Selbstlosigkeit,
- absolutes Vertrauen in das Gesetz des Karmas.

Durch die Akasha-Chronik, die intensive Beschäftigung mit altüberlieferter Weisheit und Gespräche mit Lawrence weiß ich, dass etwa 800 irdische Inkarnationen erforderlich sind, um zum Meister über sich selbst zu werden. Der einzige mir bekannte Mensch, der diese Entwicklungsstufe erreicht hat, ist Lawrence.

Die Intervalle zwischen den Wiedergeburten

Die Zeitspanne zwischen den Inkarnationen ist unterschiedlich. Ein Baby, das in einem Land mit Hungersnot geboren wird und nur ein paar Stunden oder Tage lebt, wird unter Umständen fast sofort wieder geboren. Diese kleine Seele hatte keine Zeit, in ihrem kurzen Leben irgendein gutes oder schlechtes Karma zu erzeugen.

Eine große Seele, die gebraucht wird, um der Menschheit auf bestimmte Weise zu helfen, wird vielleicht rascher wiedergeboren als üblich. Diese bedeutende Persönlichkeit war dann mit einer frühen Rückkehr auf die Erde einverstanden, weil sie den leidenschaftlichen Wunsch hat, der Menschheit zu dienen. Beispiele für einen solchen Dienst wären: die Notwendigkeit, einer bestimmten Religion vorzustehen; einen Impfstoff produzieren, der Millionen Leben retten kann; einen Musikstil kreieren, der einen heilenden Effekt auf das Nervensystem hat; den Bedürfnissen des politischen Karmas eines Landes dienen. Für diese großen Dienste an der Menschheit wird eine Persönlichkeit mit sehr spirituellem Charakter, außergewöhnlicher Erfahrung und Talent gebraucht. Je höher das Niveau der spirituellen Entwicklung ist, das ein Mensch sich durch seine Taten verdient, desto mehr Kontrolle über Zeit und Ort seiner Wiedergeburt hat er.

Ein Philosoph wie Pythagoras, große Lehrer wie Gandhi oder Blavatsky oder ein Musiker vom Genie eines Mozart inkarnieren sich vielleicht erst nach Tausenden von Jahren wieder. So lange kann es nämlich dauern, bis eine passende Umgebung gefunden ist, welche die Leistungen dieses Menschen fördert. Diese großen Persönlichkeiten dienen der Menschheit, indem sie uns von der Geistwelt aus inspirieren. Sie leisten immer auf irgendeine Weise einen Beitrag, entweder auf dieser Erde oder von der geistigen Welt aus.

Die meisten Leute haben eine falsche Vorstellung von der Zeit, die es bei den meisten von uns dauert, bis wir uns wieder inkarnieren. Einige Klienten haben mich gefragt: »Wie soll ich mein Kind/meinen Partner/meine Freundin finden, wenn es/er/sie wieder geboren wird, bevor ich sterbe?« Ich möchte nachdrücklich darauf hinweisen, dass die meisten von uns Durchschnittsmenschen (im Gegensatz zu echten Genies oder großen Lehrern) zwischen 800 und 1200 Jahre in der geistigen Welt bleiben. Es ist unwahrscheinlich, dass Ihre Lieben auf die Erde zurückkehren, bevor Sie hinübergegangen sind. Unsere Lieben warten auf uns, wenn es an uns ist, den Übergang von der physischen Welt in die spirituellen Reiche zu vollziehen. Wenn wir durch das Tal des Todesschattens gehen, haben wir keine Angst, denn wir sehen die Menschen, die wir auf der Erde geliebt haben und die vor uns hinübergegangen sind; sie warten auf uns, um uns beim Übergang zu helfen.

In der Akasha-Chronik lesen

Wie bereits gesagt, sind alle Informationen über unsere früheren Leben in der Akasha-Chronik gespeichert. Mein Wissen über Karma und Reinkarnation stammt zu einem großen Teil von meiner übersinnlichen Fähigkeit, in den Akasha-Aufzeichnungen zu »lesen«. Dieser Aspekt meines sensitiven Talents erlaubt mir den direkten Zugang zu Informationen über die Vergangenheit der Menschen in diesem und in früheren Leben. Es kann auch eine Möglichkeit sein, herauszufinden, wie es Menschen geht, die in der geistigen Welt sind.

Für die Lektüre der Akasha-Chronik sind eine besondere Art metaphysischer Konzentration und sehr viel Energie und Übung erforderlich. Es gibt Zeiten, in denen ich die Mauern dieser so genannten Bibliothek relativ leicht durchdringen und spezielle Aufzeichnungen über einen Menschen lesen kann. Dann wieder ist es schwierig oder unmöglich für mich, die Grenze zu dieser kosmischen »Speicherplatte« zu überschreiten.

Die nicht durchgehend gleiche Fähigkeit, die Akasha-Chronik einzusehen, hat zwei Gründe. Zum einen habe ich einfach nicht immer die dazu erforderliche metaphysische Energie. Zum anderen gibt es Dinge, die wir nicht wissen sollen, und dann wird die Information verborgen.

Aber oft sind die Akasha-Aufzeichnungen hilfreich. Eine meiner Klientinnen zum Beispiel hat ein ganz außergewöhnliches Kind. Der Junge fing mit drei Jahren an zu lesen – ohne dass es ihm beigebracht worden war. Mit vier spielte er ziemlich komplizierte Stücke auf dem Klavier, ebenfalls ohne Unterweisung. Beide Eltern spielen kein Musikinstrument, der Vater hat null musikalisches Gehör. Ich konnte ihnen helfen, ihr Kind zu verstehen, indem ich mir seine Akasha-Aufzeichnungen ansah. Ich sah, dass diese kleine Seele in ihrem früheren Leben ein Wunderkind gewesen war. Zum Glück für das Kind glauben die Eltern an Reinkarnation. Weil sie überzeugt sind, dass ihr Kind dieses Talent aus einem früheren Leben mitgebracht hat, haben sie keine Schwierigkeiten damit, seine Fähigkeiten im Hier und Jetzt zu fördern.

Nicht alles, was mit früheren Leben zu tun hat, ist so offensichtlich wie die Begabung dieses Kindes. Ich kenne Leute mit Phobien, zum Beispiel vor Wasser oder vor der Dunkelheit, die in diesem Leben keine Grundlage zu haben scheinen. Gewöhnlich werden sie aus einem früheren Leben mitgebracht. Sie sind karmisch, und wir müssen uns bemühen, diese Probleme in unserem jetzigen Leben zu lösen. Es ist reine Zeitverschwendung, wenn Sie sich darüber ärgern, dass Sie sich nicht an frühere Leben erinnern können. Wer kann sich schon daran erinnern, was er gedacht hat, als er drei Monate alt war? Dass die Erinnerung an Gedanken vor der Geburt fehlt, ist da nicht verwunderlich.

Nehmen Sie zwei *weiße* Karteikärtchen und schreiben Sie:

1. Ich vergeude keine Zeit damit, mich darüber zu ärgern, dass ich mich nicht an meine früheren Leben erinnern kann.
2. Ich erfahre das meiste über meine früheren Leben, wenn ich mir mein jetziges Leben ansehe.

Jim, ein anderer Klient, war so besessen von Big-Band-Swing-Musik, dass er der festen Überzeugung war, er hätte um 1940 gelebt. Da er de facto 1955 geboren war, wäre er, wenn seine Vermutung richtig gewesen wäre, fast sofort wiedergeboren worden. Durch ein Reading fand ich Informationen über seinen verstorbenen Großvater heraus. Er hatte, als Jims Mutter schwanger war, ständig die Musik von Benny Goodman und Glenn Miller gespielt. Er spielte diese Musik, bis er starb, und da war Jim zwei Jahre alt. Jim erinnerte sich nicht mehr daran, stellte aber fest, dass es stimmte, als er seine Mutter befragte. Jims Vorliebe war also kein Karma aus einem früheren Leben, sondern in diesem Leben erworben worden.

Das Gesetz des Karmas lehrt, dass alles, was uns passiert, im Guten wie im Bösen, gerecht ist. Wir ziehen nur das an, was wir durch persönliche Entscheidungen in diesem und in allen früheren Leben verdient haben. Es hat viele Leben gedauert, bis wir das Karma angesammelt haben, das wir in diesem Leben erleben. Der gesunde Menschenverstand sagt uns, dass ein Leben einfach nicht ausreicht, um unser gesamtes Karma abzuarbeiten. Wir können nur versuchen, in den Umständen, die uns jetzt präsentiert werden, unser Bestes zu tun. Die Vergangenheit ist vorbei. Sie können sie nicht mehr ändern. Heute und in Zukunft können Sie Ihre Einstellung und Ihr Verhalten ändern. Menschen, die nichts von Reinkarnation wissen, verstehen die Bedeutung mancher Ereignisse in ihrem Leben möglicherweise nicht; sie werden das Leben vielleicht für ungerecht halten.

Können wir die Reinkarnation beweisen?

Menschen glauben vor allem deshalb nicht an die Reinkarnation, weil sie sich nicht an ihre früheren Leben erinnern können. Aber wie Jim können die meisten Leute sich noch nicht einmal an die ersten Jahre ihres *jetzigen* Lebens erinnern. Bei vielen ist das Denken nicht so weit entwickelt, dass sie sich über einen bestimmten Punkt hinaus zurückerinnern können. Versuchen Sie einmal, sich zu entsinnen, was Sie in den ersten sechs Monaten Ihres Lebens gefühlt haben. Nach diesem kleinen Experiment ist wahrscheinlich klarer, warum die meisten von uns sich nicht an frühere Leben erinnern.

Viele Leute glauben, dass ihre Seele unsterblich ist. Es gibt dafür keinen wissenschaftlichen Beweis, aber es wird akzeptiert. Ich sitze an meinem Computer und schreibe und atme. Ich kann die Luft nicht sehen, aber ich bin sicher, dass sie da ist. Wir akzeptieren viele Dinge, ohne nach einem Beweis zu fragen.

Fähigkeiten können eine stärkere Bestätigung für frühere Leben sein als Erinnerungen. Das musikalische Wunderkind Mozart, das Genie Einstein, das Wunder des Dreijährigen, der ohne Unterweisung liest und schreibt, sind herrliche Beispiele für Begabungen aus früheren Leben, die in dieses Leben mitgebracht wurden. Ich hatte amerikanische Klienten, die mehr in Italien, Frankreich oder Ägypten zu Hause waren. Sie fühlen sich einfach irgendwo anders heimisch, aber in Wirklichkeit haben sie wahrscheinlich in einer früheren Inkarnation dort gelebt. Wir werden aus einem bestimmten Grund in einem bestimmten Land geboren, aber es kann sein, dass wir an anderen Orten ein glücklicheres, längeres, fruchtbareres früheres Leben hatten. Das würde das scheinbare Paradox erklären, dass man sich zwar in dem einen Land inkarniert, sich aber sehr viel stärker einer anderen ethnischen Gruppe zugehörig fühlt.

»Alles war so vertraut. Ich spazierte durch Straßen und erkannte Häuser wieder, die ich nie zuvor gesehen hatte. Als ich drei Monate da war, sprach ich fließend arabisch. Man hätte schwören können, dass ich die Sprache jahrelang studiert hatte, aber es war das erste Mal, dass ich mich mit ihr beschäftigte. Es war beunruhigend, aber es brachte mich dazu, an die Möglichkeit der Reinkarnation zu glauben«, schrieb mir eine Klientin, die in Ägypten lebt.

Nehmen Sie ein *weißes* Karteikärtchen und schreiben Sie:

Fähigkeiten können eine stärkere Bestätigung für frühere Leben sein als Erinnerungen.

Jessica überwindet ihre Angst vor dem Wasser

Jessica kam zu mir, um herauszufinden, warum sie so schreckliche Angst vor Wasser hatte. Es gab keinen Vorfall in diesem Leben, der ihre Phobie erklären konnte. Sie hatte alles versucht, um ihre irrationale Angst zu überwinden – Schwimmunterricht, Therapie, Hypnose, um nur ein paar Beispiele zu nennen. Nichts hatte ihr geholfen. Ihre Eltern waren sicher, dass in ihrer frühen Kindheit in dieser Hinsicht nichts vorgefallen war, an das sie sich nur nicht mehr erinnerte.

Ich sagte Jessica, ihre Ängste wären höchstwahrscheinlich die Folge eines Erlebnisses in einem früheren Leben, und ich würde sehen, ob ich irgendwelche Informationen bekommen könnte. Ich machte ganz deutlich, dass solche Informationen mir nicht immer zugänglich sind. Ich zentrierte meinen Blick auf eine Ecke des Raums und spürte den vertrauten intensiven Druck über meiner Stirn und den Augen.

Es gelang mir, in die Akasha-Aufzeichnungen einzudringen, und ich sah, dass Jessica in einem großen Segelboot ertrunken war. Ich wusste, dass es griechisch war, weil ich seitlich einen Namen aufgemalt sah: *seirene*, was sich als das griechische Wort für »Meerjungfrau« herausstellte.

Ich beobachtete eine Reihe von Bildern vor meinem geistigen Auge und sah, dass ohne Vorwarnung ein heftiger Sturm aufkam. Alle, die auf dem Boot waren, kamen ums Leben. Die Bilder verblassten. Ich sah Jessica an und sagte ihr, dass das die einzige Information sei, die ich ihr geben könnte. Sie berichtete, dass sie immer schreckliche Angst davor gehabt hatte, Griechenland zu besuchen. Sie fügte hinzu: »Ich hatte immer das Gefühl, dass ich, wenn ich nach Griechenland ginge, dort sterben würde.«

Ich sagte ihr, sie solle sich keine Sorgen machen – das Ertrinken hatte schon stattgefunden. Unterbewusst war die Erinnerung an diesen Vorfall immer noch da. Die Information aus einem früheren Leben, die ich empfangen durfte, brachte ihn ans Tageslicht. Erst die Zeit würde zeigen, ob meine Erkenntnisse Jessica helfen würden, ihre Phobie zu überwinden.

Ich bin froh, berichten zu können, dass Jessica ihre Angst vor dem Wasser besiegte. Eines Morgens kurz nach unserer Sitzung wurde sie wach, und die Angst war weg. Jessica konnte nicht erklären, was passiert war. Sie sagte, es wäre, als ob die Phobie nie da gewesen wäre. Ihre Eltern waren schockiert, als sie ihnen erzählte, sie würde mit ihrem Freund an den Strand gehen. Sie ging die Sache langsam an, war aber schon am ersten Tag in der Lage, am Meer ins flache Wasser hineinzuwaten. Nach einiger Zeit lernte sie schwimmen, und jetzt plant sie mit ihrer Familie sogar eine Reise nach Griechenland.

Dass ich Jessicas früheres Leben richtig gesehen hatte, zeigte sich an ihrer Reaktion. Sie konnte ihre Angst loslassen, weil sie auf einem Vorfall beruhte, der schon geschehen war. Die Botschaft war zu Jessica durchgekommen, weil sie sich das Karma verdient hatte, bei der Überwindung ihrer Angst Hilfe zu bekommen. Denken Sie daran: Dass irgendetwas jetzt ein Problem ist, bedeutet nicht, dass es Ihr ganzes Leben lang ein Problem bleiben muss.

Nehmen Sie ein *weißes* Karteikärtchen und schreiben Sie:

Ein Problem, das ich jetzt habe, muss nicht mein ganzes Leben lang ein Problem bleiben.

Déjà-vu-Erlebnisse

Déjà vu ist ein französischer Begriff, der wörtlich übersetzt »schon gesehen« bedeutet. Der Eindruck des Déjà vu entsteht, wenn man meint, etwas, das man zum ersten Mal erlebt, hätte man in der Vergangenheit schon einmal erlebt. Solche Gefühle treten oft auf, wenn man einen unbekannten Ort zum ersten Mal besucht. Er wirkt so vertraut, dass man Straßen und Häuser wieder erkennt, die man in diesem Leben noch nie gesehen hat. Es kann sich auch um Menschen handeln, denen man noch nie begegnet ist. Es besteht sofort eine Verbindung oder eine Abneigung oder eine absolute Vertrautheit, die uns das Gefühl vermitteln, mit diesem Menschen schon einmal zusammen gewesen zu sein.

Lawrence erklärte mir: »Alle Déjà-vu-Erlebnisse haben mit Vorfällen in früheren Leben zu tun, die noch nicht befriedigend abgeschlossen sind. Du solltest dir die Zeit nehmen, deine Déjà-vu-Erlebnisse zu erkennen und zu untersuchen.«

Nehmen Sie ein *weißes* Karteikärtchen und schreiben Sie:

Ein echtes Déjà-vu-Erlebnis hat mit einem Vorfall in einem früheren Leben zu tun, den ich noch zu einem befriedigenden Abschluss bringen muss.

Connies Déjà-vu

Viele meiner Klienten haben mir im Verlauf der Jahre von ihrem Gefühl des Déjà-vu erzählt. Mir fällt eine Frau namens Connie ein. Sie suchte mich kurz nach ihrer Rückkehr von einem Ausflug nach Maine auf. Connie spazierte am Strand entlang und begegnete einem Mann namens Ken. Sie sah ihn an und fühlte sich unendlich erleichtert. »Ich wollte nach ihm rufen und ihn fragen, wo er gewesen war. Die Gefühle überwältigten mich, denn ich war so glücklich, ihn wieder zu sehen.« Sie wollte von mir wissen, ob sich das verrückt anhörte, denn sie war ihm noch nie zuvor begegnet.

Ich fragte sie, wie er sich ihr gegenüber verhalten habe. Sie erzählte mir, er habe überrascht ausgesehen und sie gefragt, ob sie sich schon einmal begegnet seien – dass sie auch auf ihn vertraut wirke. »Wir gingen einen Kaffee trinken und unterhielten uns wie alte Freunde. Ken erwähnte, dass er mit Booten arbeitete. Als ich ihn ›Boote‹ sagen hörte, fühlte ich Angst und Einsamkeit. Es war verrückt. Ich hatte das Gefühl, als würde ich eine Situation erleben, die ich schon einmal mitgemacht hatte«, fügte sie hinzu.

Connie hatte Ken ihre Telefonnummer gegeben. Sie wollten sich am nächsten Wochenende treffen. Ich konnte in der Akasha-Chronik ihr früheres Leben nachschlagen. »Sie hatten eindeutig ein Déjà-vu-Erlebnis. Sie beide sind sich schon einmal begegnet – in einem früheren Leben. In diesem Leben hat er Sie verlassen und ist zur See gefahren. Aber denken Sie daran, das ist vorbei. Verhalten Sie sich Ken gegenüber nicht so, als würden Sie annehmen, dass er Sie verlässt. Die Zeit wird zeigen, welche Richtung Ihre Beziehung im jetzigen Leben nehmen wird.

Diese Sitzung mit Connie fand vor über zwei Jahren statt. Vor kurzem kam sie noch einmal, und mit Freuden sah ich, dass sie und Ken ein Paar waren. Sie wollten heiraten und in den Flitterwochen eine Kreuzfahrt machen.

Jack geht den Weg ganz

Mein Freund Jack, ein Schauspieler, hat mir ausführlich von seinen Déjà-vu-Erlebnissen erzählt. »Ich war immer wie besessen von allem, was mit New York zu tun hat. Ich bin in Denver aufgewachsen und habe mich dort nie wohl gefühlt. Ich sah mir Filme an, die in New York spielten, und alle Schauplätze waren mir absolut vertraut. Meine Schwester erinnert sich daran, dass ich mit sechs Jahren Bezirke von New York so beschreiben konnte, als würde ich dort leben. Vor 15 Jahren bin ich schließlich nach New York gezogen. Ich war total glücklich und kam mir vor, als hätte mein Leben jetzt endlich angefangen. Ich lernte einen Mann kennen, Steve, der mein Lover wurde. Zum ersten Rendezvous hatten wir uns zum Brunch verabredet. Ich erinnere mich daran, wie ich über die Straße hinweg beobachtete, wie er auf das Restaurant zusteuerte, wo wir uns treffen wollten. Mich durchfuhr ein Schock, denn ich war mir absolut sicher, ihn schon zu kennen. Wir setzten uns an einen Tisch und fingen an zu reden. Alles an ihm war vertraut – die Art, wie er lachte, die Tasse hielt, sich die Haare aus der Stirn strich, und besonders die Art, wie er ging. Ich habe immer sehr darauf geachtet, wie Leute gehen. Manche machte ich nach: John Wayne, Charlie Chaplin, Jimmy Cagney. Den Gang eines Menschen vergesse ich nie. Steve war eine komplizierte Persönlichkeit, temperamentvoll, launisch, aber doch freundlich. Viele Leute verstanden ihn nicht, aber ich schon, von der ersten Begegnung an. Ich kannte ihn einfach.

Ein paar Monate nach unserem ersten Treffen wurde Steve krank. Ich hatte Angst und besprach die Situation mit meiner Schwester. Ich wusste, dass es schwierig werden würde, aber ich hatte auch das Gefühl, dass es mein Karma wäre, mich um ihn zu kümmern. Irgendwo in meinem Unterbewusstsein spürte ich, dass Steve in irgendeinem anderen Leben für mich gesorgt hatte. Wir waren zusammen zurückgekommen, damit unsere Beziehung ins Gleichgewicht kam. Ich liebte ihn sehr, aber da war mehr dran, als oberflächlich sichtbar wurde.«

Steve starb ein paar Monate, nachdem ich Jacks Bekanntschaft gemacht hatte. In einer Sitzung, in der es um seine früheren Leben ging, konnte ich etwas über seine Beziehung zu Steve erfahren.

Jacks Déjà-vu hatte eine handfeste Grundlage. Er und Steve waren schon früher zusammen gewesen. Steve hatte Jack im 12. Jahrhundert in Frankreich gepflegt, als dieser die Beulenpest hatte. Im damaligen Leben hatte Steve sein Bein verletzt und ging daher ein bisschen steif. Damit hatte es angefangen, dass der Gang eines Menschen Jack sofort auffiel. Steve hatte sein Leben riskiert, um dazubleiben und Jack zu versorgen. Im jetzigen Leben hatte Jack Steve durch seine Krankheit hindurchbegleitet. Das überwältigende Bedürfnis, nach New York zu gehen, hatte zwei Gründe. Jack musste sein Karma mit Steve ins Gleichgewicht bringen, und für seinen karmisch bedingten beruflichen Erfolg war New York das Zentrum.

Diese »Lektüre« eines früheren Lebens bestätigte Jacks Gefühl, eine sehr tiefe Beziehung zu Steve zu haben. Sein

Bedürfnis, in New York zu sein, kam nicht daher, dass er in einem früheren Leben schon einmal dort zu Hause gewesen war. Vielmehr wurde ihm das, was er *jetzt* erledigen musste, in New York präsentiert. Er vermisst Steve jeden Tag, aber er ist auch dankbar dafür, dass ihm die Gelegenheit gegeben wurde, seinem geliebten Freund zu helfen.

Übung: Eigene Déjà-vu-Erlebnisse prüfen

Das Nachdenken über eigene Déjà-vu-Erlebnisse kann Ihnen die Reinkarnation verständlicher machen. Die folgende Übung hilft Ihnen, Ihr jetziges Leben zu gestalten. Setzen Sie sich still hin und versuchen Sie, sich daran zu erinnern, wann Sie bei der ersten Begegnung mit einem Menschen den Eindruck hatten, ihn schon zu kennen. Denken Sie an diese Person und versuchen Sie, sich die Beziehung noch einmal zu vergegenwärtigen.
Unter welchen Umständen sind Sie sich begegnet? Wann? Welche Gefühle kamen hoch? Wie hat diese Beziehung Sie beeinflusst? War es eine kurze Beziehung, oder sind Sie mit dem Menschen noch in Verbindung? Hatte die Beziehung ein schönes oder ein unschönes Ende? Haben Sie wegen des Déjà-vu-Gefühls mehr Zeit mit diesem Menschen verbracht? Haben Sie durch die Beziehung etwas Wertvolles gelernt?
Nehmen Sie jetzt die gleiche mentale Prüfung mit Orten vor, an denen Sie gewesen sind. Was vermittelte Ihnen den Eindruck, schon einmal dort gewesen zu sein? Ziehen bestimmte Orte Sie an? Haben Sie Angst, bestimmte Orte zu besuchen, oder haben bestimmte Orte sofort Beklommenheit ausgelöst? Lassen Sie sich Zeit für diese

> Déjà-vu-Prüfung. Manchmal werden Sie sich sofort an die entsprechenden Gefühle erinnern, dann wieder erst nach einiger Zeit.

Déjà-vu-Erlebnisse sind nicht immer glücklich, und nicht jeder Eindruck, dass etwas – im Guten wie im Schlechten – vertraut ist, wird durch ein früheres Leben verursacht. Aber da dieser Eindruck oft stimmt, kann die Erinnerung an eigene Déjà-vu-Erlebnisse uns helfen, die Reinkarnation zu verstehen und an sie zu glauben. Machen Sie diese Übung oft, denn es kann dauern, bis im Unterbewusstsein verborgene Erinnerungen freigelegt sind.

Nehmen Sie ein *weißes* Karteikärtchen und schreiben Sie:

Sei geduldig. Es dauert ein bisschen, bis im Unterbewusstsein verborgene Erinnerungen freigelegt sind.

Setzen Sie sich, wann immer Sie ein paar freie Minuten haben, ruhig hin und sehen Sie, ob Sie sich an Menschen, Orte, Gefühle oder Empfindungen erinnern können, die auf ein Déjà-vu-Erlebnis hinweisen könnten. Das wird Ihnen sehr helfen, die Kontinuität des Lebens zu verstehen. Und es zeigt, welchen Einfluss Angelegenheiten »von früher« auf unser jetziges Leben haben können.

Wir müssen uns nicht unbedingt an frühere Leben erinnern, um in der Gegenwart schön, sinnvoll und glücklich zu leben. Entscheidend ist, dass wir *jetzt* liebevoll und integer leben. Die Folgen unseres jetzigen Tuns werden sich im Rest *dieses* Lebens zeigen. Wir gestalten die Zukunft durch unser gegenwärtiges Verhalten. Aber seien wir immer aufgeschlossen für das Geschenk, das Wissen heißt.

Wir dürfen das Karma aus einem früheren Leben nie als Entschuldigung für mangelndes Urteilsvermögen in diesem Leben benutzen. Hier ein nützlicher Tipp, den Sie auf ein *weißes* Karteikärtchen schreiben können:

Denk immer über die Muster in diesem Leben nach, bevor du in frühere Leben eintauchst.

*Eine kurze Bemerkung
zu therapeutischen Rückführungen*

Zurzeit sind Rückführungen in frühere Leben groß in Mode. In diesen Sitzungen wird der Klient hypnotisiert oder entspannt und in eine Zeit und an einen Ort zurückgeführt, die möglicherweise Schauplatz eines früheren Lebens von ihm waren. Eine solche Therapie kann sich als hilfreich erweisen, wenn sie von einem erfahrenen Sensitiven oder Therapeuten durchgeführt wird. Die Synthese von Psychologie und Metaphysik kann eine wirksame Heilmethode sein. Viele Phobien und andere Traumata haben ihren Ursprung nicht in diesem Leben, sondern in einem früheren.

Ich glaube, dass manche Leute unter Hypnose in der Lage sind, die Akasha-Chronik anzuzapfen. Das bedeutet nicht, dass sie nach Lust und Laune in ihr »lesen« können. Sie sind in einer entspannten, tranceähnlichen Verfassung, und bestimmte, bislang verborgene Erinnerungen an frühere Leben werden an die Oberfläche geschwemmt. Das ist sehr selten, aber es kann passieren. Wenn jemand zutreffende Informationen über ein früheres Leben erhält, zeigt der Effekt sich im jetzigen Leben. Dieses Wissen sollte überwiegend dazu dienen, gegenwärtige Traumata, Phobien oder fixe Ideen aufzulösen.

Nehmen Sie ein *weißes* Karteikärtchen und schreiben Sie:

Wenn jemand zutreffende Informationen über ein früheres Leben erhält, zeigt der Effekt sich im jetzigen Leben.

Es gibt ein paar sehr gute Psychiater, die ihren Patienten mit einer Rückführungstherapie helfen. Diese Ärzte beweisen großen Mut. Die meisten ihrer Kollegen fürchten, von ihren Standesgenossen an den Pranger gestellt zu werden, wenn sie öffentlich zu verkünden wagen, dass sie an die Reinkarnation oder an übersinnliche Phänomene glauben. Das Fehlen eines wissenschaftlichen Beweises ist die Hauptentschuldigung dafür, alles Mögliche als »paranormal« abzutun.

Eine gesunde Skepsis ist jedoch auch nichts Schlechtes. Fast alle Rückführungen stimmen *nicht* genau. Mindestens 50 Klienten von mir haben mir erzählt, sie wüssten, dass dies ihre letzte Inkarnation sei. Bei allen ist die Grundlage für diese Überzeugung die gleiche: Sie haben es während einer Rückführung in frühere Leben herausgefunden. Im Allgemeinen sind diese Leute mit einem oder mehreren der folgenden Bereiche nicht zufrieden: Arbeit, Liebesleben, Familie, Geld. Viele sind depressiv und verzweifelt. Welcher seriöse Experte könnte diesen Leuten sagen, dass sie eine umfassende Meisterschaft über sich erreicht haben? Das wäre nicht nur unwahr, sondern auch unbedacht. Ich glaube, dass Sie einen angesehenen Rückführungsspezialisten am besten durch den Hinweis eines Menschen finden, den Sie respektieren und der selbst eine Sitzung hatte. Eine andere Möglichkeit ist ein Buch oder ein Artikel von einem – oder über einen – Rückführungsspezialisten, das bzw. der praktische und gründliche Informationen über den Arbeitsstil enthält.

Der gesunde Menschenverstand sagt uns, dass das, was wir in diesem Leben sind, von unseren Taten in früheren Leben und in diesem Leben abhängt. Wenn Sie eine Rückführung in frühere Leben machen, sollten Sie sich die Informationen deshalb genau daraufhin ansehen, ob sie Ihnen helfen, im Hier und Jetzt weiser zu leben.

Kollektives Karma

Die Gesetze der Reinkarnation und des Karmas müssen auf Länder und Völker genauso angewandt werden wie auf Einzelpersonen. Ein Land besteht aus einer Gruppe von Menschen, die durch die Politik, die Kultur und das Karma zusammengehalten werden. Dass Italiener, Franzosen, Japaner und Amerikaner unterschiedlich sind, fällt sofort ins Auge. Sprache, Tradition und Neigungen variieren sehr stark. Das Karma eines Landes setzt sich aus dem Karma aller Menschen zusammen, die in ihm leben. Das bedeutet, dass jeder von uns zu einer ganz bestimmten Zeit in ein ganz bestimmtes Land, ein bestimmtes Volk und eine bestimmte Religion hineingeboren wird.

Lawrence hat mir einmal gesagt: »Die gegenwärtige Wiederbelebung aller Bereiche des Metaphysischen hat sehr viel mit den vielen Seelen aus den alten Zivilisationen Ägyptens und Griechenlands zu tun, die jetzt in die westliche Welt hineingeboren werden.«

Dies ist nicht unbedingt unsere letzte Inkarnation auf Erden, aber die meisten von uns haben eins ihrer vielen früheren Leben in diesen Kulturen zugebracht.

Wir können uns nicht aus unserer sozialen Verantwortung heraustehlen. Wir müssen alles uns Mögliche tun, um der Welt um uns herum zu helfen. Kein Dienst am anderen ist unwichtig. Wir müssen uns fragen, ob es das Karma eines Menschen ist zu hungern oder ob es unser Karma ist, ihm etwas zu essen zu geben. Können wir es uns erlauben, uns zu isolieren und andere Länder zu Gunsten unseres Reichtums und unserer Macht zu ignorieren? Wenn wir es tun, werden wir irgendwann in Armut und Ohnmacht hineingeboren.

Vergessen wir nicht, dass in jeder Sekunde neues Karma entsteht. Der Gedanke daran müsste uns für die Bedürfnisse anderer sensibler machen. Tragödien aus der ganzen Welt werden über Satellit sofort verbreitet und uns im Fernsehen, im Radio oder am Computer präsentiert. Es ist fast unmöglich, von den Schrecknissen und Katastrophen, die anderen zustoßen, nichts zu wissen. Die Welt wird nur dann ins Gleichgewicht kommen, wenn jeder von uns alles in seiner Macht Stehende zum Wohl der Menschheit tut. Wenn wir anderen helfen, ist keine Tat zu klein.

»Behandle andere so, wie du selbst behandelt werden möchtest«, ist eine zentrale Aussage über das Karma. Denken Sie über das Ausmaß dieser Worte nach. Jede Aktion erzeugt eine Reaktion. Durch unser universelles Karma sind wir alle miteinander verbunden. Alles, was wir tun – oder nicht tun –, kommt zu uns zurück.

Karma-Clearing

In der Karmabank sind Löschungen nicht vorgesehen. Was wir getan haben, kann nie mehr ungeschehen gemacht werden. Wir können unsere Fehler erkennen und beschließen, die Situation wieder gutzumachen. Aber wir können die Vergangenheit nicht ändern. Das erklärt, warum viele Leute das Gefühl haben, dass das Leben ihnen keine Ruhepause gönnt. »Ich tue alles, was ich kann, um ein guter Mensch zu sein, und trotzdem habe ich ständig nichts als Probleme.« Dieses Mysterium wird erklärlich, wenn wir wissen, dass wir uns nicht nur Angelegenheiten aus dem jetzigen Leben vorknöpfen müssen, sondern auch solche »von früher«. Wenn jemand immer weiter als guter Mensch lebt, egal welche Schicksalsschläge ihm begegnen, baut er für die Zukunft gutes Karma auf. Wir müssen nicht immer auf das nächste Leben warten, um den Lohn unserer guten Taten zu ernten. (Zum Beispiel gab Charlene einer Frau, die sagte, sie hätte ihre Brieftasche vergessen, einen U-Bahn-Fahrschein. Als Charlene zwei Wochen später Kaffee einkaufen wollte, hatte sie ihr Geld vergessen, und der Mann, der in der Schlange hinter ihr wartete, zahlte für sie.)

Das Durchschnittsleben ist ein Gemisch aus Einzahlungen und Abhebungen, Glück und Unglück. Jeder, der Ihnen erzählt, er könne Ihnen zeigen, wie Sie Ihr ganzes früheres Karma loswerden können, ist ein Scharlatan, ein Betrüger. Eine Klientin erzählte mir, sie hätte einer Frau, die »Karma-Clearing« macht, 5000 Dollar gezahlt. Ich dachte, sie würde einen Witz machen, weil das völlig abwegig ist.

»Hat die Frau Windex-Glasreiniger benutzt?«, fragte ich.

»Sie hat viel in einer Sprache gesungen, die ich nicht verstanden habe«, erwiderte die junge Frau.

»Man könnte sie eine Karmabetrügerin nennen. So etwas wie die Beseitigung von früherem Karma gibt es nicht. Es ist eine Tatsache, dass Sie leiden werden, wenn Sie einen anderen haben leiden lassen. Sie können lernen und Fortschritte machen und neues, gutes Karma erzeugen. Es tut mir Leid, dass Sie so viel Geld für etwas ausgegeben haben, das nicht möglich ist«, erklärte ich ihr.

»Diese Frau ist berühmt, und also muss sie wissen, was sie macht«, rechtfertigte sich die Klientin.

»Der Teufel ist auch berühmt, aber das bedeutet nicht, dass wir tun sollten, was er sagt«, konterte ich.

Die Botschaft kam an. Meine Klientin sah ein, dass die Vorstellung eines »Karma-Clearing« absurd ist. Als sie ging, war sie traurig, aber ein bisschen weiser.

Karma und Selbstmord

Ein Selbstmord ist nie vorherbestimmt. Er ist immer eine Entscheidung, die in der jetzigen Inkarnation getroffen wird. Oft wird er in einem Augenblick ausgeführt, in dem der Betreffende emotional am Ende oder vollkommen verzweifelt ist. Manchen erscheint er als einziger Ausweg aus ihrer Not. Die Hinterbliebenen empfinden unermessliche Trauer, haben Schuldgefühle und sind schockiert und wütend über diese unnatürliche Unterbrechung des Lebens.

Die Zeitungen sind voll von Berichten über Menschen aus allen sozialen Schichten, die sich umbringen und meinen, damit wäre ihr Unglück vorbei. Dieses Phänomen ist nicht auf Erwachsene beschränkt. Eine alarmierende Zahl von Jugendlichen und selbst Kindern nimmt sich das Leben. Es war ein Schock für mich zu erfahren, dass in den USA mehr Menschen durch Selbstmord als durch Mord umkommen.

Ein Selbstmord ist nicht akzeptabel. Er ist ein Akt der Gewalt gegen die Seele. Jemand, der sich das physische Leben nimmt, stirbt nicht. Vielmehr bleibt die Seele zwischen der Erde und den geistigen Welten, bis der Zeitpunkt für ihren natürlichen Übergang gekommen ist. Darunter verstehe ich den Zeitpunkt, zu dem der Körper ohne den Selbstmord gestorben wäre.

Es ist nur dann karmisch korrekt, sich das Leben zu nehmen, wenn dadurch eine höhere Wahrheit geschützt wird. Dann ist der Selbstmord eine mutige, selbstlose Tat, die unter göttlichem Schutz steht. Nehmen wir an, Sie haben in Frankreich in der Résistance gegen Hitler gekämpft und werden gefangen genommen. Sie wissen, dass man Sie foltern und zwingen wird, die Namen anderer Résistance-Kämpfer zu nennen. Sie begehen Selbstmord, um diese anderen und dadurch die größere Sache zu schützen, die Freiheit. Diese Tat wird nicht bestraft; sie wird verehrt.

Das Karma hat Sie nicht gezwungen, sich der Résistance anzuschließen. Es war Ihre Entscheidung. Das Karma hat Sie in eine Umgebung gestellt, in der Sie diese Entscheidung treffen konnten. Was bei Ihrer Gefangennahme herauskam und Ihre Entscheidung, Ihr Leben zu beenden, um andere zu retten, war also nicht vorherbestimmt. Charles Dickens lässt Sydney Carton, der sein Leben gab, um seine Freunde zu retten, in *Zwei Städte* sagen: »Es ist etwas sehr viel Besseres, als ich je getan habe; ich gehe auf eine sehr viel bessere Ruhe zu, als ich je gekannt habe.« Das Motiv für Sydneys Selbstmord war ein hohes Ideal: Er wollte das Leben seines Freundes retten. Dadurch rettete er auch das Leben der Frau, der Tochter und des Vaters seines Freundes, und er diente seinem Land. Dieser Akt der Selbstlosigkeit war karmisch akzeptabel.

Die meisten Menschen, die Selbstmord begehen, sind nicht böse. Sie sind depressiv und haben keine Hoffnung mehr. Ihnen fehlt der Mut oder die Fantasie zu sehen, dass da, wo Leben ist, Hoffnung ist. Das Leben ist für sie so kompliziert geworden, dass die einzige Hoffnung auf Frieden darin zu bestehen scheint, sich umzubringen.

Nehmen Sie ein *weißes* Karteikärtchen und schreiben Sie:

Wo Leben ist, ist Hoffnung.

Menschen, die an Karma und Reinkarnation glauben, bringen sich selten selbst um. Sie gehen davon aus, dass man nicht stirbt und es also keinen Zweck hat, sich umzubringen.

Nehmen Sie ein *weißes* Karteikärtchen und schreiben Sie:

Du stirbst nicht, deshalb kannst du dich auch nicht umbringen.

Auswirkungen

Ein Selbstmord ist verheerend für alle, deren Leben er berührt. Alter, Rasse oder Geschlecht spielen keine Rolle. Jeder spürt seine Wucht. Nicht immer gibt es klare Anzeichen dafür, dass jemand sich das Leben nehmen wird. Aber manchmal blinken grell wie Neonröhren die Warnsignale auf, die »Hilf mir! Hilf mir! Hilf mir!« besagen. Wir müssen versuchen, die Not anderer Menschen zu bemerken. Oft könnten wir verhindern, dass sie selbst ihrem Leben ein Ende setzen. Wir müssen ihnen zeigen, dass es Alternativen zum Selbstmord *gibt*. Wir laden uns ein schreckliches Karma auf, wenn wir zulassen, dass jemand sich umbringt, obwohl wir diesen Schritt hätten verhindern können.

Lawrence hat mir einmal gesagt: »Der Impuls, Selbstmord zu begehen, ist in den Lebensjahren größer, die ohne Rest durch sieben teilbar sind.« Daraufhin habe ich ein bisschen nachgedacht. Von den Fällen, die ich durch meine Arbeit kannte, fielen fast alle in diesen Siebenjahreszyklus. Lawrence gab mir keine weiteren Erklärungen dazu, warum die Sieben verletzlicher zu machen scheint. Er sagte mir nur, es sei so. Es sei klug, diese Zeiten besonders aufmerksam zu beobachten.

Es besteht ein großer Unterschied zwischen Menschen, die durch einen Unfall sterben, und solchen, die sich umbringen, weil sie Angst haben, der Welt entgegenzutreten, oder dies einfach nicht wollen. Manche Todesfälle sehen auf den ersten Blick nach Selbstmord aus, erweisen sich dann aber nicht als vorsätzlich. Nehmen wir einen Mann, der wegen schwerer emotionaler Probleme behandelt wird. Ein guter Arzt verschreibt ein Medikament, das ihm helfen müsste. Tragischerweise kommt es zu einer ungewöhnlichen Reaktion auf dieses Medikament. Der Patient nimmt sich das Leben. Er wurde von einem ausgezeichneten Arzt behandelt und hat das Medikament in der verordneten Dosis genommen. Er wollte, dass es ihm besser geht. Seine Tat gilt nicht als Selbstmord, weil er versucht hat, das Leben bzw. die Lebendigkeit zu fördern.

Selbstmörder kommen nicht in die Hölle

Das Karma bestraft einen Menschen nicht dafür, dass er sich selbst das Leben genommen hat, genauso wenig wie eine Welle vorsätzlich einen Menschen ertrinken lässt. Die Annahme, dass Selbstmörder automatisch in der Hölle landen, ist falsch und grausam. Vielmehr bleiben sie bis zu dem Zeitpunkt, an dem sie ohne Selbstmord »hinübergegangen« wären, zwischen der Erde und den geistigen Welten. Das ist nicht die Hölle, aber es ist unangenehm, sich den Kummer der Hinterbliebenen anhören zu müssen. Es ist eine Art Niemandsland, das noch einmal beweist, dass Sie sich nicht umbringen können. Ihr Geist stirbt nicht. Egal wie Sie sterben, der Tod ist, als würden Sie einen Mantel ablegen, den Stoff verbrennen und verkünden, dass Sie jetzt tot sind. In Wahrheit haben Sie nur die materielle Bedeckung nicht mehr, den Mantel. Aber Sie leben noch. Sie dachten, Sie wären tot, und sind es gar nicht.

Wir müssen uns klar machen, dass es in jedem Leben auch Regen geben muss. Ein schlechter Gesundheitszustand und die Angst vor Schmerzen sind häufig der Grund dafür, das physische Leben zu beenden. Aber wenn Sie ein Leben beenden, bevor sich sein Karma erschöpft hat, müssen Sie die Krankheit und die Schmerzen in einem zukünftigen Leben noch einmal durchmachen.

Euthanasie

Das ist ein heißes Thema, denn viele Leute glauben, sie hätten das Recht, ihr Leben oder das Leiden geliebter Menschen zu beenden. Aber die Sterbehilfe ist keine Hilfe. Mir liegt daran, dass die Leute den Gesamtzusammenhang sehen. Sobald Sie Ihr Krankheitskarma dadurch erlöst haben, dass Sie auf natürliche Weise sterben, ist es weg. Sie ruhen in Frieden und werden ohne diese Torturen wiedergeboren. Warum ein weiteres Leben mit dieser Krankheit riskieren?

Lawrence hat sich ziemlich aufgeregt, als er mit mir über dieses Thema sprach. »Oft verleitet das Mitleid die Leute zu dem Glauben, die Sterbehilfe sei richtig«, sagte er. »Aber dieses Mitleid geht in die Irre. Wer hat das Recht, für irgendjemanden einschließlich sich selbst über Leben oder Tod zu entscheiden? Das Gesetz des Karmas ist in dieser Sache ein sehr klarer Richter. Wenn es dein Karma ist, einen schwierigen Tod zu haben, musst du ihm ins Auge sehen, sonst wiederholt er sich in einem neuen Leben. Selbstmord oder Sterbehilfe beenden das Leiden nicht. Vielmehr fangen mit ihnen sehr viel stärkere Schmerzen an: die spirituelle Qual.«

Das Karma hat kein Verfallsdatum

Die Resultate aller Handlungen kommen zu uns zurück – wenn nicht in diesem Leben, dann in einem zukünftigen. Der Tod löscht das Karma nicht aus. Er schiebt es nur hinaus. Sie leben so oft, wie es zum Ausgleich Ihres karmischen Kontoauszugs notwendig ist. Sie kommen mit genau den Guthaben und Schulden auf Ihrem Karmabankkonto auf die Erde zurück, die Sie bei Ihrem Tod hatten. Sie brauchen nichts zu überstürzen, denn es wird noch viel Zeit vergehen, bis Sie zum Meister über sich geworden sind. Das Karma hat kein Verfallsdatum.

Nehmen Sie ein *weißes* Karteikärtchen und schreiben Sie:

Das Karma hat kein Verfallsdatum.

3. Karma und Gesundheit

*Die Medizin ist weit mehr
eine Kunst als eine Wissenschaft.*
Paracelsus

Die Gesundheit ist für jeden von uns etwas unendlich Wertvolles. Manche Krankheiten haben eine natürliche Ursache, bei anderen scheint der Ursprung mysteriös zu sein. Krankheiten mit natürlicher Ursache gehen auf unser jetziges Leben zurück. Krankheiten, bei denen man nicht weiß, wo sie herkommen (keine familiäre Disposition, keine in der Ernährung, der Umwelt oder der Psyche liegenden Gründe) sind karmisch. Sie sind aus einem früheren Leben in dieses Leben mitgebracht worden. Sobald das Karma ausgeglichen ist, stellt die Gesundheit sich wieder ein. Manchmal müssen wir uns unser ganzes Leben lang mit einem physischen Problem herumschlagen, dann wieder wird es aufgelöst, und wir können den Rest unseres Lebens genießen. Ein karmisches Gesundheitsproblem muss uns nicht unbedingt das ganze Leben lang begleiten. Es bleibt so lange bei uns, bis das Karma ausgeglichen ist.

Die körperliche Gesundheit ist eins der besten Beispiele für das Gesetz von Ursache und Wirkung. Wie oft haben Sie eine Erkältung oder eine Grippe bekommen, weil Sie, bedingt durch geistige oder körperliche Überanstrengung, vollkommen auf dem Zahnfleisch gingen? Sie haben sich total überfordert, und dadurch sind Sie krank geworden. Dieser Bumerangeffekt ist ganz deutlich.

Natürlich sind nicht alle Krankheitsursachen so offensichtlich. Oft stauen sich Emotionen lange Zeit auf, bis der Körper rebelliert. Aber er wird revoltieren, wenn er gezwungen ist, im Ungleichgewicht zu leben. Hinter solchen Gesundheitsproblemen steckt kein großes Geheimnis.

Eine kurze Selbstprüfung müsste Ihnen die Ursache klar machen. »Ich wusste, dass ich krank werden würde, aber ich konnte einfach nicht kürzer treten«, hört man gebetsmühlenartig an vielen Arbeitsplätzen. Diesen Zustand hätten Sie vermeiden können, wenn Sie auf Ihren Körper gehört und eine Pause eingelegt hätten. Manchmal führt eine Überarbeitung, bedingt durch den Zwang zur Perfektion, zu einem schlechten Gesundheitszustand. Das lässt sich abwenden, wenn Sie sich mental und körperlich entspannen. Wir müssen unseren Körper *und* unseren Geist respektieren, wenn wir harmonischer und gesünder leben wollen.

Nehmen Sie ein *blaues* Karteikärtchen und schreiben Sie:

Ich respektiere meinen Körper und meinen Geist, damit ich harmonischer und gesünder lebe.

Die Gesundheit unserer Mitmenschen müssen wir dadurch respektieren, dass wir sie nicht mit ansteckenden Krankheiten infizieren. Wie oft sind Sie am Arbeitsplatz krank geworden, weil jemand Ihnen seine Grippe vererbt hat? Es lässt sich nicht immer vermeiden, weil die Symptome sich nicht unbedingt sofort zeigen, und dann stecken Sie Ihrerseits einen anderen an. Aber es bringt schlechtes Karma ein, nicht alles zu versuchen, um andere nie anzustecken.

Nehmen Sie ein *blaues* Karteikärtchen und schreiben Sie:

Ich tue mein Bestes, um andere nie mit irgendeiner Krankheit anzustecken.

Dann sind da die Geschlechtskrankheiten – Herpes, Aids, Genitalwarzen etc. Jemand, der weiß, dass er mit einer dieser Krankheiten infiziert ist, hat die moralische Verpflichtung, vor jeglichem Körperkontakt den potenziellen Partner zu informieren.

Eine falsche Auffassung vom Karma kann einen ziemlich heftigen Bumerangeffekt verursachen. Ich war schockiert, als ein Klient, der Aids hatte, mir erzählte, dass er es nicht für nötig hielt, einen Sexual-Partner über seine Krankheit zu informieren. Er meinte: »Alles, was ihm passiert, ist sein Karma.« Ich fragte ihn nach seiner Verantwortung, den Partner vor der bestehenden Gefahr zu warnen. Er tat die Vorstellung einer persönlichen Verantwortung mit den arroganten Worten ab: »Das ist nicht mein Problem.« Ich erwiderte: »Aber ja, es ist sehr wohl Ihr Problem, mein Bester. Es ist, als würden Sie jemanden umbringen.« (Ich sah ihn nie wieder, hörte aber später, dass er gestorben war.) In seinem nächsten Leben wird er denselben Tod erleiden, den er in diesem verursacht hat.

Manche Leute glauben, dass wir nicht eingreifen dürfen, wenn es das Karma eines Menschen ist zu leiden. Lässt eine gute Ärztin einen Patienten Schmerzen leiden, wenn sie sie lindern kann? Kommt ein Sanitäter zu einem Verletzten, ohne ihm zu helfen? Vergessen wir nicht, dass es unsere Pflicht ist, zumindest den Versuch zur Abwendung einer Tragödie zu unternehmen, denn es ist unser Karma, in der

Position des Helfers zu sein. Wenn wir eine ansteckende Krankheit haben, sind wir verpflichtet, uns zu ihr zu bekennen. Es ist nicht immer einfach, anderen zu sagen, dass man bestimmte Gesundheitsprobleme hat, aber das Karma, das aus einer Täuschung entsteht, wiegt sehr schwer. Auch ansonsten sehr nette Leute können beunruhigende gesundheitliche Schwierigkeiten haben.

Nehmen Sie ein *blaues* Karteikärtchen und schreiben Sie:

Das Karma, das aus einer Täuschung entsteht, wiegt sehr schwer.

Joyce schiebt Gary ab

Als Joyce mich aufsuchte, steckte sie mitten in einer Depression. Sie und Gary wollten heiraten. Als Joyce zum jährlichen Gesundheitscheck zum Arzt ging, erfuhr sie zu ihrer Überraschung, dass sie Herpes hatte. Der Arzt erklärte ihr, sie habe sich die Krankheit nur durch eine intime Beziehung zuziehen können. Ihr einziger Lover war Gary, und also konfrontierte sie ihn mit der Information. Zunächst leugnete er, aber schließlich gab er zu, ein flüchtiges sexuelles Abenteuer gehabt zu haben, das ihm nichts bedeutete. Da musste er sich angesteckt haben. Obwohl er sich mehrmals entschuldigte, beendete Joyce die Beziehung. Sie hätte ihm nie mehr vertrauen können. Gary zahlte einen hohen Preis für seinen One-Night-Stand. Er verlor eine wundervolle Frau und handelte sich eine Geschlechtskrankheit ein. Bumerang!

Nachdem Joyce und ich über die Situation gesprochen hatten, war sie dankbar, dass es nicht schlimmer war. Sie war auch dankbar dafür, dass die Sache *vor* der Hochzeit aufgekommen war. Es war auf mehr als einer Ebene ein großer Schock. Die Entdeckung, dass Gary etwas so Verletzendes tun konnte, war ein Schlag ins Gesicht. Und es war schrecklich, als lebenslange Erinnerung an Garys Betrug Herpes zu haben.

Ein Jahr nach unserer ersten Begegnung suchte Joyce mich noch einmal auf. Sie war jetzt mit einem anderen Mann befreundet. Innerhalb von zwei Wochen nach ihrem ersten Rendezvous hatte Joyce ihm von ihrem Herpes erzählt. Sie wollte nicht das Risiko eingehen, die Krankheit zu übertragen, und hatte außerdem keine Lust, mit jemandem intim zu werden, den sie gerade erst kennen gelernt hatte. Ihr neuer Freund ist ein großartiger Kerl, und die beiden haben viel Spaß miteinander. Ich war froh, ihr sagen zu können, dass ich eine wundervolle Zukunft für sie beide sah. Joyce hatte durch ihre Integrität das neue, gute Karma geschaffen, einen achtbaren Freund anzuziehen.

Lebenskraft

Jeder von uns wird mit einer bestimmten Energiemenge geboren. Sie wird auch als *Lebenskraft* bezeichnet. Wenn wir älter werden, nimmt der Vorrat ab, und der Körper fängt an, langsamer zu arbeiten oder oft auch zu verfallen. Wenn wir Sorgen und Erschöpfung vermeiden, lädt die Lebenskraft den Körper weiter auf, und wir leben länger und sind gesünder. Sportliche Betätigung in Maßen ist lebensbejahend und macht den Körper beweglicher und kräftiger. Aber wenn wir durch ein Zuviel an Sport übertreiben, ist dies ein Missbrauch der Lebenskraft, gegen den der Körper möglicherweise rebelliert; er wird geschwächt. Lawrence ist in dieser Hinsicht ziemlich kategorisch. Er sagte mir einmal: »Mein Kind, kein spirituell entwickelter Mensch würde von einer Seite des Raums auf die andere wandern, ohne einen guten Grund dafür zu haben. Er würde keine Lebenskraft vergeuden wollen.«

Nehmen Sie ein *blaues* Karteikärtchen und schreiben Sie:

Übertriebener, zwanghafter Sport ist ein Missbrauch der Lebenskraft.

Nancy missbraucht ihre Lebenskraft

Nancy trieb täglich drei bis vier Stunden Sport. Wenn sie ihr Training einen Tag versäumte, wurde sie hysterisch. Sie erklärte mir nachdrücklich, sie würde sich erst dann richtig gut fühlen, wenn sie ihre tägliche Dosis Jogging, StairMaster und Hochleistungsaerobic intus habe. Ich fragte sie: »Wie haben Sie noch die Energie, irgendetwas anderes zu tun?« Sie bestand darauf, dass sie sich durch ihr Trainingsprogramm einfach super fühle und es sie sehr vital mache. Aber sie sah magersüchtig aus: nur Haut und Knochen. Ich war versucht, in die Küche zu rennen und ihr ein Sandwich zu streichen. Ich konnte sehen, dass sie viele Verletzungen gehabt hatte, einen bandagierten Knöchel, Narben auf den Knien, aber sie trainierte trotzdem weiter.

»Nancy, vor was laufen Sie davon?«, fragte ich sie.

Sie sah mich an, als ob ich verrückt wäre, und erwiderte: »Vor nichts.«

»Nancy, Ihnen wird für jedes Leben nur eine bestimmte

Menge Lebenskraft mitgegeben. Wenn Sie sie nur mit Sport aufbrauchen, fehlt Ihnen in der zweiten Lebenshälfte garantiert die Energie.« (Sie war 25.)

»Das glaube ich nicht«, beharrte sie. Eisern vertrat sie ihre Überzeugung, dass sie sich ohne ihr Training nicht gut fühle. Ich sah, dass sie zusammenbrechen würde, wenn sie nicht einen Gang zurückschalten würde. Sie wollte nichts davon hören.

Zwölf Monate später kam sie wieder. Sie war bei der Arbeit umgekippt und wegen völliger Erschöpfung und Fehlernährung ins Krankenhaus eingeliefert worden. Das Leben hatte sie gezwungen, kürzer zu treten und sich anzusehen, was sie sich selbst antat. Sie blieb über einen Monat im Krankenhaus. Das, was ihr passiert war, hatte ihr solche Angst gemacht, dass sie ihr Verhalten änderte. Sie trainierte jetzt vier Mal wöchentlich vierzig Minuten lang und achtete auf ihre Ernährung. Sie hatte immer noch Tage, an denen es ihr schwer fiel, ihren Wunsch, härter zu trainieren, zu beherrschen, aber sie bemühte sich sehr darum, im Gleichgewicht zu bleiben.

»Ich hatte nicht verstanden, was Sie meinten, als Sie sagten, ich würde meine Lebenskraft aufbrauchen. Aber der Schock, ins Krankenhaus zu müssen, hat mir geholfen, dahinter zu kommen«, verkündete sie mir.

»Besser spät als nie, Nancy«, erwiderte ich.

»Jetzt, da ich nicht mehr die ganze Zeit trainiere, fühle ich mich besser, und ich habe sehr viel mehr Energie für andere Interessen. Durch das viele Joggen habe ich viel vom Leben verpasst. Danke, dass Sie mir geholfen haben. Erst im Krankenhaus habe ich angefangen, Ihre Warnung zu verstehen. Das letzte Mal, als ich hier war, müssen Sie mich für wahnsinnig gehalten haben«, sagte sie mit Tränen in den Augen. Nancy hatte gelernt, dass Energie und Lebenskraft nichts Selbstverständliches sind. Es war schade, dass es erst zu einem Krankenhausaufenthalt kommen musste, bis sie aufwachte und Lunte roch. Es gibt eine einfachere Methode, etwas zu lernen, nämlich, wie meine Großmutter sagte, »bei allem erst mal den gesunden Menschenverstand einschalten«. In diesem einfachen Sprichwort liegt viel Wahrheit. Seine Befolgung kann uns langfristig viel Leid und Energie ersparen.

Die Veranlagung spielt eine große Rolle für unseren Gesundheitszustand. Wutanfälle, ständige Gereiztheit, Ärger und Hysterie sind für viele Menschen zur Norm geworden. Die Leute flippen aus, und ihre einzige Entschuldigung ist, dass sie nicht anders konnten. »So bin ich eben«, »Ich explodiere und lasse meine Gefühle raus«, »Die Wut gehört zu meinem Charakter« – diese und ähnliche Entschuldigungen habe ich unzählige Male gehört. Offenbar hält eine Menge Leute in unserer Gesellschaft es schlichtweg für in Ordnung, sich wie ein Idiot zu benehmen.

Die Folgen einer schlechten Veranlagung beeinflussen das Gleichgewicht des Körpers. Es kann Jahre dauern, bis der Bumerangeffekt eines solchen Verhaltens sichtbar wird, aber irgendwann kommt er. Jedes Mal, wenn wir die Beherrschung verlieren und in die Luft gehen, verbrauchen wir wertvolle Teile unserer Lebenskraft. Und wir ruinieren den Körper und das Nervensystem. Magenbeschwerden, Ausschläge, Haarausfall, Kopfschmerzen und Rückenschmerzen gehören zu den üblichen Folgen negativer mentaler und emotionaler Gewohnheiten.

Ich glaube, dass es uns gut tun würde, wenn wir erkennen

würden, dass wir unseren Charakter verbessern können. Dazu müssen wir als Erstes die Aspekte unserer Veranlagung erkennen, die uns und andere in Disharmonie bringen. Sobald das geschehen ist, können wir mit ein bisschen Mut verändern, wie wir agieren und reagieren – mit dem Endergebnis, dass wir körperlich, geistig-seelisch und spirituell gesünder sind und gesündere Beziehungen haben. Durch dieses positive Handeln bleibt die Lebenskraft erhalten.

Nehmen Sie ein *blaues* Karteikärtchen und schreiben Sie:

Du hast für dein Leben nur eine bestimmte Menge Lebenskraft erhalten. Vergeude sie nicht!

Alle Krankheiten beruhen auf einer schlechten Veranlagung oder der Verschwendung von Lebenskraft. Aber ich kann Ihnen versichern, dass Sie sich nie richtig gut fühlen werden, wenn Sie sich ständig aufregen. Ein häufiger Faktor im Leben vieler meiner Klienten und eines Großteils der Menschheit generell ist ein hohes Maß an Wut, die in Fragen wie: »Warum ausgerechnet ich?« oder: »Warum ist es *mein* Karma, dass alles so schwierig ist?« zum Ausdruck kommt.

Das Karma darf nicht als Entschuldigung für schlechte Laune und extreme Verhaltensweisen benutzt werden, die zu einem schlechten Gesundheitszustand führen. Gesundheit ist meist das Ergebnis positiven Denkens und Handelns. Bevor wir ein früheres Leben für unsere gegenwärtigen Gesundheitsprobleme verantwortlich machen, müssen wir unser jetziges Leben und unseren aktuellen Lebensstil prüfen. Menschen, die die Naturgesetze einer guten Gesundheit brechen – sich schlecht ernähren, zu viel Alkohol trinken, Zigaretten rauchen, keinen Sport treiben, nie angemessenen Schlaf bekommen, immer reizbar und wütend sind – und ihre Krankheit dem Karma aus einem früheren Leben zuschreiben, leugnen etwas.

Die folgende Übung hilft Ihnen festzustellen, ob eine Krankheit ihren Ursprung in diesem Leben oder in einem früheren hat. Nehmen Sie Ihr *Die-Macht-des-Karmas*-Tagebuch und fangen Sie an.

Übung: Die Ursache des Problems

1. Schreiben Sie alle gesundheitlichen Probleme auf, die Sie haben: Erschöpfung, Allergien, Hautleiden, Kopfschmerzen, dünnes Haar, brüchige Nägel, schwankendes Gewicht, eine Erkältung, die nicht weggeht, geschwollene Drüsen, Zahnfleischbluten etc.
2. Gehen Sie Ihre Liste sorgfältig durch und seien Sie absolut aufrichtig. Ist irgendeins dieser Probleme das Ergebnis aktueller schlechter Gewohnheiten? Zigaretten rauchen, zu viel Alkohol trinken, eine schlechte Ernährung und mangelnde körperliche Bewegung können die Ursache Ihrer jetzigen Probleme sein. Meist lassen sie sich durch Mäßigung, Disziplin oder Abstinenz lösen. Andere Symptome wiederum können Sie auf ein größeres Problem aufmerksam machen, das eine professionelle medizinische Behandlung erfordert. Wenn Sie feststellen, dass Sie Ihre gesundheitlichen Probleme nicht durch schlechte Gewohnheiten angezogen haben und in diesem Leben keine Grundlage

> für sie finden können, sind sie karmisch. Sie haben das Problem aus einem früheren Leben mitgebracht. Denken Sie daran: Das Karma hat kein Verfallsdatum. Wenn Sie in einem früheren Leben durch zu große Nachgiebigkeit Missbrauch mit Ihrem Körper getrieben haben und dachten, Sie kämen ungeschoren davon – Irrtum! Das Problem wird Ihnen in dieser Inkarnation oder einer zukünftigen wieder präsentiert, bis Sie es lösen.
> Im Endeffekt bedeutet dies: Egal wo die Ursache des Problems liegt, Sie müssen sich im Hier und Jetzt mit ihm beschäftigen. Wir können sofort etwas tun, um unsere Gesundheit zu verbessern.

Wenn Krankheit sich im Nachhinein als Segen herausstellt

Krankheiten sind nicht immer eine Katastrophe. Sie können karmische Weckrufe sein.

Mitchell, einer meiner Klienten, arbeitete 70 Stunden pro Woche und litt unter Migränekopfschmerzen und Melancholie. Seine Ehe ging in die Brüche, weil er keine Zeit für seine Frau und seine Tochter hatte. Sein Leben war vollkommen aus dem Gleichgewicht. Er schlief sehr wenig, ernährte sich schlecht, und wenn jemand ihm sagte, er solle das ändern, hörte er nicht auf ihn. Seine Frau, sein Bruder, seine Mutter und ein Kollege hatten ihm gesagt, er würde sich durch diese unausgeglichene Lebensweise umbringen. Was Mitchell nicht dazu veranlasste, sie zu ändern.

Er kam zu mir zur Beratung, war aber nur daran interessiert, etwas über Geld und Macht zu hören. Er war besessen davon, auf die schnellstmögliche Art Millionen Dollar zu machen. Ich sprach warnend von seiner Gesundheit und wies darauf hin, dass ich lebensgefährliche Magenprobleme sah. Ich predigte tauben Ohren. Ich sagte ihm, seine Aura zeige, dass er kurz vor dem Zusammenbruch stehe. Er wollte nichts über gesundheitliche Probleme hören. Aber der Begriff »Aura« hatte ihn neugierig gemacht, und er bat mich, ihn zu erklären.

Die Aura

Die Aura ist eine Essenz, die von Menschen, Tieren und Dingen ausgeht.

Für die meisten Leute ist die Aura unsichtbar. Manche Menschen, wie etwa ich, können die Aura sehen. Eine Aura ist eine übersinnliche, wolkenähnliche Substanz, die von unseren Gedanken geschaffen wird. Jeder Gedanke gibt eine Schwingung ab, die von einer Farbe begleitet wird. Die Farben und Schwingungen unserer Aura ändern sich mit jedem Gedanken, den wir denken. Gedanken, die unseren Geist schnell wieder verlassen, erzeugen keine dauerhaften Formen. Sie können als »flüchtige Gedanken« bezeichnet werden. Andere Gedanken können auf Grund ihrer Intensität und ihrer Wiederholung zu einer kraftvollen Aura werden, die unser Leben stark beeinflusst.

Die Farben und ihre Schattierungen weisen auf ganz bestimmte Gefühle und Probleme hin. Mitchells Aura bestand aus einem dunklen, schweren Grau; es umgab ihn vollständig und zeigte mir seine Depression und seine Kopfschmerzen. Wenn das Grau blass gewesen wäre, hätte ich es als Angst interpretiert. Als wir über seinen Wunsch nach märchenhaftem materiellem Erfolg sprachen, kroch ein dunkles Orange in seine Aura. Dieser spezielle Orange-Ton wies auf übertriebenen Ehrgeiz hin. Bei einem helleren Orange hätte ich an Stolz gedacht. Von seinem Magenbereich strahlte ein leuchtendes Rot aus, das zeigte, dass er Probleme mit Geschwüren hatte.

Manchmal sehe ich die Aura, manchmal fühle ich sie. Wichtig ist, das man für Schwingungen empfänglich ist. Man muss übersinnliche Fähigkeiten haben, um die Aura zu sehen. Es ist eine Form der Hellsichtigkeit, die nichts mit einer höheren spirituellen Entwicklung zu tun hat. Viele Leute, die nicht besonders spirituell sind, können die Aura »lesen«.

Farbe und Schwingung der Aura sind das direkte Ergebnis dessen, was jemand denkt und tut. Die Aura strahlt so viel Schönheit, Gesundheit und Harmonie aus, wie es dem Charakter ihres Trägers entspricht. Gleiches gilt für das Gegenteil: Auch Neid, Hass, Habgier, Eifersucht und alle anderen negativen Charakterzüge zeigen sich an der Aura. Wir können die Farben unserer Aura nur verändern, wenn wir die Art unserer Gedanken und Handlungen ändern.

Nach dieser Erklärung der Aura bat ich Mitchell inständig, sich von seinem Arzt von Kopf bis Fuß durchchecken zu lassen. Ich schlug vor, er solle sich ein bisschen mit seiner Lebensweise beschäftigen, damit er überhaupt sah, wie unausgeglichen sie war. Aber Mitchell war einfach nicht bereit, sich die Fakten anzusehen: Gesundheit, Harmonie, Selbsterhaltung, Gleichgewicht. Er steuerte auf ernstliche Schwierigkeiten zu. Mehr konnte ich ihm nicht sagen. Er selbst musste entscheiden, wie er sein Leben leben wollte. Ich konnte nicht in sein Karma eingreifen. Sechs Monate später hörte ich, dass er mit einer Magenblutung und Blaulicht ins Krankenhaus verfrachtet worden war. Er schlitterte haarscharf am Tod vorbei. Bei absoluter Ruhe, gesundem Essen und ohne Stress dauerte es fast ein Jahr, bis er sich erholt hatte.

Als Mitchell mich zu einer zweiten Sitzung aufsuchte, war er ein völlig anderer Mensch. Er sagte, seine Krankheit sei im Nachhinein ein Segen gewesen, denn jetzt gestaltete er sein Leben um. Er hatte seinen Job gekündigt und arbeitete von zu Hause aus. Es ging ihm total gut, und er war nicht mehr besessen vom Geld. Mit seiner Frau und seiner Tochter verbrachte er eine wunderbare Zeit. Die Kopfschmerzen, die Depressivität und das Magengeschwür – direkte Folgen des Stresses – waren weg.

Mitchell hätte sterben können, aber er beschloss, sich zu ändern. Jetzt waren ihm Gesundheit und Freude wichtiger. Er musste die Teile von sich beseitigen, die ihm schlechtes Karma verursachten. Die Umstrukturierung seiner Lebensweise war eine gigantische Aufgabe.

»Wie ist meine Aura jetzt?«, fragte er.

»Ich sehe ein herrliches Blau, eine Farbe, die den Respekt vor der Heiligkeit des Lebens anzeigt«, antwortete ich.

Hass: eine gefährliche Emotion

Hass ist immer schädlich für die Gesundheit. Es ist einfach nicht möglich, zu hassen und gleichzeitig gesund zu sein. Niemand kann uns so verletzen wie wir uns selbst, wenn wir auf eine Beleidigung negativ reagieren, und wir müssen alles uns Mögliche tun, um Hass im Keim zu ersticken. Geduld und Toleranz sind zwei der besten Waffen gegen Hass. Die Hauptursachen für Wahnsinn sind Hass und Wut, die außer Kontrolle geraten sind. Stellen Sie sich vor, unser Körper wäre verdrahtet (wie eine Glühbirne). Wenn sich auf Grund von Hass oder Wut Negativität aufbaut, kann dies zu einem Kurzschluss führen.

Denken Sie nach: Hat Hass je irgendein Problem gelöst? Natürlich nicht. Er verursacht nur noch mehr Durcheinander und macht es noch schwieriger, Konflikte zu lösen.

»Konzentrier dich auf die Lösung, nicht auf das Problem«, hat Lawrence immer wieder gesagt. Hass zieht immer negatives Karma an. In einem liebevollen Herzen ist kein Platz für Hass. Trotzdem kann es Zeiten geben, in denen wir Hass fühlen. Aber dann müssen wir alles uns Mögliche tun, um ihn zu überwinden und das karmische Gleichgewicht wiederherzustellen.

Übung: Hass überwinden

Setzen Sie sich ruhig hin und lenken Sie Ihre Gedanken auf den Gegenstand Ihres Hasses. Sehen Sie genau hin. Hat jemand Sie gekränkt? Hat Ihr Chef Sie abgekanzelt? Fühlen Sie sich von Ihrem Mann/Ihrer Frau/Ihrem Liebsten betrogen oder im Stich gelassen? Gilt der Hass einem Familienmitglied oder einer Freundin?
Nachdem Sie jetzt das Problem ins Auge gefasst haben, wollen wir versuchen, eine Lösung zu finden. Konzentrieren Sie sich auf das Loslassen. Sehen Sie vor Ihrem

geistigen Auge, wie Sie den Hass loslassen, wie eine Hand, die sich öffnet und Konfetti verstreut. Ersetzen Sie die hasserfüllten Worte oder Gedanken durch Formulierungen, aus denen Vergebung und Verständnis sprechen. Bei den ersten Versuchen wird Ihnen dies schwierig oder sogar unmöglich erscheinen. Geben Sie nicht auf! Vielleicht können Sie den Gedanken zu verzeihen nur ein paar Sekunden halten, aber tun Sie es. Führen Sie diese Kontemplationsübung vierzig Tage lang täglich durch und dann, wenn Sie können, weitere vierzig. Dies ist ganz entscheidend, wenn Sie glücklich und zum Meister über sich selbst werden wollen. Der Hass muss weg! Das gute Karma einer makellosen Gesundheit lässt sich auf einem Feld voll Hass nicht ernten.

Nehmen Sie zwei *blaue* Karteikärtchen und schreiben Sie:

1. Konzentriere dich auf die Lösung, nicht auf das Problem.
2. Hass ist immer schädlich für die Gesundheit.

Eindeutige Fälle für Karma aus früheren Leben

Mit jedem körperlichen Problem wird Karma abgearbeitet, das seine Ursache in diesem oder in einem früheren Leben haben kann. Der große Test für uns besteht darin, wie wir mit dem Problem umgehen.

Nehmen Sie ein *blaues* Karteikärtchen und schreiben Sie:

Mit jedem körperlichen Problem wird Karma abgear-

beitet, das seine Ursache in diesem oder in einem früheren Leben haben kann.

Barbara: Profil eines integren Menschen

Bei Barbara ist von Geburt an ein Arm sehr viel kürzer als der andere. Sie ist eine wunderschöne Frau mit einem starken, schlanken Körper, herrlichem schweren Haar, liebenswerten Gesichtszügen und einem hoch entwickelten Sinn für Humor und Stil. Schon nach ein paar Minuten haben Sie ihren »schlimmen« Arm vergessen, denn ihre generelle körperliche und spirituelle Schönheit stellt diesen Mangel völlig in den Schatten. Trotzdem bleibt die Tatsache bestehen, dass sie einen deformierten rechten Arm hat.

Barbaras Mutter hatte eine normale Schwangerschaft – sie hat nicht geraucht, keinen Alkohol und kein Koffein konsumiert; sie hat noch nicht einmal Aspirin genommen. Barbaras Eltern sind immer noch glücklich verheiratet. Sie haben drei andere Kinder, die ohne körperliche Behinderung geboren wurden. Als Kind wurde Barbara von ihren Eltern zu allen möglichen Ärzten geschleppt, und sie kämpfte sich durch verschiedene schmerzhafte Therapien. Mit zwölf bat sie ihre Eltern, die Versuche aufzugeben, ihren Arm in Ordnung zu bringen. Sie beschloss, die beste Methode zu finden, mit dem Problem zu leben.

»Kinder sind grausam«, erzählte sie mir. Sie machten sich über sie lustig, was sehr wehtat. Aber Barbara weigerte sich, ihre Würde von irgendjemandem kaputtmachen zu lassen. Ihre Familie behandelte sie gut, aber sie wusste, dass es ihnen sehr schwer fiel, mit ihrer Behinderung zurechtzukommen. Ihr Vater zog sich zurück, weil er nicht wusste, wie er mit seinen Schuldgefühlen umgehen sollte. Ihre Mutter behandelte sie nie als ein Mädchen, das ein Problem hat, und weigerte sich so, einen Teil der Schwierigkeiten anzuerkennen, vor denen Barbara stand. Die Reaktionen ihrer Geschwister reichten von Trauer bis Eifersucht. Eine Schwester meinte, Barb würde wegen ihrer Missbildung mehr Aufmerksamkeit bekommen. Mit der Zeit half Barbaras Beispiel ihren Eltern und Geschwistern gleichermaßen, mit der Sache fertig zu werden. Kurz gesagt wusste Barbara, dass sie die Länge ihres Arms nicht ändern konnte. Sie konnte nur steuern, wie sie mit dem Problem umging.

Ich half ihr durch die Mitteilung, dass Probleme aus früheren Leben in dieses Leben mitgebracht werden können. Ihre Missbildung war durch Umstände im jetzigen Leben nicht zu erklären. Sie musste karmisch, das heißt die Folge eines Verhaltens in einer früheren Existenz sein. Dieses Denkmodell erschien Barbara absolut plausibel. Obwohl sie sich nicht an ihre früheren Leben erinnern konnte, fühlte sie sich vom Leben nicht betrogen oder ungerecht behandelt. Vielmehr akzeptierte sie diese aktuelle Prüfung als Ergebnis von etwas, das sie früher einmal getan hatte. Barbara ist mit einem netten jungen Mann verlobt, dem ihr Arm gar nicht besonders auffällt. Sie studiert Kunstgeschichte und Unternehmensführung und amüsiert sich über ihre erstaunliche Fähigkeit, mit einer Hand zu tippen. Sie ist sich auch voll im Klaren darüber, dass viele Leute sehr viel schlimmere Missbildungen haben.

Barbara beeindruckt als leuchtendes Beispiel für einen Menschen, der seine Schwierigkeit akzeptiert und sich trotz seines Problems ein wunderschönes Leben aufgebaut hat. Durch dieses Leben formt sie ihre Zukunft und ihre zukünftigen Leben. Ihr Umgang mit ihrem karmischen Handikap bringt das unausgewogene Karma, mit dem sie geboren wurde, ins Gleichgewicht. Sie wird nicht wieder mit einer Missbildung geboren werden. Ihre positive Lebensweise erzeugt in jeder Sekunde neues, gutes Karma.

Luke: Nur die Guten sterben jung

Luke starb an Krebs, während ich dieses Buch schrieb. Er war 32, vital, glücklich verheiratet mit meiner Freundin Dee und Vater zweier Söhne im Alter von fünf und fast zwei Jahren.

Im letzten Mai rief Dee mich an und meinte, sie habe schlechte Nachrichten. Luke litt an Rückenschmerzen. Er hatte Massagen bekommen und einen Chiropraktiker aufgesucht. Als die Schmerzen trotzdem nicht weggingen, konsultierte er seinen Arzt, der zunächst meinte, es gebe keinen Grund zur Beunruhigung. Luke hatte erst vor vier Monaten einen Superjob angetreten. Wegen seiner Lebensversicherung hatte er sich damals gründlich durchchecken lassen und ein Gesundheitszeugnis bekommen, das absolut clean war.

Aber Lukes Schmerzen machten seinem Arzt dann doch Sorgen, und er ordnete eine Reihe von Untersuchungen an. Die Ergebnisse waren nicht nur schockierend, sie waren tragisch. Luke, ein Nichtraucher, hatte eine seltene Form von Lungenkrebs, der rapide durch seinen ganzen Körper gestreut hatte. Er hatte so viele Tumoren im Leib, dass es unmöglich war, sie zu entfernen, ohne dass er gelähmt werden würde. Die Rückenschmerzen hatte er, weil der Krebs gegen seine Wirbelsäule drückte.

Wie hatte es dazu kommen können? Bis jetzt hatte das

Leben es mit dieser Familie gut gemeint. Luke hatte vor kurzem ein Managerexamen gemacht und war begeistert von seinem neuen Arbeitsplatz in einer großen Firma. Dee, eine sehr erfolgreiche Schriftstellerin, freute sich darauf, dass Luke nach dem Abschluss der Uni nun mehr Zeit für die Familie haben würde.

Dee teilte mir diese Neuigkeiten mit einer Mischung aus Ungläubigkeit, Angst und dem festen Willen mit, für Lukes Leben zu kämpfen. Wir erörterten die Behandlungsmöglichkeiten. Lawrence hatte mir von einem Tee aus einer speziellen Pflanze erzählt, der Tumorpatienten half. Ich schickte Dee etwas von diesem Tee. Sie zeigte ihn Lukes Ärzten, die nichts gegen ihn einzuwenden hatten. (Ich verordne nie irgendwelche medizinischen Behandlungen. Ich bestand darauf, dass Dee sich vergewisserte, dass das Ärzteteam nichts gegen den Tee hatte.) Luke trank den Tee drei Mal täglich begleitend zu seiner Chemotherapie und der Bestrahlung. Später, nachdem Luke hinübergegangen war, dankte Dee mir für den Tee. Er hatte ihr und Luke das Gefühl vermittelt, selbst dann etwas für Lukes Gesundheit zu tun, als die medizinischen Berichte schlechter wurden. Sie hielt sich während dieser ganzen Tragödie erstaunlich gut. Luke kämpfte mit Mut, Liebe und Humor gegen seine Krankheit an. Nach der ersten Diagnose lebte er nur noch sechs Monate lang.

Seine Krankheit war ein klarer Fall von Karma. Luke hatte seine Aufgabe auf Erden erfüllt und wurde von der irdischen Ebene erlöst. In der geistigen Welt weilt er jetzt in einem Zustand vollkommener Harmonie. Wenn für Dee, seine Söhne, Freunde und Familienangehören die Zeit zum Sterben gekommen ist, wird er auf sie warten. Denn wie gesagt bleiben wir zwischen 800 und 1200 Jahre in der Geistwelt, bevor unsere Seelen zu einer weiteren Inkarnation auf der Erde bereit sind.

Die alten Griechen hatten die wunderschöne Formulierung: »Nur die Guten sterben jung.« Viele Leute haben diese Aussage falsch interpretiert und empfinden sie als bedrückend. Aber die Griechen empfanden den physischen Tod als großartigstes Geschenk für die Seele. Der Tod war der Hauptgewinn, nicht der Trostpreis. Dee lebt in der Erinnerung an die Seelengröße ihres Mannes weiter. Sie ist sehr traurig, aber auch ruhig in dem Wissen, alles Menschenmögliche getan zu haben, um Luke bis zu seinem Tod leben zu helfen. Sie ist nicht nur mutig, sondern auch ein leuchtendes Beispiel für einen Menschen, der seine Überzeugungen in die Tat umgesetzt hat.

Ich werde immer wieder gefragt, was man tun soll, wenn man glaubt, mit einer Situation nicht fertig werden zu können.

Nehmen Sie ein *blaues* Karteikärtchen und schreiben Sie:

Bei dieser Prüfung beschäftige ich mich immer nur mit der nächsten Minute.

Karma und Sucht

Viele Klienten haben mir erzählt, dass ein Familienangehöriger eine Sucht – Rauchen, Alkohol, Drogen oder andere schädliche, extreme Gewohnheiten – aufgegeben habe und dann trotzdem an einer mit der Sucht zusammenhängenden Krankheit gestorben sei. Bitte begreifen Sie, dass es ganz wichtig ist, dass wir jedwede Sucht überwinden müssen, während wir hier auf Erden sind. Nur dies verhindert, dass wir mit derselben Sucht wiedergeboren werden. Sobald die Abhängigkeit besiegt ist, sind wir von dem mit ihr zusammenhängenden schlechten Karma befreit. Wir brauchen dann den schmerzhaften Entzug nie mehr zu machen! Von dem Augenblick an, in dem die Sucht überwunden ist, wird gutes Karma erzeugt. Es ist nie zu spät!

Eine Sucht ist eine zwanghafte, unkontrollierte Gewohnheit. Wir alle kämpfen gegen irgendwelche Süchte, die einem chemischen Stoff (Drogen, Alkohol, Koffein, Zucker) gelten können oder ein zwanghaftes Verhalten betreffen (Glücksspiel, Saubermachen, Fernsehen, Sport, Einkaufen, Überessen, Internet, Sex). Süchte aller Art zerstören unser körperliches, emotionales und spirituelles Gleichgewicht. Sie nehmen uns unsere Freiheit. Es ist schrecklich, wenn wir etwas unbedingt haben müssen und gar nicht mehr entscheiden können, ob wir uns darauf einlassen wollen. Haben Sie schon einmal gesehen, welche Qualen ein Mensch aussteht, der einen Nikotinanfall, durch Koffeinmangel bedingte Kopfschmerzen oder Drogenentzugserscheinungen hat oder der gegen das Bedürfnis ankämpft, einen Drink zu nehmen? Für den, der den »Stoff« braucht, ist es schrecklich. Wer zusieht, kann nicht viel tun, außer konstruktiv und einfühlsam zu sein. Der freundliche, bestimmte Umgang mit einem Menschen, der versucht, eine Sucht zu überwinden, erzeugt gutes Karma. Sie können dem Geplagten positive Gedanken schicken, ihm Kraft wünschen und selbst das Gute ernten, das aus dem Dienst am anderen erwächst. Es kann schwierig sein, den Süchtigen vom Objekt seiner Begierde abzubringen, aber die bitterste Medizin wirkt oft am besten.

Über die Ursache einer Sucht existieren viele Theorien. Manche Experten glauben, dass sie ererbt ist. Wir wissen zum Beispiel, dass manche Leute von Geburt an von bestimmten chemischen Substanzen körperlich abhängig sind, die im Uterus von der Mutter an sie weitergegeben wurden. Es wurde auch gezeigt, dass das Umfeld ein signifikanter Faktor für die Entstehung einer Suchtpersönlichkeit ist. Wenn Sie eine Sucht nicht in einem früheren Leben überwunden haben, werden Sie mit der Tendenz wieder geboren, das letztendlich schädliche Verhalten wieder bis zum Exzess zu betreiben.

Ich habe Hunderte von Klienten beobachtet, deren Abhängigkeit eine Folge ihres jetzigen Lebens oder Karma aus einem früheren Leben war. Bei vielen war die Tendenz in der ganzen Familie vorhanden, bei genauso vielen aber auch nicht. Ich kenne eine Familie mit fünf Söhnen. Zwei der Jungen sind Alkoholiker, die drei anderen nicht. Der Vater trank ein bisschen, als er bei der Navy war, aber er wurde nie zum Säufer. Heute genügt ihm ein gelegentliches Bier. Die Mutter hat mit Alkohol überhaupt nichts am Hut und trinkt vielleicht ein paar Drinks pro Jahr, wenn sie in Gesellschaft ist. Die Jungen wurden geliebt, und die Eltern taten alles, um den beiden alkoholkranken Söhnen bei der Genesung zu helfen. Weder eine chemische noch eine psychische Grundlage für die Sucht scheint in dieser Familie vorhanden zu sein. Vergessen wir aber nicht, dass wir nicht nur vergangenes Karma ausleben, sondern auch ständig neues erschaffen. Die Jungen entwickelten ihre Abhängigkeit in diesem Leben, und sie werden versuchen müssen, ihrer Herr zu werden. Sie waren als Partylöwen bekannt, und das Trinken war – und ist es zum Teil immer noch – ein Symptom für ihre Unreife.

Im Moment ist der eine Sohn seit fünf Jahren trocken. Der andere Junge weiß, dass er ein Problem hat, aber es ist ihm bis jetzt noch nicht gelungen, es in den Griff zu bekommen. Die Familie verhält sich weiter konstruktiv, weiß aber, dass er selbst die Kraft finden muss, sich zu beherrschen; niemand sonst kann es für ihn tun. Ich weiß, dass er von der Flasche loskommen wird, wenn er es weiter versucht. Entscheidend ist, dass wir nie aufhören, gegen jede Sucht zu kämpfen, die uns unsere Freiheit stiehlt.

»Alle Süchte und alle sich aus ihnen ergebenden Krankheiten haben ihre Wurzel in einer starken Leidenschaft. Diese Leidenschaften – Hass, Wut, Wollust, Rache, Egoismus, Habgier – beeinträchtigen die Konstitution des Betreffenden«, erklärte mir Lawrence. »Die extremen Emotionen wirken sich auf die Lebenskraft des Körpers aus und sind die Ursache dafür, dass seine Energie chaotisch fließt. Das unterbricht den natürlichen Energiefluss, der die Gesundheit fördert. Wir dürfen nicht verzweifeln, denn wir können unsere Süchte und Leidenschaften bezwingen – und im jetzigen Leben und in den zukünftigen gesünder sein.«

Ein starker Wille und viel Disziplin sind notwendig, aber wir können lernen, das Ungleichgewicht unter Kontrolle zu bekommen. So sichern wir uns eine bessere Gesundheit und mehr Energie.

Nehmen Sie ein *blaues* Karteikärtchen und schreiben Sie:

Wenn ich meine Sucht in diesem Leben nicht überwinde, werde ich im nächsten wieder mit ihr geboren.

Den Willen einsetzen

Viele Leute sind mit der Überzeugung groß geworden, dass sie all ihre Wünsche verwirklichen können, wenn nur ihr Wille stark genug ist. Aber das stimmt nicht. Es ist ein allgemein verbreiteter Irrglaube, dass die Willenskraft eine antrainierte Fähigkeit ersetzen kann.

Es stimmt, dass der Wille bei jeder Veränderung oder Genesung ein zentraler Faktor ist, aber er muss mit den richtigen Handlungen kombiniert werden. Es ist grausam, Menschen zu beschuldigen, sie hätten nicht die Willenskraft, eine Sucht zu überwinden. Nehmen wir etwa das Zigarettenrauchen. Ich kenne jede Menge Leute, die immer wieder versucht haben, mit dem Rauchen aufzuhören. Meine eigene Mutter ist an Beschwerden gestorben, die mit dem Rauchen zu tun hatten. Sie hatte oft versucht, davon loszukommen, aber sie schaffte es einfach nicht. Deshalb war sie kein schwacher oder schlechter Mensch – nur einer, der vor einem unüberwindlichen Problem stand. Mutter brachte es fertig, immer wieder eine Zeit lang aufzuhören, aber dann wurde der Drang zu rauchen so stark, dass sie ihm nicht mehr widerstehen konnte, und nach kurzer Zeit hatte die Gewohnheit sich wieder eingeschliffen. Wichtig war, dass sie versucht hat, mit dem Rauchen aufzuhören. Sie wird neue Chancen bekommen, mit dieser Gewohnheit zu brechen, wenn sie sich wieder inkarniert. Auf ihrem Karmabankkontoauszug wird in der Spalte »Zu Ihren Lasten« stehen: *Muss aufhören zu rauchen*. Mutter wird wiedergeboren werden, und sie wird wieder mit den Zigaretten (oder anderen zur Zeit ihrer Wiedergeburt bestehenden

Formen von »Zigaretten«) anfangen. Sie wird wieder versuchen, sie aufzugeben, und früher oder später wird sie die Schlacht gegen diese Abhängigkeit gewinnen.

Alle Probleme müssen gelöst werden, während wir in der materiellen Welt leben. Wenn wir eine destruktive Gewohnheit einmal überwunden haben, brauchen wir in einem zukünftigen Leben die seelische Not, eine Gewohnheit aufgeben zu müssen, nicht mehr zu erleben. Anders gesagt: Wir werden nicht mehr mit dem Wunsch wiedergeboren, zwanghaft ein letztendlich schädliches Verhalten auszuagieren.

Jeder von uns kennt Menschen, die nie geraucht oder im Übermaß dem Alkohol zugesprochen haben, die Medikamente nur nehmen, wenn es absolut notwendig ist, und die im Hinblick auf Essen, Sex, Einkaufen oder andere oft exzessive Verhaltensweisen nie über die Stränge geschlagen haben. Das bedeutet nicht, dass sie »besser« als andere sind. Es weist lediglich darauf hin, dass sie ihre speziellen Süchte in einem früheren Leben abgehakt haben oder dass sie andere Probleme haben, mit denen sie sich auseinander setzen müssen.

Es ist richtig, dass meine Mutter länger gelebt hätte, wenn sie nicht weiter geraucht hätte. Als Mutter starb, sagte Lawrence mir, dass diese Gewohnheit nicht aus einem früheren Leben stammte. Der Stress in ihrem jetzigen Leben war der Auslöser gewesen.

Ich weiß aus persönlicher Erfahrung, wie schwierig es ist, die Zigaretten sein zu lassen. Ich habe mindestens sieben Versuche gebraucht, bis ich den Drachen Nikotin besiegen konnte. Ich bin froh zu sagen, dass das jetzt schon fast 20 Jahre her ist. Heute habe ich gar nicht mehr den Wunsch zu rauchen. Ich hatte geraucht, weil ich sehr sensitiv war, und das Rauchen schien mich zu beruhigen. Im Nachhinein betrachtet, war es nicht die beste Methode, mit meiner übersinnlichen Ader umzugehen. (Ich bin sicher, dass meine Gewohnheit nicht aus einem früheren Leben stammte. Ich habe die Akasha-Aufzeichnungen über mich gelesen, und ich habe in keiner früheren Inkarnation geraucht.)

Am Anfang war es extrem schwierig, aber wie alle mühsamen Dinge wurde es mit der Zeit leichter. Ich sage Ihnen dies, weil es unmöglich erscheint, eine Sucht aufzugeben, solange sie uns im Griff hat. Dann hält man es auch für unmöglich, sich eine Zukunft ohne seine »Freunde« – die Zigaretten, die Drogen, den Fusel oder die ungesunden Nahrungsmittel – vorzustellen.

»Verfall nicht in negatives Denken. Du hast nur dann eine Chance, eine schlechte Gewohnheit aufzugeben, wenn du positiv, produktiv und freundlich bleibst – dir und anderen gegenüber. Du musst dir mit aller Macht wünschen, die Sache zu beenden, sonst ist es fast unmöglich. Das hat tatsächlich etwas mit dem Willen zu tun. Ja, der Wille kann gestärkt werden, und diese Kraft hilft uns sehr bei dem Bemühen, unsere Süchte unter Kontrolle zu bekommen«, hat Lawrence mir eingeschärft.

Ohne ein gewisses Maß an Selbsterforschung ist es fast unmöglich, eine Sucht zu erkennen. Manche Leute etwa meinen, ihr Alkoholkonsum wäre keine Sucht, weil sie nur Bier und Wein trinken und keine harten Sachen. Sie ignorieren die Tatsache, dass sie oft betrunken sind und sich und ihren Lieben wehtun. Andere Menschen denken, sie hätten kein Drogenproblem, weil sie »nur« Haschisch rauchen – jeden Tag. Sie dröhnen sich nicht mit Heroin oder Kokain zu, aber sie sind Kiffer, und die ganze Sache ist illegal. Durch die Droge Haschisch sind sie wie in einem Nebel und haben keine Energie mehr, ihre Träume zu verwirklichen. Sie können nicht aufhören, es zu rauchen. Sie können oder wollen nicht zugeben, dass es sich um eine Sucht handelt.

Nehmen Sie Ihr *Die-Macht-des-Karmas*-Tagebuch:

1. Schreiben Sie alle süchtig machenden Dinge oder Verhaltensweisen auf, bei denen Sie die Tendenz haben, über die Stränge zu schlagen: Alkohol, Drogen, Nahrungsmittel, Zigaretten, Glücksspiel, Kontrollbedürfnis, um nur ein paar zu nennen.
2. Notieren Sie sieben Tage lang täglich, wie diese Probleme Ihr Leben beeinträchtigen. Seien Sie ehrlich. Schon ein paar Sätze am Ende eines jeden Tages können Ihnen sagen, ob Sie die Kontrolle über sich haben oder nicht. (Wenn Sie zu verkatert, high oder am Husten sind, um den Stift zu halten, sind Sie ganz gewaltig aus dem Gleichgewicht.)
3. Am achten Tag lesen Sie sich durch, was Sie im Lauf der Woche geschrieben haben. Lässt sich ein Muster erkennen? Es müsste eindeutig sein, wenn Sie eine Sucht haben. Interessanterweise haben die meisten Leute irgendeine Form von Sucht.
4. Listen Sie auf, was Sie gern aufgeben würden. Sie müssten jetzt im Stande sein zu entscheiden, welches die wichtigste Sucht ist, die Sie an diesem Punkt Ihres Lebens überwinden wollen. Unterstreichen Sie sie! Zwingen Sie sich nicht dazu, mehr als eine Aufgabe gleichzeitig in Angriff zu nehmen. Wenn Sie es sich zu schwierig machen, überfordern Sie sich höchstwahrscheinlich. Aber fangen Sie an, so zu handeln, wie es Ihrer Entscheidung entspricht.

Von der Zahl Sieben ist bekannt, dass alle Veränderungen von ihr ausgehen. In der obigen Übung müssten sieben Tage der angemessene Zeitrahmen sein, um Ihnen deutlich zu machen, dass Sie ein Problem haben.

Nehmen Sie zwei *blaue* Karteikärtchen und schreiben Sie:

1. **Die Willenskraft besteht in meiner ganz persönlichen Fertigkeit, sie zu lenken.**
2. **Ich konzentriere mich täglich auf mein Ziel und bemühe mich, es zu erreichen.**

Sie müssen sich selbst gegenüber die Verpflichtung eingehen, jedwede Sucht zu besiegen. Es gibt viele Möglichkeiten, Abhängigkeiten zu überwinden. Beim Entzug von bestimmten Substanzen brauchen Sie möglicherweise ärztliche Hilfe. Ein kalter Entzug kann Sie schnell total kalt machen, wenn Sie die toxischen Substanzen nicht auf die richtige Weise loswerden. Eine Selbsthilfegruppe oder eine weise Freundin und feste Entschlossenheit sind von allergrößter Bedeutung, wenn Sie den Kampf um Ihre Freiheit beginnen. Sie müssen Ihr Ego loslassen und demütig werden, wenn Sie der Tatsache ins Auge sehen, dass Sie süchtig sind. Denken Sie daran: Wir verbinden unsere früheren Leben mit dem jetzigen und das jetzige mit dem zukünftigen. Das gute Karma, das Sie ernten, wenn Sie sich von einer Sucht befreien, wird von Leben zu Leben weitergegeben.

Das letztendliche Ziel besteht darin, den Rest unseres gegenwärtigen Lebens und unsere nächsten Leben zu genießen. Wir müssen objektiv sein und uns unsere positiven und negativen Charakterzüge ohne rosa Brille ansehen. Das ist zuerst schwierig, wird aber von Tag zu Tag einfacher.

Geben Sie die Hoffnung nicht auf. Berappeln Sie sich, wenn der erste Versuch schief geht, und fangen Sie noch einmal von vorne an. Wenn Sie am Ball bleiben, werden Sie die Schlacht gewinnen. Denken Sie an das großartige Karma, das Sie sich erwerben, wenn Sie Ihre Freiheit zurückerobern.

Nehmen Sie ein *blaues* Karteikärtchen und schreiben Sie:

Mein höchstes Ziel besteht darin, so zu leben, dass ich den Rest meines jetzigen Lebens und meine nächsten Leben als besserer Mensch genießen kann.

Karma und Kohlenhydrate

Vielleicht überrascht es Sie zu hören, dass drei von zehn Klienten mich bitten vorauszusehen, ob sie abnehmen werden. Sie fragen mich auch, ob es wohl ihr Karma ist, nie dünn zu sein. Manche Leute stellen diese Fragen im Scherz, andere im vollen Ernst. Ich kenne den Kummer der Leute, die sich mit ihrem Wunsch herumschlagen, ihre zehn unerwünschten Pfunde loszuwerden, und die Verzweiflung derer, die gefährlich übergewichtig sind. Wir leben in einer Gesellschaft von Dicken, die besessen ist von Diäten und Fitness. Für viele wird das zu einem Teufelskreislauf: Sie nehmen ab, nehmen wieder zu und geben schließlich auf.

Wir können sehr unfreundlich sein, wenn es um das Gewicht anderer Menschen geht. Schulkinder bezeichnen ihre übergewichtigen Mitschüler als »Fettkloß«, »Marzipanschweinchen« oder »Fresssack«. Solche Bemerkungen sitzen den Betreffenden ein Leben lang wie Stachel im Fleisch und können zu einem schwachen Selbstwertgefühl, Depressionen und verschiedenen Essstörungen führen. Erwachsene können brutal sein: Sie weigern sich, Übergewichtige einzustellen, machen grausame Witze über sie oder tun einfach so, als würden Übergewichtige nicht existieren.

Wer keine Probleme mit dem Gewicht hat, sollte jeden, bei dem dies der Fall ist, freundlich behandeln. Manche Leute haben ein karmisch bedingtes Gewichtsproblem, weil sie in einem früheren Leben Missbrauch mit ihrem Körper getrieben haben oder unfreundlich waren zu Menschen, die nicht schlank waren. Das ist dann der Bumerang.

Nicht alle Probleme mit dem Gewicht rühren daher, dass man zu viel oder das Falsche gegessen hat. Die Veranlagung zu einem bestimmten Körpertyp und der Stoffwechsel können mit dem Karma zusammenhängen. Ein Mensch kann mit gesundheitlichen Problemen geboren werden, die sich auf das Gewicht auswirken, etwa Diabetes, oder mit Gelenkproblemen, die ein Fitnesstraining schwierig machen. Aber egal ob Ihr Problem karmisch bedingt ist oder nicht – wenn Sie abnehmen wollen, sollten Sie Ihre Ausreden für die fehlende Selbstdisziplin ganz schnell vergessen. Ich sage dies, weil es schlechtes Karma erzeugt, wenn Sie sich über etwas beklagen, das Sie steuern *können*. Denn Sie *können* die Form Ihres physischen Körpers verändern. Mag sein, dass es extrem schwierig ist, aber was, das irgendeinen Wert besitzt, fällt einem schon in den Schoß? Eine Diät kann ganz schön nerven. Sport kann eine Tortur sein – bis wir unseren Blickwinkel ändern und nicht mehr den Verzicht sehen, sondern das, was er uns einbringt. Wenn wir das Gefühl haben, dass wir uns etwas versagen müssen, sind Wut und Selbstmitleid die Folge. Wenn wir auf das sehen, was wir gewinnen, freuen wir uns darüber, unsere Ziele zu erreichen, und das ersetzt alle negativen Gefühle. Dann sind wir glücklich, alles Notwendige tun zu können, damit unsere Träume Wirklichkeit werden. Und es fällt uns leicht, etwas aufzugeben, das uns letztendlich unglücklich macht.

Nehmen Sie ein *blaues* Karteikärtchen und schreiben Sie:

Ich ändere meinen Blickwinkel und sehe nicht mehr den Verzicht, sondern das, was er mir einbringt.

Davids karmischer Konflikt

Das folgende Beispiel illustriert, dass Fettleibigkeit oft zu Unrecht dem Karma zugeschrieben wird. Als ich David kennen lernte, wog er 135 Kilo und verließ seine Wohnung nur selten. Die schiere Verzweiflung hatte ihn aus seiner Höhle hervorgelockt und zu einem Treffen mit mir veranlasst. Er hatte null Selbstwertgefühl und war schwer depressiv.

»Ich sehe, dass Sie ein talentierter Maler sind, David«, waren meine ersten Worte.

»Woher wissen Sie das?« Er wirkte überrascht.

»Sie sind heute nicht zufällig deshalb hier, weil Sie sich für meine übersinnliche Fähigkeit interessieren, Dinge zu sehen, die man mir nicht gesagt hat?«, meinte ich lachend.

»Ja, eigentlich schon«, erwiderte er. »Darf ich Sie etwas fragen?«

»Natürlich, ich bin hier, um Ihnen auf jede Weise zu helfen, die mir möglich ist. Jeder Mensch hat viele Probleme zu bewältigen. Es ist unmöglich, sie alle in einer Sitzung abzuhandeln. Ich möchte mich mit den Themen beschäftigen, die für Sie am wichtigsten sind, David«, erklärte ich.

»Warum ist es mein Karma, nie abzunehmen? Jeden Morgen werde ich wach und sage mir, dass ich Diät machen will. Drei oder vier Tage läuft das auch ganz passabel. Ich komme fast um vor Hunger, und dann breche ich zusammen und esse alles, was in Sichtweite ist. Danach bin ich so deprimiert, dass ich immer mehr esse.« Er fing an zu weinen.

»David, können Sie mir sagen, warum Sie so wütend auf Ihre Mutter sind?«, fragte ich.

Mit tränennassem Gesicht sah er auf und stieß hervor: »Ich hasse sie. Sie hat mir immer gesagt, dass ich dick bin und sie sich schämt, mit mir gesehen zu werden. Sie registrierte alles, was ich mir zwischen die Zähne schob, und schrie herum, wenn ich etwas aß, das sie für einen Dickmacher hielt. Ich war nicht besonders dick, aber meine Mutter hatte einen Schlankheitsfimmel. Ich glaube nicht, dass sie je mehr gewogen hat als 50 Kilo, und sie war einsfünfundsechzig groß. Ich wurde ein Experte darin, Essen zu klauen.«

»David, es ist nicht Ihr Karma, nie dünn zu sein. Es ist Ihr Karma, die Mutter zu haben, die Sie haben. Verwechseln Sie die Dinge nicht«, sagte ich mit einem Lächeln.

»Sie glauben doch nicht, dass ich meine Mutter absichtlich ausgesucht habe?«, fragte er schockiert.

»David, nichts bei der Geburt ist ein Zufall. Wir haben die Eltern, die wir haben, weil in früheren Leben eine Verbindung da war. Vielleicht haben Sie Ihre Mutter in einem früheren Leben so behandelt, wie sie Sie jetzt behandelt. Hamlet hat gesagt: ›Es gibt mehr Dinge zwischen Himmel und Erde, Horatio, als deine Philosophie sich träumen lässt.‹«

»Sie meinen, die Dinge sind nicht immer so, wie sie scheinen?«, forschte David.

»Genau«, erwiderte ich. »Ich sage nicht, dass Ihre Mutter sich korrekt verhalten hat, aber Sie müssen die Vergangenheit loslassen. Heute sieht sie Ihnen nicht mehr auf die Finger – Sie selbst bestimmen, was in Ihren Mund hineinwandert. Mir ist klar, dass Sie durch das unmäßige Essen versuchen, es Ihrer Mutter heimzuzahlen, aber dadurch schaden Sie nur sich selbst. Vergeuden Sie Ihre Energie nicht damit, Ihr Leben lang auf Ihre Mutter wütend zu sein. Diese Energie ist heilig und könnte positiv eingesetzt werden.«

»Und wie?« Bei dieser Frage war er plötzlich hellwach.

»Sie könnten zwei Fliegen mit einer Klappe schlagen, David. Sie könnten abnehmen und der Welt die Gelegenheit geben, sich an Ihren Kunstwerken zu erfreuen.« Ich hielt inne, damit er antworten konnte. Er saß da, als würde er intensiv in sich gehen. Ich wartete eine Minute und fügte dann hinzu: »David, es ist einfacher, mit dem vielen Essen aufzuhören, als in dem Gefängnis weiterzuleben, das Sie sich selbst zurechtgezimmert haben.«

»Sehen Sie wirklich, dass ich abnehmen und ein erfolgreicher Künstler werden kann? Wie soll ich jetzt neu anfangen? Ich bau doch immer nur Mist«, meinte er mit einer Spur Selbstmitleid.

»David, ich glaube, dass Sie ein großartiger Mensch und ein sehr talentierter Künstler sind. Das Karma hat Sie vor die Prüfung gestellt, sich mit einer schwierigen Mutter auseinander setzen zu müssen. Die meisten Leute halten ihre

Mutter auf die eine oder andere Art für schwierig. Denken Sie an das, was in Ihrem Leben positiv ist, das hilft Ihnen, ein neues Programm zu starten, das Gesundheit und Harmonie zum Ziel hat. Fangen Sie mit kleinen Dingen an. Jeder, der drei Tage hungert, wird anschließend in die Überreaktion gehen und zu viel essen. Es ist einfach zu schwierig. Im Allgemeinen müssen wir erst gehen lernen, bevor wir rennen, oder?«, fragte ich.

Wir sprachen noch etwas über seine Mutter. »Eigentlich hasse ich sie gar nicht richtig, ich hab nur eine Stinkwut auf sie. Es hilft mir, wenn ich höre, dass sie und ich eine karmische Verbindung aus einem früheren Leben haben. Ich habe nie verstanden, warum sie so hart zu mir gewesen ist. Im jetzigen Leben gab es nichts, was ihr Verhalten erklären könnte. Zu anderen war sie sehr freundlich, und meinen Vater hat sie nie angeschrien. Jetzt haben meine Gedanken wirklich etwas zu kauen«, fügte er hinzu.

»Sie können Ihre Gedanken mit so viel positiver Energie füttern, wie Sie haben. Aber hören Sie auf, für Ihre fehlende Disziplin das Karma verantwortlich zu machen«, meinte ich humorvoll.

David war einverstanden, sich ein *Die-Macht-des-Karmas*-Tagebuch zu kaufen und aufzuschreiben, was er jeden Tag aß. Ich riet ihm auch, mit einem Walking-Training anzufangen – vierzig Minuten langsames Walking an drei Tagen in der Woche. Wenn er das Gefühl habe, dass mehr ihm gut tue, könne er das Training steigern. Auch seine Walking-Erfahrungen solle er in dem Heft festhalten, um seine neue – körperliche und geistige – Diät zu unterstützen. Aber als Erstes solle er sich vom Arzt durchchecken lassen.

Ich sagte ihm, er würde viel Geduld und Engagement

brauchen und lernen müssen, sich selbst zu lieben, wenn er sein Gewicht reduzieren und halten wolle. Und er müsse mit Hilfe seiner Einsichten seiner Mutter verzeihen. Diese Tugenden könne er lernen, wenn er einen Augenblick nach dem anderen lebte. Ein Jahr nach der Sitzung rief David mich an. Er hatte 30 Kilo abgenommen und fühlte sich wie neugeboren.

Er war manchmal immer noch wütend auf seine Mutter, aber er ließ nicht mehr zu, dass diese negativen Gefühle sein Leben beeinträchtigten. Gelegentlich passierte ihm ein Ausrutscher, und er aß zu viel aus den falschen Gründen. Er akzeptierte diese Rückschläge und war in der Lage, das Ruder schnell wieder herumzureißen.

»Ich hab hier ein Bild, das ich Ihnen gerne schicken würde«, meinte er. »Meine Arbeit läuft super, und das Malen macht mir wieder Spaß.« Als David aufgelegt hatte, dachte ich: Endlich ist er frei von der irrigen Vorstellung, das Karma wäre schuld. David hatte die Verantwortung für seine Handlungen übernommen und genoss sein Leben Minute für Minute. Er hatte gelernt, dass das Karma aus früheren Leben zwar der Grund dafür ist, dass wir in unsere gegenwärtige Familie hineingeboren worden sind, dass es aber unsere freie Entscheidung ist, wie wir mit ihr in der Gegenwart umgehen. Dieses Wissen würde David für den Rest seines jetzigen Lebens und in seinen zukünftigen Leben erhalten bleiben. Er würde feststellen, dass er das Karma mit seiner Mutter ausgeglichen hat, und er würde sich mit dieser Art Trauma nicht mehr herumschlagen müssen. Durch seinen Anruf war der Tag für mich gerettet.

Sparta

Eines Tages sprach Lawrence mit mir über Perfektion. »Dass die Perfektionierung des Körpers heutzutage so betont wird, steht in direktem Zusammenhang mit der Tatsache, dass derzeit viele Leute leben, die früher im alten Sparta zu Hause waren. Nicht alle griechischen Stadtstaaten hatten die gleiche Lebensphilosophie. Sparta war zum Teil so etwas wie ein Fitnessstudio, zum Teil ein Trainingscamp für den Nahkampf. Die Bürger dort waren immer im Training. Die ganze öffentliche Meinung war von dem Ziel bestimmt, eine starke, schöne Rasse zu zeugen und großzuziehen. Säuglinge mit Missbildungen wurden umgebracht. Von einer Frau wurde nicht nur erwartet, dass sie Athleten gebar; sie musste auch selbst ihre Muskeln stählen und an Wettkämpfen teilnehmen. Der Spartaner verbrachte den größten Teil seines Lebens damit, auf einen möglichst vollkommenen Körper hinzuarbeiten. Es war der Gipfel der menschlichen Ekstase, der schönste Mann von Sparta zu sein. Ein Verbrecher konnte mit dem Leben davonkommen, wenn er körperlich schön war. Es wäre als Sünde betrachtet worden, das Leben eines solchen Geschöpfes zu beenden. Denk an die vielen Statuen, die aus dieser Epoche erhalten geblieben sind und die Vollkommenheit des nackten männlichen Körpers feiern.«

Als ich über Lawrence' Aussage nachdachte, erschien sie mir völlig plausibel. Überlegen Sie: Marathonläufe, Fitnessstudios an jeder Ecke, Heilbäder, Bodybuilding und Bodyshaping, Boxen und die Olympischen Spiele finden sich in der heutigen Welt genauso wie im alten Sparta. Die meisten modernen Modeentscheidungen werden von Designern getroffen, die etwas gegen die Form des weiblichen Körpers haben. Frauen versuchen, wie Bodybuilder oder Knaben auszusehen, damit sie in die aktuellen Modetrends hineinpassen. Leute, die körperlich nicht in guter Verfassung sind, werden in vielen Fällen wie Ausschuss behandelt – und das, obwohl in den USA ein Drittel der Bevölkerung übergewichtig ist! Und überall tummeln sich Nackte – in Filmen, in Zeitschriften, im Fernsehen und im Internet.

»An was denkst du?«, warf Lawrence ein.

»Du teilst mir immer verblüffende Einsichten und Gründe für viele Dinge mit. Aber ist das nicht ein eher einseitiger Blick auf die Griechen? Du hast mir schon einmal etwas über den Lebensstil der Athener erzählt, der ganz anders war«, sagte ich.

»Mein Kind, nicht alle Städte sind gleich. Es ist, als würdest du New York City mit Boston vergleichen. Athen und Sparta waren in gesellschaftlicher Hinsicht sehr verschieden. Die Athener trieben Sport, denn sie respektierten einen gesunden Körper, aber nicht in dem Maß wie die Spartaner. Und sie verbrachten ihre Freizeit auch damit, dass sie Philosophen wie Plato zuhörten. Bei den Athenern war die Sache mehr im Gleichgewicht.«

Wenn Sie Ihren Körper als göttliches Instrument lieben, das die Seele beherbergt, werden Sie nicht verzweifeln, wenn Ihr Körper nicht perfekt ist. Wir vergeuden zu viel Zeit mit dem Nachdenken über das Abnehmen: Sollen wir proteinreich essen? Keine Kohlenhydrate? Nur Kohlenhydrate? Wie viel Flüssigkeit? Kein Fett? Keinen Zucker? Nur Obst? Ich muss Ihnen sagen, dass diese Überbetonung des Physischen wie ein Bumerang wirkt. Die zwanghafte Beschäftigung mit dem Körper ist falsch; vielmehr sollten

Sie an die richtige Ernährung und eine angemessene sportliche Betätigung ganz locker herangehen. Ich garantiere Ihnen, dass Sie das für Sie richtige Gewicht nie erreichen und halten werden, wenn Sie weiter von ihm besessen sind. Außerdem erzeugen Sie schlechtes Karma, wenn Sie ständig nur im Negativen leben.

Wenn die Form des physischen Körpers zum Lebensinhalt wird, kann dies zu Depressivität, Verzweiflung und Disharmonie führen. Die Spartaner lebten »spartanisch«: Sie aßen gut und maßvoll und lebten bescheiden. Obwohl sie von ihrem Körper besessen waren, förderte ihr Lebensstil Essstörungen nicht. Anorexie, Bulimie, Fressgelage und extremes Fitnesstraining sind Symptome eines maßlosen Lebensstils. Ein gesunder Körper entsteht durch die Kombination von richtigem Essen, richtiger Bewegung und richtigem Denken. Selbstdisziplin ist zum Erreichen aller Ziele notwendig – auch zum Abnehmen. Aber am Anfang steht immer der richtige Blickwinkel.

Helen verändert ihren Körper – und ihren Blickwinkel

Eine Klientin namens Helen suchte mich zum dritten Mal auf. Die letzte Sitzung hatte vor einem Jahr stattgefunden. Ich brauchte ein paar Sekunden, bis ich sie erkannte. Sie hatte 15 Kilo abgenommen, war todschick angezogen und strahlte die Aura einer glücklichen Frau aus. »Helen, Sie sehen toll aus. Nichts für ungut, aber Sie scheinen ein anderer Mensch geworden zu sein.«

»Erinnern Sie sich an das letzte Mal, als ich hier war?«, fragte sie.

»Ich glaube mich zu entsinnen, dass Sie darüber klagten,

dass Sie es nicht schafften abzunehmen. Sie waren ziemlich geknickt und waren schlecht drauf, und Sie sind ziemlich wütend auf mich geworden«, erwiderte ich.

»Sie haben mir gesagt, ich soll aufhören, mir selbst Leid zu tun, denn ich hätte nur Probleme, die ich lösen könnte«, meinte sie lachend.

»Sieht aus, als hätten Sie meinen Rat angenommen«, meinte ich.

»Damals bin ich mit dem Gefühl von Ihnen weggegangen, dass Sie für meine Bedürfnisse überhaupt kein Verständnis hatten. Sie haben mir eindringlich zu erklären versucht, dass ich eine andere Blickrichtung einnehmen müsse, wenn ich irgendeinen Bereich meines Lebens ändern wollte, zum Beispiel auch mein körperliches Aussehen. Sie haben mir gesagt, ich solle beim Aufwachen jeden Morgen ein paar Minuten lang an all das denken, für das ich dankbar sein kann. Mehrmals haben Sie betont, dass ich aufhören müsse, mich über Dinge zu beklagen, die ich nicht ändern kann, weil ich durch meine fehlende Dankbarkeit echte Schwierigkeiten anzöge. Dieser Rat kam mir ziemlich abgedroschen und in keiner Weise übersinnlich vor, aber irgendetwas zwang mich, ihn auszuprobieren.« Sie lächelte.

»Helen, haben Sie vielleicht erwartet, ich würde Ihnen sagen, Sie sollten eine Kerze anzünden, eine Halskette aus Kristallen tragen oder einen fliegenden Teppich kaufen?«, scherzte ich.

»Irgendwie schon«, erwiderte sie.

Helen hatte hart gearbeitet, um das Selbstmitleid aus ihren Gedanken zu verbannen und diese auf positive Aktivitäten auszurichten. Langsam, aber sicher begann ihr Leben sich zu wenden. Früher war es ihr immer sehr schwer gefallen, eine Diät einzuhalten, diesmal nach ein paar Monaten nicht mehr. Helen fing an, darüber nachzudenken, was sie tun könnte, um ihrem Körper etwas Gutes zu tun, anstatt sich ständig darüber zu ärgern, dass sie die Dickmacher weglassen musste. Jeden Morgen dachte sie eine Weile darüber nach, welche Gründe sie hatte, dankbar zu sein.

Es war nicht nur offensichtlich, dass Helen abgenommen hatte. Sie wirkte vor allem deshalb völlig anders, weil jetzt die negative Einstellung fehlte. Als sie an diesem Tag ging, versprach sie, dafür zu sorgen, dass ihr Blickwinkel weiter topfit blieb. »Dankbarkeit ist magisch«, meinte sie, als sie zum Aufzug ging.

»Der Blickwinkel stimmt, Helen«, verabschiedete ich sie, während sich die Aufzugtüren schlossen.

Lawrence und ich hatten eine lange Diskussion über Selbstdisziplin. »Lawrence«, fragte ich, »offenbar fällt Selbstdisziplin den meisten Leuten nicht in den Schoß. Kannst du ein paar Methoden vorschlagen, durch die sie leichter wird? Ich habe Schwierigkeiten mit dem Begriff Disziplin, weil er Gewalt impliziert. Wenn wir das, was zum Erreichen eines Ziels notwendig ist, wirklich integrieren, ist Gewalt überflüssig, denn wir *wollen* es ja tun.«

Lawrence lehnte sich in seinem Sessel zurück und lächelte. »Mein Kind«, sagte er, »du klingst so ernst!«

Ich musste selbst über mich lachen. Er hatte Recht. Ich entspannte mich und hörte zu.

»Alle größeren Unternehmungen erfordern Disziplin. Das Leben eines großen Musikers oder Künstlers ist erstaunlich diszipliniert. Aber sieh dir an, was dabei herauskommt! Warum sollte es für jemanden, der versucht, sich den Körper zu erschaffen, den er haben will, anders sein?

Die Menschen rebellieren oft gegen jede Art von Disziplin, weil sie sich an ihre Kindheit erinnert fühlen. Damals hat man sie vielleicht gezwungen, ihre Hausaufgaben zu machen und ihr Gemüse zu essen, obwohl sie lieber gespielt und Süßigkeiten in sich hineingestopft hätten. Deshalb meinen sie heute, Disziplin würde ihre Freiheit einschränken. Ich vereinfache, aber so ist es.

Viele Leute sind im Grunde Kinder, die im Körper eines Erwachsenen stecken. Sieh es einmal so: Wenn du gewohnt bist, nur Süßigkeiten zu essen, wirst du vielleicht eine Zeit lang Disziplin brauchen, wenn du dich ausgewogen ernähren willst. Da deine geschmacklichen Vorlieben sich verändern und du mehr Energie hast, wirst du nach einiger Zeit keine Lust mehr auf Nahrungsmittel haben, die nicht gut für dich sind. Gutes, gesundes Essen wird dir dann automatisch lieber sein. In diesem Fall hat die Disziplin dir gute Dienste geleistet und dazu geführt, dass du dein Ziel erreichst. Das wolltest du. Jetzt bist du frei. Du hast keine Lust mehr auf Nahrungsmittel, die dick machen. Wenn du die Zielvorstellung wirklich integrierst, empfindest du das nicht als Gewalt.

Disziplin sollte nie mit Perfektionismus gleichgesetzt werden. Tu einfach das Beste, das dir möglich ist, und sei damit zufrieden, dass du in deinem Tempo Fortschritte erzielst. Ärgere dich nicht jedes Mal über dich selbst, wenn du die ersten Schritte Richtung Ziel gemacht hast und dann deine eigenen Erwartungen nicht erfüllst. Akzeptiere deine Fehler und Versäumnisse und sei dankbar für die Gelegenheit, aus ihnen zu lernen. Es ist negativ und erzeugt schlechtes Karma, wenn du mit deinen Unzulänglichkeiten haderst. Sicher kennst du das Sprichwort: ›Selbstmitleid stinkt.‹ Es stimmt. Lass los und geh weiter.«

Wir schwiegen eine Zeit lang, und dann sprach Lawrence weiter. »Im ganzen Leben geht es darum, schlechte Gewohnheiten abzulegen. Gewohnheiten sind zählebig. Die destruktiven müssen durch konstruktive ersetzt werden. Wenn du eine Gewohnheit aufgibst, ohne sie durch eine neue zu ersetzen, empfindest du da, wo die alte Gewohnheit war, eine Leere, ein Loch. Die Leute müssen ihr gewünschtes Ziel mit Freude und Begeisterung angehen, nicht so, als wäre es ein Mühlstein an ihrem Hals. Die Liebe ist das A und O. Du musst es lieben, der beste Mensch zu sein, der du sein kannst. Genieße die Reise, nicht nur das Ziel.«

Hier ein paar nützliche Tipps, damit Ihr Körper in die Form kommt, die Sie sich wünschen. Nehmen Sie Ihr *Die-Macht-des-Karmas*-Tagebuch.

1. Schreiben Sie alles auf, was Sie essen, egal wie wenig es ist.
2. Versprechen Sie sich, dass Sie dies vierzig Tage lang täglich tun werden. Denken Sie daran: Die Zahl Vierzig hat starke metaphysische Kraft. Es ist die Zahl der Vollendung.
3. Sehen Sie sich die Liste an; woran könnte es liegen, dass Ihr Körper nicht im Gleichgewicht ist?
4. Beschließen Sie, vierzig Tage lang eine gesunde Kost mit wenig Kalorien zu sich zu nehmen. Schreiben Sie auch in dieser Zeit alles auf, was Sie essen. Sie werden die Veränderung in Ihrem Tagebuch und im Spiegel sehen.

4. Karma und Sex

Sex ist eine Naturgewalt, die erschaffen oder zerstören kann. Er ist nicht nur ein körperlicher Instinkt, sondern etwas Komplexes, Mystisches, zutiefst Rätselhaftes. Er bringt Leben hervor und Liebe zum Ausdruck, und er kann Schönheit und Kreativität wecken. Sex kann Ausdruck der reinsten spirituellen Vereinigung zweier Seelen sein. Ergebnis ist eine Verbundenheit, bei der zwei Menschen das Gefühl der Einheit haben.

Viele Menschen versuchen, durch den Sexualakt die Verbindung zur Gotteskraft zu erneuern, zum höheren Selbst in sich selbst. Der Alltag mit seinen materiellen Notwendigkeiten füllt unser Dasein so aus, dass wir das Spirituelle oft vergessen, und so fühlen wir uns verloren, leer und einsam. Die starke, direkte Empfindung des vollkommenen Einsseins mit einem anderen Menschen stellt eine Verbundenheit her, die wir nicht mehr gewohnt sind und die dem vergessenen Gefühl der Einheit mit der Gotteskraft nahe kommt.

Sex als Befreiung vom Gefühl des Getrenntseins ist wundervoll, wenn Liebe und Vertrauen mit dabei sind. Sex kann ein Lehrer sein: Wir können lernen, auf einer intimen, spirituellen Ebene zu lieben. Zum Aufbau einer ausgewogenen sexuellen Beziehung sind Rücksicht, Feingefühl und Geduld nötig. Wenn Sex dagegen eingesetzt wird, um andere auszubeuten, zu manipulieren, zu kontrollieren oder zu terrorisieren, oder zur rein egoistischen Befriedigung, stellen sich Entfremdung, Wut, Einsamkeit und Verzweiflung ein. Auch potenziell lebensgefährliche Krankheiten sind möglich.

Sex kann eine Falle sein. Bei vielen Leuten setzt die Logik aus, wenn sie von einem Menschen sexuell stark angezogen sind. Wenn Sie ihnen raten, die Sache langsam anzugehen, stoßen Ihre Warnungen gewöhnlich auf taube Ohren. Aber wäre es nicht vernünftig zu warten, bis Sie dem richtigen Menschen begegnen, der sich charakterlich bewährt hat? Das entspräche dem gesunden Menschenverstand. Aber wenn wir wie die Motte ums Licht schwirren, bleibt die Urteilskraft oft auf der Strecke.

Vollkommen in den Wolken

Als Jill mich aufsuchte, war sie fast hysterisch. Sie war in Tim verliebt und konnte nur an ihn denken. Allerdings gab es da ein paar Probleme: Jill hatte einen Mann, und Tim hatte eine Frau. Beide hatten jeweils zwei Kinder. Aber Jill wiederholte immer nur: »Das ist der beste Sex, den ich je hatte. Es ist unvorstellbar schön. Tim und ich sind verrückt nacheinander. Wir sind wahnsinnig verliebt. Ich kann nicht mehr essen, ich kann nicht mehr schlafen. Ich lebe nur für die Zeit, die wir zusammen sind.«

»Jill, wie würden Sie sich fühlen, wenn Sie entdecken würden, dass Ihr Mann eine leidenschaftliche Affäre hat?«, fragte ich.

»Ich würde mich schrecklich fühlen, aber was soll ich machen? Zwischen Tim und mir hat es einfach gefunkt. Wir waren nicht darauf aus. Es muss unser Karma sein«, erwiderte sie.

»Jill, alles ist Karma«, erklärte ich. »Ich glaube, Sie meinen, dass Ihre Beziehung zu Tim vorherbestimmt war.«

»War sie das nicht?«, versetzte sie.

»Nein, es war vorgesehen, dass Sie geprüft werden«, stellte ich klar. »Bei all unseren Wünschen konnten und können wir uns frei entscheiden. Es ist menschlich, dass Sie sich gegenseitig attraktiv fanden. Aber es war Ihre Entscheidung, dieser Anziehung entsprechend zu handeln. Interpretieren Sie das Karma nicht falsch und machen Sie nicht das Schicksal für Ihre ganz persönliche Entscheidung verantwortlich, mit Tim eine Affäre anzufangen.«

»Das ist keine Affäre«, fauchte Jill.

»Wie würden Sie es denn bis jetzt nennen?«, erkundigte ich mich. »Sie und Tim kennen sich noch nicht einmal einen Monat und haben drei Mal miteinander geschlafen.«

»Woher wissen Sie das?«, gab sie ruppig zurück. Sie schwieg einen Augenblick und fuhr dann ein bisschen höflicher fort: »Ach ja, ich hab vergessen, dass ich es mit einer Hellseherin zu tun habe. Aber das Wort ›Affäre‹ ist nicht der richtige Ausdruck für unsere Liebe.«

»Hätten Sie ein besseres Gefühl, wenn ich es eine Herzensaffäre nenne?«, fragte ich.

»Es ist sehr spirituell zwischen uns«, erklärte sie.

»Jill, ich fürchte, Ihre Leidenschaft hat Ihre Urteilskraft getrübt. Leidenschaft kann spirituell sein, wenn sie mit Respekt einhergeht und Sie den Charakter des anderen kennen. Es braucht Zeit, eine solche Beziehung aufzubauen. Und Sie kennen sich einfach noch nicht lange genug. Denken Sie auch daran, was Ihr Verhalten bei anderen bewirken kann.«

Ich blickte Jill an und sah, dass eine Menge Schwierigkeiten auf sie warteten, wenn sie diesen Weg weiterging. Ihr Mann würde es herausfinden, sich scheiden lassen und um das alleinige Sorgerecht für die Kinder kämpfen. Tim würde seine Frau nicht verlassen, und Jill würde es sehr Leid tun, dass sie mit der Situation nicht anders umgegangen war. Ich versuchte, ihr das so freundlich wie möglich zu sagen. Ich predigte tauben Ohren. Jill wurde wütend auf mich und protestierte: »Sie müssen sich irren. Es ist wahre Liebe, und wir können sie nicht stoppen.«

Ich sagte ihr, dass sie noch Zeit habe, die Schwierigkeiten abzuwenden, die sich aus diesem Durcheinander ergeben würden. Sie könne aufhören, Tim zu treffen, bis sie beide sich von ihren Partnern getrennt hätten. Das könne mit Würde und Integrität geschehen. Die Zeit werde ergeben, ob sie füreinander bestimmt seien. Jill meinte dazu: »Sind Sie verrückt? Was ist, wenn er eine andere findet, während ich versuche, halblang zu machen?«

»Haben Sie nicht gesagt, es sei wahre Liebe? Verwechseln Sie nicht Liebe mit Lust?«, fragte ich.

»Keineswegs!«, raunzte sie.

Ich brachte das Karma zwischen Jill und ihrem Mann einerseits, Tim und seiner Frau andererseits zur Sprache. Aber Jill wollte nichts von persönlicher Verantwortung hören. »Jill, was wollen Sie von mir? Soll ich Sie anlügen? Sie sind hergekommen, weil Sie wissen wollten, wie ich als Hellsichtige die Situation sehe. Ich habe Ihnen gesagt, was ich voraussehe und dass Sie nicht das Opfer des Schicksals sind. Es können Entscheidungen getroffen werden, die ein besseres Ergebnis garantieren. Können Sie nicht ein bisschen den Gesamtzusammenhang sehen? Sie werden nie glücklich sein, wenn Sie durch Ihren Egoismus andere unnötig leiden lassen. Es kommt vor, dass zwei Menschen sich ineinander verlieben, die nicht frei sind. Aber wahre Liebe verschwindet nicht, wenn die beiden sich den anderen Beteiligten gegenüber verantwortungsbewusst und respektvoll verhalten. Andererseits kann die sexuelle Anziehung so schnell vergehen, wie sie gekommen ist, wenn die Grundlage fehlt: eine stabile Beziehung.«

»Was meinen Sie mit ›stabil‹?«, wollte Jill wissen.

»Ein altes chinesisches Sprichwort sagt: ›Beurteile ein Haus nicht danach, wie es angestrichen ist‹«, erwiderte ich.

»Das versteh ich nicht«, meinte sie.

»Vielleicht sieht das Haus von außen sehr schön aus, hat aber kein solides Fundament. Ein kluger Mensch würde das ganze Haus gründlich prüfen, bevor er es kauft. Ein Unkluger würde sagen, dass ihm das, was man nicht sofort sieht, egal ist. Ihm gefällt, wie es angestrichen ist, und also kauft er es, ohne weiter nachzusehen. Mit der Zeit zeigen sich dann eine Menge Probleme. Menschen müssen genauso die Gelegenheit bekommen zu beweisen, dass sie solide sind, und das braucht Zeit.«

Jill fing an zu weinen und jammerte: »Warum kann ich mich nicht einfach ein bisschen amüsieren? Ich arbeite viel und kümmere mich um das Haus und die Kinder. Es macht mir Spaß, mit Tim zu schlafen, und er liebt mich. Der Sex mit meinem Mann war nie berauschend. Ich wusste gar nicht, wie arm ich dran war, bevor ich Tim kennen lernte.«

»Und macht es auch Spaß, Ihren Mann und Tims Frau zu betrügen? Können Sie nicht die rosa Brille abnehmen und erkennen, dass Sie in Harmonie mit dem Gesetz des

Karmas leben müssen, weil es Sie sonst wie ein Bumerang trifft?«

»Was meinen Sie damit?«, fragte Jill mit tränennassem Gesicht.

Ich zitierte, was Lawrence mir gesagt hatte: »Es ist einfach, nett und freundlich zu unserem Partner zu sein, solange wir in ihn verliebt sind. Menschen, die sich in einen anderen verlieben, zu ihrem Partner aber trotzdem nett und respektvoll sind, haben gelernt, in Harmonie mit dem Gesetz des Karmas zu leben.

Jill, eigentlich ist es ganz einfach. Sie sollen aus der ganzen Geschichte etwas lernen. Sie werden sich eine Menge Kummer ersparen, wenn Sie sich um Ihre Verantwortung zu Hause kümmern und *dann* sehen, wie die Sache mit Tim läuft. Ich weiß, dass Sie glauben, Sie wären verliebt, könnten nicht dagegen an und wären aus dem Gleichgewicht. Zerstören Sie Ihr zukünftiges Glück nicht dadurch, dass Sie zulassen, dass die sexuelle Leidenschaft Ihre Urteilskraft an die Wand drückt.«

Ich atmete tief durch und sah Jill an. Sie war immer noch völlig in den Wolken. In ihrem Verlangen nach Tim war sie wie von Sinnen. Die Entscheidung lag bei ihr. Ich hatte mein Möglichstes getan, sie vor einer Tragödie zu warnen. Jill würde gutes Karma ernten, wenn sie allen Parteien gegenüber integer und freundlich handelte. Das würde schwierig und in ihrer gegenwärtigen Verfassung fast unmöglich sein. Sie würde das schlechte Karma ernten, das aus einem egoistischen, verantwortungslosen Verhalten entsteht, wenn sie nur ihren Wunsch nach sofortiger Befriedigung umsetzen würde. Die Zeit würde es erweisen.

Bumerang

Ein paar Monate später kam Jill wieder zu mir. Sie sah schrecklich aus. Das Erste, was sie sagte, war: »Wahrscheinlich sagen Sie mir jetzt: ›Ich hab Sie gewarnt.‹«

»Das denken Sie«, meinte ich. »Ich bin weder Ihre Mutter noch Ihr Gewissen. Meinen Sie, es würde mir Spaß machen, wenn meine Klienten unglücklich und deprimiert sind? Ich habe versucht, Ihnen klar zu machen, dass Sie auf ein Unglück zusteuern. Aber anschließend müssen Sie entscheiden, wie Sie leben wollen.«

Jill sagte, es tue ihr Leid, und sie sei nicht sauer auf mich. Sie ärgerte sich nur über sich selbst. Dann erzählte sie mir, was seit unserer letzten Begegnung passiert war. Ihr Mann hatte alles herausgefunden. Ihm fiel auf, dass Jill sich verhielt, als würde sie etwas verbergen. Er fragte sie, ob sie eine Affäre habe, was Jill nachdrücklich abstritt. Er glaubte ihr nicht und heuerte einen Detektiv an, der ihr auf Schritt und Tritt folgte.

Der Detektiv wusste genau, wie viel Zeit Jill mit Tim verbrachte, und in welchen Hotels sie abgestiegen waren. Diese Details sowie Fotos, die Tim und Jill beim Betreten und Verlassen der Hotels zeigten, wurden ihrem Mann ausgehändigt. Dieser sagte ihr nicht, dass er von ihrer Affäre wusste, und ließ einen Monat verstreichen, bevor er sie mit den gesammelten Beweisen zur Rede stellte.

Geschockt blieb ihr nichts anderes übrig, als alles zuzugeben. Ihr Mann ging an die Decke und warf ihr die schlimmsten Schimpfwörter an den Kopf. Die Kinder waren zu Hause und hörten, wie ihre Eltern sich in den Haaren lagen. Jill fing an zu weinen, sagte ihrem Mann aber weiter, es tue ihr Leid und sie sei verliebt. Daraufhin rief ihr Mann Tims Frau an und erzählte ihr alles. Sie hatte keine Ahnung, dass ihr Mann eine Affäre hatte, und erlitt einen Nervenzusammenbruch. Jills Mann würde das schlechte Karma für diesen Racheakt ernten. Unrecht mit Unrecht vergelten macht noch kein Recht. Er hätte nie Tims Frau anrufen dürfen, nur weil er wütend war.

Tim teilte Jill mit, er wolle sich nicht mehr mit ihr treffen, weil das »zu viele Schereien« bringe. Er weigerte sich, sie zu sehen, am Telefon mit ihr zu sprechen oder ihre E-Mails zu beantworten. Einer von Tims Kollegen erzählte Jill, Tim und seine Frau hätten beschlossen, ihre Ehe zu kitten.

Jills Mann war weiter fuchsteufelswild, fühlte sich gedemütigt und reichte die Scheidung ein. Er wollte Jill aus dem Haus haben und verlangte das alleinige Sorgerecht für die Kinder. Jill beauftragte ebenfalls einen Rechtsanwalt, bat aber parallel ihren Mann um eine zweite Chance.

Dieser Ablauf überraschte mich nicht, aber ich war doch ein bisschen schockiert, dass es so schnell gegangen war. Der Bumerang war zurückgekommen. Das, was Jill getan hatte, hatte ihren Mann zu einer Reaktion veranlasst. Tim hatte Jill nie geliebt und sich als egoistischer Schwächling erwiesen. Jill saß zwischen allen Stühlen – eine Situation, die sie hätte vermeiden können, wenn sie sich die Zeit genommen hätte, Tim kennen zu lernen, bevor sie sich mit ihm einließ.

»Was hab ich mir dabei bloß gedacht?«, fragte Jill mich jetzt.

»Sie haben gar nicht gedacht. Sie haben sich verhalten,

als wären Sie verhext. Der Sex war für Sie eine Falle, und das ist das Ergebnis. Sie hätten auf niemanden gehört, denn Sie waren rational nicht mehr ansprechbar. Jetzt müssen Sie einen unerbittlichen Blick auf Ihr Leben werfen und herausfinden, wo die Ursache für Ihre selbstzerstörerischen Tendenzen liegt.«

»Was kann ich tun, um dieses Problem mit meinem Mann in Ordnung zu bringen?«, wollte Jill wissen. Ich wies sie an, zwei *rosa* Karteikärtchen zu nehmen und zu schreiben:

1. **Leidenschaft ohne solide Basis beeinträchtigt das Urteilsvermögen.**
2. **Ich handle absolut selbstlos. Nur das kann meine Ehe retten.**

Ich empfahl Jill auch, sich ein *Die-Macht-des-Karmas*-Tagebuch zu kaufen und:
1. alles Vorgefallene aufrichtig aufzuschreiben und es sich genau anzusehen,
2. die Suppe auszulöffeln. Sie können die Vergangenheit nicht ändern, aber Sie können aus ihr lernen,
3. die guten Dinge aufzulisten, die noch in ihrem Leben waren, und dankbar für sie zu sein.

Dies würde ihr bei dem Versuch helfen, das Verhältnis zu ihrem Mann zu verbessern.

Jill und ihr Mann leben noch unter einem Dach, aber die Umstände sind alles andere als harmonisch. Sie zahlt den Preis für ihr Verhalten. Ihr Mann toleriert sie nur so lange, bis er einen Ausweg gefunden hat. Wir ernten, was wir säen – nicht immer so schnell wie in diesem Fall, aber irgendwann immer. Was lernen wir daraus? Wenn Jill Geduld gehabt hätte und integer gewesen wäre, hätte sie gesehen, dass Tim nicht der Märchenprinz war; sie hätte ihr Herzeleid und den Skandal vermieden und ihren Mann behalten. Und sie hätte erkannt, dass es ihre freie Entscheidung war, nach Tim verrückt zu sein, und nicht etwas vom Karma Vorherbestimmtes.

Debbie verwandelt eine Tragödie in eine Farce

Als Debbie mich aufsuchte, stand sie kurz vor einem Nervenzusammenbruch. Sie hatte einen jungen Mann aus Europa kennen gelernt, der Amerika besuchte, und sich wahnsinnig in ihn verliebt. Nachdem sie ihn drei Wochen kannte, verließ sie die USA und ging mit ihrem Liebsten nach Frankreich. Jeder, der sie mochte, riet ihr, sich mehr Zeit zu lassen, bevor sie ihr Leben so drastisch änderte. Aber sie ließ zu, dass ihre Leidenschaft ihr Urteilsvermögen ausschaltete. Es war eine Sache von Tagen, bis ihr ein eher ungewöhnliches Verhaltensmuster an ihm auffiel. Er verschwand stundenlang ohne Erklärung, und wenn er wiederkam, war er kühl und distanziert.

Debbie hatte ihre gesamten Ersparnisse mitgenommen, und weil sie kein Französisch sprach, hatte ihr Liebster ihr angeboten, ein Bankkonto für sie zu eröffnen und das Geld einzuzahlen. Nachdem sie zwei Tage auf seine Rückkehr gewartet hatte, wurde sie hysterisch und stellte sich all die schrecklichen Dinge vor, die ihm passiert sein konnten. Schließlich ging sie in ein kleines Café, in dem sie ein paar Mal zusammen gewesen waren. Sie wandte sich an den Besitzer und erzählte ihm, dass ihr Freund verschwunden sei. Der Besitzer fing an zu lachen und meinte: »Hoffentlich haben Sie ihm kein Geld gegeben. Das ist ein Filou.« Wie Schuppen fiel ihr von den Augen, dass sie betrogen worden war. Sie konnte nur noch ihre Familie anrufen und sie bitten, ihr Geld für ein Rückflugticket zu schicken.

Debbie hätte diese schreckliche Situation vermeiden können, wenn sie sich die Zeit genommen hätte, ihren Süßen kennen zu lernen. Die sexuelle Anziehung hatte ihren Verstand benebelt. Von mir wollte sie hören, dass sie ein Opfer des Karmas war. Aber ich sagte ihr, ihr Pech sei wohl eher ein eindeutiger Fall von getrübtem Urteilsvermögen und sexueller Anziehung. »Sie dürfen nicht dem Karma für Ihre eigene Dummheit die Schuld geben. Wenn Sie nur das kleinste bisschen Geduld und Selbstdisziplin gehabt hätten, hätten Sie sich sehr viel Leid ersparen können. Langfristig sollten Sie die ganze Geschichte unter der Rubrik ›Erfahrungen‹ abhaken, und dann ist sie auch in Ordnung, Debbie«, erklärte ich. »Lernen Sie aus dem Vorfall und gehen Sie zu neuen Erlebnissen weiter. Die Zeit heilt alle Wunden, und die Erfahrung wird Ihnen nützlich sein.«

Ich riet ihr, die folgende Aussage auf ein *rosa* Karteikärtchen zu schreiben:

Es gibt keine Opfer des Karmas.

Ich sagte ihr auch, sie solle ihr *Die-Macht-des-Karmas*-Tagebuch hervorholen und:
1. alle Leute aufschreiben, die sie davor gewarnt hatten, mit dieser verkrachten Existenz nach Paris zu gehen,
2. die Gründe aufschreiben, die diese Leute gegen ein überstürztes Verhalten ins Feld geführt hatten,

3. sich die beiden Listen genau ansehen. So würde sie in Zukunft wissen, mit wem sie Schwierigkeiten besprechen kann,
4. das gute Karma in ihrem Leben auflisten: ihre Familie, ihre Freunde, die Tatsache, dass sie körperlich nicht verletzt worden war und nur ihr Ego einen Schlag bekommen hatte, um nur ein paar zu nennen.

Diese Übung sollte ihr helfen, ihre »Ich-armes-Opfer«-Haltung zurechtzurücken. Debbie dankte mir für meine Ratschläge.

»Vielleicht sollten Sie auf Ihre ›Zu-erledigen-Liste‹ noch ›Französisch lernen‹ schreiben?«, scherzte ich.

»Machen Sie Witze? Mir wird schon schlecht, wenn ich nur französisches Essen sehe«, erwiderte sie und fing an zu kichern. Einen Augenblick später fügte sie hinzu: »Seit diese Affäre angefangen hat, habe ich nicht mehr richtig gelacht.«

»Debbie, Lachen ist eines der besten Mittel gegen Stress. Es verschafft dem Nervensystem eine Pause, und es fühlt sich gut an. Der Humor ist eine Kunst, die vielen Leuten abhanden gekommen ist. Es gibt kaum eine Situation, die nicht einen amüsanten Aspekt hat. Sie haben Ihre Liebesaffäre als griechische Tragödie gesehen, und jetzt haben Sie aus ihr eine französische Farce gemacht. Sie sind ein schlaues Kind.« Jetzt lachte ich auch.

Debbie ging an diesem Tag mit einem Lächeln auf dem Gesicht und dem festen Entschluss, diesen Fehler nicht noch einmal zu machen. Sie war doch kein Opfer! Debbies Karma würde im Gleichgewicht bleiben, wenn sie in Zukunft dem Motto folgen würde: »Erst hinsehen, dann springen!«

In Sex verliebt sein ist nicht immer Liebe

Sehen wir den Tatsachen ins Auge: Es gibt wohl niemanden auf der ganzen Welt, der nicht gerne verliebt wäre. Wenn wir ehrlich sind, müssen wir zugeben, dass wir Angst haben, einsam zu sein. Bei »Verliebtsein« denken wir an die intime, tiefe, vollständige Verbindung mit einem anderen Menschen. Das Ergebnis dieser Einheit sind Freude und Erregung. Nichts auf der Welt ist mit diesem Zustand zu vergleichen. Wir glauben, dass diese Beziehung unsere Wunden heilt und uns das Gefühl verschafft, geborgen zu sein und begehrt und geliebt zu werden. Natürlich glauben wir auch, dass sie ewig hält. Aber wenn die Beziehung dann endet, sind Depression, Wut und der Wunsch, es dem anderen heimzuzahlen, übliche Reaktionen. Es ist schwierig, sich selbst gegenüber zuzugeben, dass wir nur wegen der körperlichen Anziehung in die Beziehung eingestiegen sind. Die sexuelle Anziehung kommt oft hopplahopp, aber die Liebe braucht Zeit, denn sie hat mit Lernen zu tun.

Karens sichere Landung

Als ich neulich von Paris nach New York zurückflog, erzählte eine Stewardess namens Karen mir ihre Geschichte, bei der eine in die Brüche gegangene Beziehung die nächste jagte. Karen war sich bewusst, dass sie ständig das gleiche Verhaltensmuster wiederholte. Sie gab zu, dass sie sich in sexuelle Affären stürzte, bevor sie Zeit hatte, den wahren Charakter ihrer Lover kennen zu lernen.

Sie sagte mir, ihr innigster Wunsch sei es, zu heiraten und

Kinder zu haben. Ich wies sie darauf hin, dass sie sich durch die Wiederholung von Aktionen, die nicht zum gewünschten Ziel führten, selbst sabotierte. »Aber ich liebe Sex! Nur beim Sex fühle ich mich vollkommen lebendig!«, beharrte sie.

Bei Karen bestand ein Konflikt zwischen ihrem Verlangen nach sexueller Befriedigung und ihrem Bedürfnis nach jener tiefer gehenden Einheit, wie sie sich durch eine Ehe und Kinder einstellen kann. Sie fühlte sich nur dann ganz lebendig, wenn sie eine sexuelle Affäre hatte, denn in dieser kurzen Zeit fühlte sie sich einem anderen Menschen tief verbunden. Weil sie sich nicht die Zeit nahm, ein solides Fundament aufzubauen, gingen die rein sexuellen Beziehungen irgendwann in die Brüche. Karen ahnte nicht, dass sie unterbewusst unbedingt die Gotteskraft in sich spüren wollte.

»Es ist vollkommen in Ordnung, Spaß am Sex zu haben, aber wenn Sie eine verbindliche Beziehung anziehen wollen, sollten Sie nachdenken, bevor Sie etwas tun«, empfahl ich ihr.

»Wie kann ich jemanden finden, mit dem ich guten Sex haben kann, der mir aber auch Geborgenheit gibt?«, wollte sie wissen.

Ich erklärte das gute Karma, das entsteht, wenn man Geduld hat und sich die Zeit nimmt, den anderen kennen zu lernen, und versicherte ihr, dass sie sich das, was sie suchte, verdienen konnte. »Ich möchte Ihnen ein paar Übungen zeigen, Karen, damit Sie nicht immer nur Nieten ziehen«, sagte ich ihr.

Karen jammerte, sie habe keine Disziplin und könne deshalb Übungen, die schwierig seien oder Zeit beanspruchten, nicht machen.

»Mir ist das letztendlich ja egal«, meinte ich, »aber verschwenden Sie nicht meine Zeit damit, dass Sie mich erst um Rat fragen und dann nicht auf mich hören wollen. Karen, *überlegen* Sie nur eine Minute lang. Sie sind nicht in der Lage, Ihr Liebesleben objektiv zu sehen. Ich bin sicher, dass Sie diesen negativen Charakterzug in alle Aspekte Ihres Lebens hineintragen. Zum Beispiel zeigt es ein erstaunliches Maß an Narzissmus, dass Sie für meinen Versuch, Ihnen zu helfen, noch nicht einmal dankbar sind. Den meisten Leuten wird es schwer fallen, jemanden zu lieben, der so mit sich selbst beschäftigt ist.«

Karen wirkte nach diesem Rüffel ein bisschen sprachlos, berappelte sich aber mit beeindruckender Charakterstärke. »Beschreiben Sie mir diese Übungen«, sagte sie und fügte dann hinzu: »Bitte.«

Ich antwortete: »Schreiben Sie Folgendes auf ein *rosa* Karteikärtchen. Lernen Sie es auswendig – und tun Sie es.«

Ich gelobe, dass ich unter allen Umständen nach frühestens vierzig Tagen mit einem neuen Bekannten intim werde.

Ich war überrascht, als Karen meinte: »Das kann ich machen.«

»Karen«, fuhr ich fort, »kaufen Sie sich ein Tagebuch und betiteln Sie es *Die Macht des Karmas*. Ich möchte Ihnen ein paar sehr wichtige Übungen sagen, die das Urteilsvermögen trainieren.« (Da ich Karen dieselben Übungen zeigte wie Paula, deren Geschichte nun folgt, beschreibe ich die Übungen im Anschluss.)

Paula tappt in die Sexfalle

Paula heiratete einen Mann, nachdem sie ihn zwei Monate kannte. Da sie ganz hin und weg war, wollte sie auf niemanden hören, der ihr riet zu warten. Ihre Freundinnen waren besorgt und baten sie, sich nicht in die Ehe zu stürzen. Sie arrangierten vor der Hochzeit eine Verabredung mit mir. Auch ich war gegen die Ehe. Ich sagte Paula, ich könne sehen, dass der Mann ein Lügner war und mit anderen Frauen schlief. Ich ging so weit, Paula den Namen einer dieser Frauen zu nennen. Noch schlimmer war allerdings, dass ich sah, dass er psychisch gestört war und eine gefährliche, gewalttätige Ader hatte. Ich hatte Angst, dass er sie verletzen würde. Paula schien ganz im Bann ihres Zukünftigen zu stehen. Nichts von dem, was ich sagte, konnte ihre Entscheidung ins Wanken bringen.

»Sex kann eine Falle sein«, versuchte ich Paula zu erklären.

»Was soll denn das jetzt wieder heißen?«, meinte sie patzig.

»Na ja, man braucht kein großer Wissenschaftler zu sein, um zu sehen, dass der Sex mit diesem Knaben Ihr Urteilsvermögen benebelt hat. Sex kann wunderschön und fantastisch sein, aber er kann auch dazu führen, dass man versucht, aus einem Frosch einen Prinzen zu machen.« Ein paar Fragen zu ihrem Kavalier ergaben, dass sie nichts über seine Vergangenheit wusste. Sie wiederholte nur ständig, sie wisse, dass er sie liebe, und sie habe noch nie so guten Sex gehabt.

Als Paula ging, tat sie mir Leid, denn ich wusste, dass sie auf ernstliche Schwierigkeiten zusteuerte. Andererseits wusste ich natürlich auch, dass ich den karmischen Bumerang nicht aufhalten konnte. Es war ihr Leben. Ich kann die Leute nur nach besten Kräften beraten; anschließend müssen sie tun, was sie für richtig halten.

Sechs Wochen später war Paula wieder da. Es ist sehr unüblich, dass ich jemandem erlaube, so schnell wiederzukommen, denn ich will keine Abhängigkeit, und normalerweise ändern meine hellsichtigen Vorhersagen sich in so kurzer Zeit nicht dramatisch. Aber Paula brauchte Klarheit. Sie war seit 21 Tagen verheiratet. In der Hochzeitsnacht hatte ihr Mann angefangen, sie anzuschreien und sie eine Hure zu nennen. Durch ihre Tränen hindurch erzählte sie mir, seine Sprache sei so widerlich, dass sie sie nicht wiedergeben könne. In seiner wahnsinnigen Raserei zerriss er ihre Unterwäsche zu Fetzen. Die entsetzte Paula stürzte, nur mit einem Handtuch bekleidet, aus dem Hotelzimmer. Die Hoteldirektion rief die Polizei, und Paula bekam vom Hotelarzt ein Beruhigungsmittel.

Um sich zu schützen, zog sie wieder in die Wohnung ihrer Eltern und nahm sich einen Rechtsanwalt, der die Annullierung der Ehe erreichen sollte. Ihr »Mann« rief sie weiter an und drohte, sie umzubringen. So unglaublich diese ganze Geschichte klingt – ich habe sie so oder ähnlich oft zu hören bekommen.

»Mary«, fragte Paula zwischen zwei Schluchzern, »wie kann ich das in Zukunft vermeiden?«

»Sie müssen lernen, Ihre *Hausaufgaben* zu machen, Paula. Es ist wunderbar, einem Menschen zu begegnen, zu dem Sie sich hingezogen fühlen, aber sobald die Verbindung hergestellt ist, fängt der schwierige Teil an. Die Anziehung ist im Allgemeinen sofort da; das Kennenlernen dauert.

Den Charakter eines Menschen erkennen Sie nur, wenn Sie ihn beobachten, Ihre Erfahrungen mit ihm machen und sich mit seiner Geschichte vertraut machen, was alles Zeit erfordert.« Die Kunst des Unterscheidens lässt sich wie jedes andere Können – Ballett, malen, ein Musikinstrument spielen – durch Wiederholung und Disziplin vervollkommnen.

Ich sagte Paula, sie solle sich ein *Die-Macht-des-Karmas*-Tagebuch und Karteikärtchen kaufen. Ich gab ihr – und Karen – die folgenden Übungen.

Übung: Unterscheiden lernen

Alle Jubeljahre einmal habe ich Klienten, die ausgesprochen intuitiv sind; ihnen rate ich, den Gefühlen »aus dem Bauch« zu folgen. Ihre persönliche Geschichte hat bewiesen, dass ihre Intuition richtig ist. Aber das ist nicht die Norm. Wie Karen und Paula sind im Lauf der Jahre Hunderte von Leuten zu mir gekommen, die deprimiert, verzweifelt oder in ihrer Selbstachtung schwer verletzt waren, weil sie sich mit jemandem eingelassen hatten, den sie nicht gut kannten. Ihr durchgängiger, tragischer Fehler war, dass sie ihrem ersten, aus dem Bauch kommenden Instinkt vertraut hatten. Und schwupp – schon holte der Bumerang sie ein. Wie viel Herzeleid hätte vermieden werden können, wenn sie nur gewartet hätten? Nehmen Sie Ihr *Die-Macht-des-Karmas*-Tagebuch. Wenn Sie ein Erlebnis möglichst bald niederschreiben, ist Ihre Schilderung wahrscheinlich am genauesten.

1. Schreiben Sie den *allerersten* Eindruck auf, den Sie von einem eventuellen zukünftigen Liebespartner haben. Datieren Sie Ihre Eintragung.
2. Schreiben Sie in das Tagebuch (und auf ein *rosa* Karteikärtchen, das Sie immer bei sich tragen): *Intime Beziehung frühestens nach vierzig Tagen.* (Wenn der *andere* drängelt, sollten Sie ihn sofort abschieben. Dieses Verhalten ist wie ein Neonlicht, das Ihnen sagt, dass Sie nicht respektiert werden. Respektlosigkeit erzeugt immer negatives Karma.)
3. Schreiben Sie auf, wie die Beziehung sich entwickelt – ein paar Zeilen täglich genügen. Nichts, was viel Zeit kostet. Denken Sie immer daran: gesunder Menschenverstand bei allem, auch beim Karma. (Ruft er an, wenn er es versprochen hat? Wird Geplantes bestätigt? Will er Ihre Freunde kennen lernen? Ihre Verwandten? Will er Sie Menschen vorstellen, die ihm wichtig sind? Was haben Sie unternommen? Was hatten Sie gemeinsam?) Wie leicht ist es, miteinander zu reden?
4. Seien Sie begeistert, wenn der andere Sie auf die gleiche Weise unter die Lupe nimmt. Wahrscheinlich sucht dieser Mensch genauso nach wahrer Liebe wie Sie.
5. Wenn die Beziehung nach vierzig Tagen nicht vorbei ist, hatte Ihr Instinkt vielleicht Recht – die Zeit wird es erweisen. Das Karma ist noch unentschieden, also gehen Sie mit Würde, Integrität und vorsichtigem Optimismus weiter.

Wenn die Beziehung nach vierzig Tagen vorbei ist, müssen Sie mit sich absolut ehrlich sein. Lesen Sie noch einmal durch, was Sie aufgeschrieben haben. Vielleicht tut es Ihnen weh oder ist Ihnen peinlich, aber wenigstens haben Sie jetzt die Fakten klar auf dem Tisch. Die Geschichte muss sich nicht wiederholen. Ändern Sie Ihre Geschichte, dann ändern Sie Ihr Karma.

Acht Monate später rief Karen an und berichtete, sie habe pflichtgemäß ihre Übungen gemacht. Stolz meinte sie: »Ich gehe jetzt seit vier Monaten mit einem wunderbaren Mann. Er sagt, er will eine gemeinsame Zukunft mit mir.«
    Paula ist noch Single. Die Drohanrufe haben aufgehört. Sie macht weiter ihre Hausaufgaben. Es macht ihr nichts aus zu warten, bis sie einen Mann mit Charakter kennen lernt.

Judys neue Manie

Als Judy zu mir kam, war sie ziemlich wütend. Sie wollte, dass ich ihr sagte, wo sie den Mann ihrer Träume treffen würde. Sie war es leid, sich immer wieder mit neuen Männern zu verabreden, hatte aber auch keinen Bock, allein zu sein. Was sie aufrecht hielt, war die Suche nach der wahren Liebe. Weil sie eine unglückliche Kindheit gehabt hatte, lag eine ziemliche Last auf ihr. Ich sagte ihr, meiner Meinung nach müsse sie ihre Kindheit aufarbeiten, um überhaupt offen für einen Partner zu sein. Diese Botschaft gefiel ihr nicht. Sie hatte auf hellsichtige Anweisungen für das Rendezvous mit dem perfekten Mann gehofft.
    Ich erklärte ihr, dass ihr schwaches Selbstwertgefühl ihre Fähigkeit beeinträchtige, den passenden Mann anzuziehen. Und ich gab ihr einen detaillierten Bericht über ihre Kindheit. Der Vater hatte die Familie verlassen, als sie sieben war, und die Mutter war depressiv geworden. Judy hatte nie

verstanden, warum ihr Vater gegangen war, und gab sich die Schuld daran. Die Mutter war nicht in der Lage, der Tochter auf irgendeine Weise Zuneigung zu geben, ihr Komplimente zu machen oder sie zu ermutigen. Das hatte dazu geführt, dass Judy viel Wut mit sich herumtrug und in ihren Gedanken und Gefühlen ein einziges Chaos herrschte. Ihre Aura loderte vor Zorn. Und ihre Vergangenheit hatte wahre Straßensperren gegen eine gesunde, ausgewogene Gegenwart errichtet. Judy war erschüttert, dass ich so viele hellsichtige Informationen auftischte. Sie saß still da, und die Tränen liefen ihr über die Wangen. »Was kann ich tun?«, fragte sie schluchzend.

Ich gab Judy ein *rosa* Karteikärtchen und bat sie zu schreiben:

Die Vergangenheit kann nicht verändert werden, aber ich kann verändern, wie sie mich in der Gegenwart beeinflusst.

Ich erklärte ihr dann eine Meditationsübung, die ihr helfen würde, sich aus dem Gefängnis ihrer Wut zu befreien:

> *Selbstwertgefühl aufbauen:* Setzen Sie sich an einen ruhigen Ort, an dem Sie nicht gestört werden. Sehen Sie vor Ihrem geistigen Auge, wie Sie glücklich sind. Stellen Sie keine andere Person in das Bild. Sehen Sie nur sich selbst, wie Sie fröhlich und energiegeladen aus dem Haus gehen. Es ist ein wunderschöner Tag, und Sie haben überhaupt keine Sorgen. Halten Sie dieses Bild, solange Sie können. Machen Sie die Übung zwei Mal täglich. Denken Sie daran, dass nur Sie allein auf dem Bild zu se-

> hen sind. Sie sind bester Laune, weil Sie lebendig sind und es ein herrlicher Tag ist. Sie fühlen sich großartig, einfach weil Sie Sie sind. Machen Sie diese kurze Meditation vierzig Tage in Folge. Danach können Sie entscheiden, ob Sie weitermachen wollen oder nicht. Auf Grund der inneren Veränderung werden Sie wahrscheinlich weitermachen wollen. Kurze, häufige Meditationen sind oft wirkungsvoller, als wenn Sie sich zwingen, eine Stunde lang zu meditieren.

Ich erzählte Judy vom *Die-Macht-des-Karmas*-Tagebuch und bat sie, sich eins zuzulegen und zu schreiben: Was ich an mir mag:

Verfallen Sie nicht ins Negative. Nobody is perfect. Listen Sie nur das Positive auf: schöne Zähne, gesundes Haar, schöne Hände, besonderes Farbgefühl, Tierliebe, immer pünktlich, freundlich, hilfsbereit. Jedes Mal, wenn Ihnen ein weiterer positiver Aspekt einfällt, ergänzen Sie die Liste. Sehen Sie sich Ihre Aufzeichnungen oft an. Freuen Sie sich, wenn Sie die Liste verlängern können. Das hilft Ihnen, Ihre positiven Eigenschaften realistischer zu sehen, und ein gesteigertes Selbstwertgefühl ist die Folge.

Übung: Verzeihen lernen

»Ich möchte, dass Sie Ihrem Vater verzeihen, dass er Sie im Stich gelassen hat, und Ihrer Mutter, dass sie schwach gewesen ist. Sie müssen ihr Verhalten nicht billigen, aber Sie müssen versuchen, sich in ihre Lage zu versetzen. Denken Sie daran: Vorbei ist vorbei. Also arbeiten wir lieber daran, die Vergangenheit loszulassen und eine herrliche Zukunft aufzubauen.« An dieser Stelle unterbrach ich meinen Vortrag.

»Und wie soll ich das machen?«, wollte sie wissen.

»Nehmen Sie sich täglich ein paar Minuten Zeit und betrachten Sie Ihre Eltern ganz objektiv«, empfahl ich. »Schicken Sie ihnen liebevolle Gedanken. Machen Sie sich klar, dass sie ihr eigenes Karma haben, mit dem sie sich auseinander setzen müssen. Spüren Sie beim Ausatmen, wie Ihre Wut mit dem Atem nach außen strömt. Die Wut, die Sie auf Ihre Eltern haben, kommt wie ein Bumerang zu *Ihnen* zurück. Sie verhindert, dass Sie ausgeglichene, liebevolle Beziehungen anziehen. Sehen Sie dann, wie ein gutes Gefühl zu Ihren Eltern Sie erfüllt. Das kommt Ihnen zuerst vielleicht schwirig vor, aber arbeiten Sie daran. Mit der Zeit werden Sie feststellen, dass Ihre Wut sich verflüchtigt hat, und Sie werden anfangen, wunderbare Menschen anzuziehen. Setzen Sie sich kein Zeitlimit; nehmen Sie die Dinge so, wie sie kommen, Stunde für Stunde, Tag für Tag.«

Karmische Verbindungen

Später erklärte ich Judy, dass Erfahrungen aus früheren Leben darüber entscheiden, wen wir als Eltern haben. Lawrence hatte es mir so dargestellt: »Die Menschen müssen begreifen, dass karmische Verbindungen unser Leben beeinflussen. Jeder, der uns in diesem Leben nahe steht, hatte in einer früheren Inkarnation eine Beziehung zu uns. Die Seele, die gegenwärtig deine Mutter ist, war früher vielleicht deine Tochter. Dein jetziger Mann war vielleicht einmal Bruder, Schwester, Vater, Mutter oder Kind. Es gibt keine Zufälle bei der Geburt. Eltern, Geschwister, Rasse, Staatsangehörigkeit, Geschlecht – all diese Elemente sind unser karmisches Erbe. Aber das Karma darf nie eine Entschuldigung für unsere Probleme sein. Eine Frau, die sich immer wieder für unreife Männer entscheidet, die nicht beziehungsfähig sind, darf das Karma nicht mit fehlender Weisheit verwechseln. Sie sollte vielmehr nach innen schauen und herausfinden, warum sie dasselbe Verhaltensmuster wiederholt. Sobald sie das Problem erkennt, kann sich schnell eine Lösung ergeben. Diese Selbstprüfung ist unendlich wertvoll, denn dadurch steuern wir in all unseren Beziehungen auf mehr Gleichgewicht zu.«

Ein Jahr später stattete Judy mir einen zweiten Besuch ab. Sie war mit einem wirklich netten Typen namens Matt befreundet und befand sich im siebten Himmel. Sie hatte ihn kennen gelernt, als sie eines Nachmittags in einem Café saß und an ihrem Tagebuch schrieb. Matt fing eine Unterhaltung mit ihr an, und seitdem gehen sie zusammen. Sie hat ihre Wut auf ihre Eltern losgelassen, und dadurch fühlt sie sich wie ein neuer Mensch. Judy macht ihre Übungen weiter, aber es fällt ihr leicht, sich glücklich zu sehen – weil sie es ist.

Heute verwirrt die Kindheit Judy nicht mehr, und sie nimmt sie an. Zyniker würden sagen, dass es nicht möglich ist, die Vergangenheit loszulassen, es sei denn, man hat jahrelang über sie geredet. Aber das stimmt nicht. Manchmal macht es uns nur traurig und deprimiert, wenn wir etwas, das wir nicht ändern können, immer wieder durchkauen. Jeder positive Schritt, den wir tun, verbessert unsere aktuelle Situation und erzeugt das gute Karma, das aus Liebe und Vergebung erwächst. Das Reden über die Vergangenheit kann heilsam sein; sie zu Tode reiten, ohne mit ihr abzuschließen, ist destruktiv. Wir können uns die Themen ansehen, die bei uns zu einer Disharmonie geführt haben, und so mehr Gleichgewicht in unser Leben bringen. Aber irgendwann wird es destruktiv, denn wir finden keine innere Ruhe mehr. Es hält uns davon ab, die Gegenwart und die Zukunft zu genießen. Und es sorgt dafür, dass ständig Bumerangalarm herrscht. Denn wieder und wieder fällt unsere Wut zu uns zurück. Die oben beschriebene einfache Meditation »Selbstwertgefühl aufbauen« wird Ihnen mehr helfen, als Sie sich vorstellen können. Probieren Sie es aus – die Ergebnisse werden Sie überzeugen.

Setzen Sie ein Stopp

Eines Abends besuchte Lawrence mich in meiner Wohnung, und wir unterhielten uns lange darüber, wie gefährlich es sein kann, in der Vergangenheit zu leben. »Die Vergangenheit ist eine Serie von Erinnerungen. Wir können unser Gefühl zu diesen Erinnerungen genauso verändern wie unsere Blickrichtung. Mein Kind, du musst den Menschen klar machen, welche negativen Folgen es hat, wenn sie in der Vergangenheit leben. Es kann nur Verzweiflung dabei herauskommen und, wenn es extrem wird, psychische Störungen oder Wahnsinn. Die Freude ist den Menschen oft vor allem deshalb abhanden gekommen, weil sie meinen, wegen vergangener Ungerechtigkeiten müssten sie unglücklich sein. Das gleicht der Katze, die dem eigenen Schwanz hinterherjagt. Ich glaube, dass das beste Mittel gegen diese Krankheit darin besteht, einfach die Gedanken zu stoppen, sobald man feststellt, dass sie sich mit der Vergangenheit beschäftigen. Du hörst mit diesen Gedanken auf, atmest tief und denkst an eine wunderschöne Szenerie: einen Sonnenuntergang, das Meer, einen Berggipfel, ein lachendes Kind, ein knisterndes Feuer im offenen Kamin – was immer du willst. Der Verstand kann nicht zwei Gedanken gleichzeitig denken. Es ist ein bisschen wie bei den Alchemisten, die billiges Metall in Gold verwandelten: Das Bild mit der vergangenen Ungerechtigkeit wird durch etwas Schönes ersetzt, das *jetzt* da ist. Das ist einfach, ja, aber sehr wirkungsvoll. Probier es aus!«

Karma und »Zebrastreifen«

»Ich weiß, dass er sich ändern kann, wenn ich ihm dabei helfe.« – »Sie braucht nur meine Liebe, dann kommt sie von ihrer Alkoholsucht los.« – »Ach, ich weiß, dass Tony immer schon mit jeder Frau ins Bett gestiegen ist. Aber ich glaube ihm, wenn er sagt, dass er mich liebt und jetzt zum ersten Mal einer Frau ganz treu sein wird. Wenn er mit mir zusammen ist, ist er ein völlig anderer Mensch.« – »Ich weiß, dass Bill es zwanzig Jahre lang nicht geschafft hat, länger als ein paar Monate in einem Job zu bleiben, aber ich bin sicher, dass er seine jetzige neue Stelle behält, wenn ich ihn nur immer weiter liebe.« – »Sarah denkt nur, sie wäre lesbisch. Sie muss einfach mal die wahre Liebe mit einem Mann wie mir erleben.«

Das sind nur ein paar Beispiele von vielen, die ich im Lauf der Jahre wieder und wieder von meinen Klienten gehört habe. Die Leute meinen, sie könnten die Veranlagung eines Menschen ändern. Geben Sie es auf! Sie können die »Zebrastreifen«, die die Natur eines Menschen bilden, nicht ummodeln. Nur der Betreffende selbst kann die Charakteristika seiner Seele verändern. Es kann nie schaden, einem anderen helfen zu wollen, aber zu meinen, man wüsste besser als er, was gut für ihn ist, ist eine Anmaßung. Es ist egoistisch und nutzlos zu glauben, Sie könnten oder sollten irgendjemanden ändern. Jeder kann nur die eigenen schlechten Gewohnheiten ändern, und dabei können andere uns unterstützen. Aber es gibt einen entscheidenden Unterschied zwischen Gewohnheiten und Veranlagungen. Veranlagungen sind die »Zebrastreifen«, die den Charakter eines Menschen festlegen. Sie sind Tätowierungen, die sich nur durch eine Hauttransplantation entfernen lassen.

»Zebrastreifen« erkennen

Eine angeborene Veranlagung bzw. ein »Zebrastreifen« ist ein Verhalten, das sich von klein an konstant in einem Menschen zeigt:
- Gewohnheitsmäßiges Lügen, auch wenn es keinen Grund dafür zu geben scheint.
- Versprechungen nie einhalten.
- Das Bedürfnis nach mehreren Sexualpartnern, auch wenn eine glückliche Beziehung besteht.
- Geheimniskrämerei.
- Süchte, die das vernünftige Denken beeinträchtigen.
- Keine echte Reue, egal wie oft andere verletzt worden sind.
- Die Unfähigkeit, an einem Arbeitsplatz zu bleiben.
- Sexuelle Orientierung.

Wenn jemand Ihnen zum Beispiel sagt, er sei schwul, dann ist er schwul. Es ist völlig in Ordnung, schwul zu sein; es kann ein wesentlicher Teil der Veranlagung sein. Wenn umgekehrt eine Frau Ihnen sagt, sie sei hetero, und Sie gedacht haben, sie sei eine Lesbe, ist es nicht Ihre »karmische Pflicht«, sie auf den »rechten« Weg zu bringen. Wenn jemand Ihnen erzählt, er sei noch nie einem Partner treu gewesen, sollten Sie ihm glauben. Und wenn jemand verkündet, er habe gar nicht die Absicht, seinen übermäßigen Alkoholkonsum einzuschränken, dann tut er es auch nicht!

Karma und Kundalini

Kundalini ist das Sanskritwort für die hinduistische Vorstellung, dass am unteren Ende der Wirbelsäule eine schlangenähnliche Kraft ruht. Sie bewegt sich die Wirbelsäule hinauf und entlädt sich auf verschiedene Weise, etwa durch den rein körperlichen Akt der sexuellen Vereinigung, durch die Äußerung von Zärtlichkeit oder durch eine künstlerische Leistung. Liebe, Kreativität und spirituelle Ambitionen setzen sie in Harmonie mit der Natur frei.

Wir können lernen, unsere Kundalini-Energie so zu kanalisieren, dass sie sich kreativ äußert – nicht indem wir sie unterdrücken, sondern indem wir sie umlenken. Tun wir dies auf die richtige Weise, äußert sie sich schöpferisch, etwa als Musik, bildende Kunst oder Dichtung. Wird sie falsch angewandt, kann sie unsere Psyche anknacksen; ein Beispiel dafür ist die ausschließliche Beschäftigung mit der Sexualität und die Überbetonung der niederen Natur des Menschen. Denn wir haben ein körperliches und ein spirituelles Selbst. Das spirituelle Selbst wird auch als »höherer Körper« bezeichnet. Das Physische repräsentiert die niedere Natur. Wir haben die Wahl, wohin wir die Kundalini, diese heilige Energie, lenken. Wenn unser Geist auf Liebe, Schönheit und Dienen eingestellt ist, fließt die Kundalini ungehindert und harmonisch.

Lawrence hat mir einen kleinen Vortrag über Sex und Energie gehalten. »Der sexuelle Instinkt wurzelt in der Angst des Menschen vor der Einsamkeit. Die Kundalini-Kraft ist ein leidenschaftliches, schöpferisches Feuer, das in jedem von uns brennt. Der Missbrauch dieser Kraft zieht das übermäßige Interesse an der Sexualität nach sich. Viele frustrierte Menschen tun nicht die schöpferische Arbeit, die sie eigentlich tun sollten, und finden sich deshalb in sexuellen Begegnungen wieder, die ihnen letztendlich nichts bedeuten. Solche rein sexuellen Affären können die innerlich aufgestaute Lebensenergie freisetzen, aber weil die Liebe fehlt, empfinden sie trotzdem nur Leere. Oft werden sie depressiv, weil die Kundalini-Energie, die bei diesen Begegnungen verbraucht wird, in die falsche Richtung gegangen ist. Leere und Verzweiflung aber bringen schlechtes Karma, denn wertvolle Lebensenergie wurde vergeudet. Die Menschen müssen lernen, diese Energie so zu lenken, dass Liebe und Gleichgewicht die Folgen sind, im privaten ebenso wie im beruflichen Bereich. Diese Neuausrichtung der Energie bringt gutes Karma, denn sie ist dazu verwendet worden, etwas zu erschaffen.«

Dann setzte er hinzu: »Wenn zwei spirituell gesinnte Seelen sich ineinander verlieben, kommt es zu einer fruchtbaren Verschmelzung von Seele und Körper. Wir müssen neu darüber nachdenken, ob Sex nicht doch mehr ist als ein entspannender Zeitvertreib. Die weite Verbreitung von Geschlechtskrankheiten weist warnend darauf hin, dass ein Ungleichgewicht entstanden ist. Die sofortige Befriedigung ist nichts als ein flüchtiger Nervenkitzel. Und was ist zu tun? Die Menschen müssen sich prüfen. Jeder kann entscheiden, wohin er die Energie lenkt, die er in sich hat. Wird sie schöpferisch, indem sie für wahre, liebevolle Beziehungen, Musik, Kunst, Schriftstellerei oder den Dienst an anderen verwendet wird? Oder wird sie vergeudet, weil jemand nichts als Sex im Hirn hat und sich von seiner niederen Natur beherrschen lässt?« Er unterbrach seine Tirade und wartete auf meine Antwort.

Ich sagte ihm, mir würden die vielen Leute Kopfzerbrechen bereiten, die mich aufsuchten, weil sie Probleme mit der Sexualität hätten. Nicht wenige waren durcheinander, weil sie dachten, die Sexualität wäre die Ursache für ihr Unglücklichsein. In Wirklichkeit wollten sie mit ihren Fähigkeiten etwas zur Welt insgesamt beitragen. Da sie im Grunde nur halb lebendig waren, gab der Sexualakt ihnen für einen kurzen Augenblick ein Gefühl von Ganzheit, aber dann war die Leere auch schon wieder da – ein Teufelskreislauf. Eine Erklärung der Kundalini würde, so meinte ich, vielen Leuten zu einem erfüllteren Leben verhelfen, in dem sie eine kreative Arbeit und innige Beziehungen hätten.

»Sex kann wunderschön sein, wenn er ein Ausdruck der Liebe ist«, meinte Lawrence zum Abschluss unserer Unterhaltung. Als ich über das Gehörte nachdachte, fiel mir die Geschichte meines Freundes James ein.

James, Talent und Kundalini

Ich lernte James im Sommer 1989 kennen, als ich in einer kleinen Touristenstadt auf Cape Cod Urlaub machte. Ich war mit einer Gruppe von Freunden unterwegs, und wir stoppten bei einer kleinen Pianobar, um ihn spielen zu hören. Er war ziemlich bekannt, und deshalb war es pickepackevoll. James schien um die dreißig zu sein, sah auf jungenhafte Weise gut aus und strahlte einen unbeschwerten Charme aus. Um sein großes Piano standen Stühle herum, und mehrere Frauen wetteiferten um die Plätze, die ihm am nächsten waren. James nahm von allen Stammgästen freundlich Notiz, spielte, was sie sich wünschten, und hielt zwischen den Stücken ein Schwätzchen mit ihnen.

Ich habe jahrelang Musik studiert und war professionelle Sängerin, und deshalb verstehe ich eine Menge von Musik. James fing mit einer Reihe von Melodien aus Shows und anderen Klassikern an, brach dann aus und spielte »Rhapsodie über ein Thema von Paganini« von Rachmaninow, gefolgt von Brahms' »Intermezzo«. Er endete mit einer der besten Interpretationen von Gershwins »Rhapsody in Blue«, die ich je gehört hatte. Sein enormes Talent verschlug mir den Atem.

Als James eine Pause machte, wurden wir einander vorgestellt. Ich mochte ihn sofort, und wir verabredeten uns zum Mittagessen. Wir wurden schnell Freunde, und er erzählte mir, er habe seinen Abschluss in Musik in Juilliard gemacht. Sein Traum war es gewesen, klassischer Pianist und Komponist zu werden. Er hatte die Hochschule beendet, etwa ein Jahr lang Konzerte in kleinen Sälen außerhalb von New York gegeben, und bekam dann den Job in der Pianobar von Cape Cod angeboten. James nahm ihn an, weil er das Hin und Her satt hatte und unbedingt ein regelmäßiges Einkommen haben wollte; er hatte geplant, nur sechs Monate zu bleiben, aber jetzt machte er den Job schon seit sieben Jahren. Ich spürte sofort, dass er ziemlich down war, weil er nicht seinem wahren Talent und seinem Herzensanliegen folgte. Gleichzeitig sah ich, dass er sich über sich selbst ärgerte, weil er immer wieder letztendlich leere sexuelle Begegnungen hatte.

Als ich James erzählte, was ich sah, wunderte er sich nicht. »Du hast den Nagel auf den Kopf getroffen«, meinte er. Er vertraute mir an, er fühle sich nur dann ein bisschen besser, wenn er Sex hatte. Dann fühlte er sich einen Augenblick lang lebendig, aber sofort danach war die Leere wieder da, und er kam sich vor wie ein Egoist. Er wollte niemanden verletzen, aber er schien einfach nicht mit diesen flüchtigen sexuellen Abenteuern aufhören zu können.

So sanft wie möglich sagte ich: »James, du verbrennst innerlich, weil du deine schöpferische Kraft nicht in die richtigen Bahnen lenkst. Deine unterdrückte Kreativität versucht, sich zu äußern. Im Grunde bist du auf die starke Verbundenheit aus, die die Kreativität dir bringt – das Gefühl, mit der Gotteskraft in dir verbunden zu sein. Du bist verwirrt, und deshalb suchst du in der falschen Richtung. Du hast immer weiter sexuelle Begegnungen, die dir wenig oder nichts bedeuten, weil du dann einen Augenblick lang die Verbundenheit spürst. Aber es ist eine vorübergehende Verbundenheit, und deshalb bist du hinterher noch trauriger als vorher.«

James fing an zu weinen. Meine Worte hatten ins Schwarze getroffen. An diesem Tag legte James sich selbst gegenüber das Versprechen ab, sich bewusst um eine Änderung seines Lebens zu bemühen. Er wollte sich darauf konzentrieren, seine Energie auf kreative Aktivitäten zu lenken. Er wollte versuchen, eine Frau zu finden, die ihn sexuell anzog, die aber auch seine Leidenschaft für die Musik teilte. James und ich sind jetzt seit zwölf Jahren befreundet. Drei seiner Kompositionen sind veröffentlicht worden, und er hat sie in den USA und Europa aufgeführt. Er ist heftig in eine junge Frau verliebt. Er beschreibt sie als seine beste Freundin, seinen größten Fan und seine einzige Geliebte.

»Es war kein leichter Weg, aber was für ein Ding. Es geht einfach immer besser und besser«, erzählte er mir bei unserem letzten Gespräch. James ist sehr dankbar für alles, auch für seine psychische Gesundheit. Er versteht jetzt, wie tief greifend es wirkt, wenn die sexuelle Kraft und die Energie auf Kreativität und wahre Liebe gelenkt werden.

Nehmen Sie ein *rosa* Karteikärtchen und schreiben Sie:

Die Kundalini-Energie fließt dahin, wohin die Gedanken gehen. Denk an Schönheit, Harmonie, Gleichgewicht, Dienen, dann wird der Weg kristallklar.

Stecken Sie dieses Kärtchen in Ihr Portmonee, benutzen Sie es als Lesezeichen oder stellen Sie es gerahmt auf Ihren Schreibtisch. Denken Sie daran: Die Kundalini-Energie kann zu psychischen Störungen führen, wenn sie nicht in die richtige Richtung gelenkt wird. Sie ist kein Spielzeug, sondern eine heilige Kraft, die uns vital und kreativ machen kann. Anders gesagt: Spare in der Zeit, so hast du in der Not.

Karmische Beziehungen

Die sexuelle Anziehung kann sehr stark sein, aber ohne emotionale Verbundenheit führt sie leicht zu Chaos im Kopf. Die Leute meinen, sie wären verliebt, aber sehr oft erweist die Zeit, dass es nicht Liebe, sondern körperliche Anziehung war. Wenn der Sex jedoch mit Liebe einhergeht, ist die Beziehung nicht nur körperlich, sondern auch spirituell. Sie ist eine Verschmelzung der Seelen.

Diese Art Liebe hat mit vergangenem und gegenwärtigem Karma zu tun. Wir hatten schon in einem früheren Leben mit unserem Liebsten eine Beziehung. Diese unterbewusste Verbindung trägt zur allgemeinen Stabilität der Beziehung bei. Wir haben das Gefühl, den anderen besser zu kennen, als anhand der gegenwärtigen Beziehung erklärbar ist. Natürlich haben nicht alle Verbindungen aus früheren Leben Freude und Harmonie im Gepäck. Manchmal zahlen wir karmische Schulden ab. Beispiel: In einem früheren Leben haben Sie eine Seele betrogen, und jetzt werden Sie betrogen. Aber prüfen Sie immer erst Ihr Verhalten in diesem Leben, bevor Sie herauszufinden versuchen, ob Sie jetzt das Karma aus einem früheren Leben ernten.

Haben wir einen Seelengefährten?

Der Wunsch, sich mit einem anderen Menschen in einer verbindlichen, romantischen Liebesbeziehung zu vereinigen, gehört zu den tief verwurzelten Bedürfnissen, die jeder von uns von Geburt an hat. 90% meiner Klienten möchten wissen, wie und wann sie ihre wahre Liebe finden werden oder ob sie sie vielleicht schon gefunden haben. Zur Beschreibung des anderen in diesen Zweier-Liebesbeziehungen wird gewöhnlich der Begriff »Seelengefährte« verwendet. Aber die Wahrheit ist: So etwas wie einen Seelengefährten gibt es nicht.

Ich möchte hier die Unterhaltung wiedergeben, die ich mit Lawrence über dieses Thema hatte. Ich erhielt von ihm die Aufforderung, nach Edgartown auf Martha's Vineyard zu fahren. Es war das dritte Mal, dass er dieses Gebiet für ein Treffen auswählte. Es war in der Nebensaison, sodass die Insel ruhig war und ich keine Schwierigkeiten hatte, mein Lieblingszimmer im Daggett House zu buchen.

Lawrence bat mich, ihn in einem herrlichen Garten namens My Toi auf Chappaquiddick zu treffen, eine kurze Fährstrecke von Edgartown entfernt. Wie gewöhnlich sprachen wir über vieles. An einem Punkt der Unterhaltung kam der Begriff »Seelengefährte« auf, und Lawrence sagte: »Die Seelengefährten-Hypothese kann als die Überzeugung beschrieben werden, dass es irgendwann zu einer Spaltung kam, bei der das körperliche und das spirituelle Wesen eines Menschen voneinander getrennt wurden. Als Folge dieser Spaltung kann kein Mensch für sich allein vollständig sein. Die Anhänger dieser Theorie meinen, sie müssten sich mit der anderen Hälfte ihres Selbst wieder vereinigen, um vollkommen zu werden. Das ist ein trauriges Missverständnis. Jeder Mensch ist in sich ganz und vollständig. Das bestätigen auch die Reinkarnation und das Karma. Eine romantische Verliebtheit wird sehr oft mit dem Wunsch verwechselt, die andere Hälfte bzw. den Seelengefährten zu finden.«

Alle Liebesbeziehungen sind Verbindungen aus früheren Leben, die erneuert werden. Auf Grund der gemeinsamen Geschichte sind die Intensität und die Verbundenheit zwischen diesen beiden Seelen stärker. Man kann dies mit dem Unterschied zwischen einer zwanzigjährigen Freundschaft und einer mehrwöchigen Bekanntschaft vergleichen. Solche Beziehungen haben nichts mit einem Seelengefährten zu tun. Sie sind karmisch.

Oft wird die sexuelle Anziehung fälschlich für wahre Liebe gehalten. Eine solche Leidenschaft kann kreativ oder destruktiv sein. Eine glückliche, ausgeglichene, verbindliche Liebesbeziehung braucht als stabile Grundlage gegenseitiges Vertrauen, Respekt, Freundschaft *und* sexuelle Anziehung. (Ich glaube, die meisten von uns haben diese Zielvorstellung, wenn sie von »Seelengefährten« sprechen.) Tatsache ist, dass es auf dieser Erde jederzeit viele Menschen gibt, mit denen wir eine tiefe Bindung eingehen könnten. Für deren Erfolg oder Misserfolg spielt das Karma tatsächlich eine Rolle. Aber nicht immer lassen Probleme »von früher« unsere Herzensangelegenheiten scheitern. Die Charakterzüge, die wir in dieses Leben mitbringen, beeinflussen unsere Entscheidungen und unsere Reaktionen. Auch unsere Kindheit hat viel mit unserem gegenwärtigen Karma in allen Beziehungen zu tun.

Kathy baut ihre Zukunft auf

Kathy, eine meiner Klientinnen, war vier Mal verheiratet. Bei jeder Ehe war sie sicher, an ihren einzigen wahren Seelengefährten geraten zu sein. Nach jeder Scheidung war sie am Boden zerstört. Kathy war freundlich und hübsch; sie interessierte sich für Kunst und liebte Literatur und Musik. Da sie den größten Teil ihres Lebens damit zugebracht hatte, in Ehen ein- und auszusteigen, war es jetzt Zeit für Aktivitäten, die harmonisch und anderen nützlich waren.

Ich sprach unmittelbar nach dem Ende ihrer vierten Ehe zum ersten Mal mit ihr. Ich konnte ihr ein paar tief sitzende Kindheitstraumata aufzeigen. Ihr Vater war gestorben, als sie drei war, und der Stiefvater hatte Kathy und ihre Mutter verlassen, als sie zehn war. Die Mutter, die unbedingt einen anderen Mann finden wollte, hatte ständig irgendwelche Verabredungen und überließ die kleine Tochter sich selbst. Kathy bekam riesige Angst vor dem Alleinsein. Sie glaubte, ihr Glück und ihre Sicherheit würden davon abhängen, dass sie einen Mann fand, den sie heiraten konnte.

Kathys Mutter starb, ohne ihre »wahre Liebe« gefunden zu haben. Noch auf dem Sterbebett setzte sie ihrer Tochter zu: »Du wirst nur dann glücklich, wenn du verheiratet bist.« Irgendwann auf ihrem Lebensweg hatte Kathy die Seelengefährten-Theorie aufgelesen, ohne sie je ganz zu verstehen. Im Grunde suchte sie nach einer Möglichkeit, ihr Alleinsein zu beenden. Ihr Irrtum war die Überzeugung, äußere Beziehungen würden Sicherheit und Glück garantieren. Aber erst einmal musste sie *in sich* ein stabiles Fundament aufbauen. Sobald sie das hatte, würde sie einen Mann anziehen, der seelisch reif und mit ihr in Harmonie war. Sie musste die Werkzeuge finden, die ihr halfen, ihr unterentwickeltes Selbstwertgefühl zu stärken.

»Vielleicht ist es mein Karma, nie meine wahre Liebe zu finden«, meinte sie seufzend.

»Kathy«, erklärte ich ihr, »Sie dürfen nicht das Karma dafür verantwortlich machen, dass Sie sich diesen oder jenen

Ehemann ausgesucht haben. Es war Karma, dass Sie nie eine gute Vaterfigur kennen gelernt haben und dass Ihre Mutter gestorben ist. Sie können die Vergangenheit nicht ändern. Lernen Sie aus ihr, dann erzeugen Sie neues, gutes Karma. Entwickeln Sie Ihre Fähigkeit, den Charakter eines Menschen zu beurteilen. Nehmen Sie sich die Zeit, Ihre eigenen guten Eigenschaften zu erkennen.«

Aus ihrer letzten Scheidung stand Kathy so viel Geld zur Verfügung, dass sie eine Zeit lang nicht zu arbeiten brauchte. Sie gab zu, dass die Basis ihrer vorherigen Ehen immer die sexuelle Anziehung gewesen war.

»Offenbar reicht das allein als Grundlage für ein gemeinsames Leben nicht aus«, meinte ich. Kathy lachte zustimmend. Sie war auch erleichtert, dass die Zahl ihrer möglichen »Seelengefährten« noch nicht aufgebraucht war.

Es gelang ihr tatsächlich, einen großartigen Mann anzuziehen. Aber erst musste sie hart an ihrer eigenen inneren Kraft arbeiten. Heute haben Kathy und ihr Mann zwei Kinder, und Kathy bringt ihnen bei, unabhängig, stark, liebevoll und freundlich zu sein.

Liebe, Sex und Internet

Das Aufkommen des Internet hat nicht nur die Geschäftswelt, sondern auch unser Privatleben umgekrempelt. In den Achtziger- und auch noch bis weit in die Neunzigerjahre hinein hatten viele meiner Klienten Fragen zu Verabredungen, zu denen es durch ein Inserat gekommen war. Ich weiß nicht mehr, wie oft die Leute mich fragten, ob sie ihre wahre Liebe kennen lernen würden, wenn sie auf eine Anzeige antworten würden. Manchmal hat diese Methode tatsächlich etwas gebracht – aber nur, weil es das Karma des Betreffenden war, auf diese Weise einen passenden Partner zu finden.

Heute steht das Durchforsten des Cyberspace als gleichberechtigtes Medium neben Zeitungsannoncen, Singletreffs und Heiratsinstituten. Manche Leute nutzen das Netz als Kennenlernservice, andere als moderne Version des Telefonsex – man hat Sex, ohne sich persönlich zu begegnen. Fast täglich werde ich gebeten, Fragen zu Internet-Chatrooms hellsichtig zu beantworten.

Hier ein paar Beispiele für das, was ich in puncto Internet zu hören bekomme oder gefragt werde: »Welches Karma handelt man sich ein, wenn man den Partner per PC betrügt?« – »Finde ich meine wahre Liebe, wenn ich im Netz suche?« – »Warum fällt es mir so viel leichter, mein Herz auszuschütten, wenn ich maile?« – »Soll ich einen Cyberschnüffler anheuern, um die E-Mails meines Mannes zurückzuholen?« – »Seit mein Vater tot ist, ist meine Mutter süchtig nach Chatrooms. Ist das gesund?« – »Finden Sie es merkwürdig, dass meine Frau mitten in der Nacht aufsteht und stundenlang online geht?« – »Ich hatte noch nie solche Gefühle zu jemandem. Ich weiß, dass wir uns nie persönlich begegnet sind, aber die E-Mails sind wundervoll. Ist das eine Verbindung aus einem früheren Leben?«

Patty lernt, dass E-Mails noch keine Beziehung sind

Patty ist 24. Sie hat ziemliches Übergewicht, was ihr sehr zu schaffen macht. Vor ein paar Jahren hat Patty damit angefangen, Männer in Internet-Chatrooms kennen zu lernen.

Es war eine Möglichkeit, Beziehungen aufzubauen, ohne sich von Angesicht zu Angesicht begegnen zu müssen, denn sie hatte entsetzliche Angst davor, wegen ihres Dickseins abgelehnt zu werden. Als Patty zu mir kam, war sie völlig verzweifelt und erzählte mir die folgende Geschichte.

Patty korrespondierte über ein Jahr lang im Internet mit Mark, bevor sie den Mut hatte, ihn an einem öffentlichen Ort zu treffen. Die erste Begegnung fand in einem Café eine Stunde von ihrer Wohnung entfernt statt. »Sobald unsere Augen sich trafen, wusste ich, dass ich verliebt war. Wir unterhielten uns zwei geschlagene Stunden lang, und er sagte mir, er würde mich auch lieben. Dann nahm er meine Hand und bat mich, mit ihm ins Bett zu gehen«, erzählte sie.

Sie landeten in einem Motel. Sie hatte vorher nur eine einzige sexuelle Erfahrung gehabt. Patty hatte das Gefühl, dass sie sich aus Liebe hingab. Mark machte sie glauben, dass er sie liebte und so akzeptierte, wie sie war. Als er ging, sagte er, er würde sie sehr bald besuchen. Patty war ein bisschen sauer auf sich selbst, weil sie so schnell mit ihm ins Bett gestiegen war, aber sie redete sich ein, es wäre vorherbestimmt gewesen.

Als sie wieder zu Hause war, schickte sie Mark eine E-Mail. Eine Antwort kam nie, und ein paar Tage später änderte er seine E-Mail-Adresse. Patty wurde depressiv. Ihr Besuch bei mir gehörte zu den wenigen Gelegenheiten, bei denen sie ihre Wohnung überhaupt noch verließ. »Er hat mir gesagt, dass er mich liebt«, schluchzte sie immer wieder, während sie sich das Herz aus dem Leib weinte. Patty erntete das Karma für ihr Verhalten. Sie hatte ihre Hausaufgaben nicht gemacht. Sie hätte sich die Zeit nehmen müssen, Marks wahren Charakter kennen zu lernen.

»Sie können von Glück reden, dass nichts Schlimmeres passiert ist. Er hätte ein Mörder sein können oder ein Perverser oder jemand, der Sie mit einer Geschlechtskrankheit ansteckt. E-Mails sind noch keine Beziehung«, erklärte ich ihr. Ich sagte ihr voraus, dass sie einen netten jungen Mann finden würde. Nicht das Internet war das Problem, sondern ihr Mangel an Selbstwertgefühl und Unterscheidungsvermögen. Ich sagte ihr, sie solle sich ein *Die-Macht-des-Karmas*-Tagebuch kaufen, und erläuterte ihr die Übungen »Unterscheiden lernen«. Sie hat Herrn Richtig noch nicht getroffen, aber sie ist dabei, zu einer Expertin in der Kunst des Unterscheidens zu werden. Ich weiß, dass Patty zu gegebener Zeit dem Richtigen begegnen wird, und sie weiß es auch. Denn weil sie die Kunst des Unterscheidens praktiziert, arbeitet sie aktiv an ihrem guten Karma.

Mikes Geheimnis

Als Mike zu mir kam, war er in heller Aufregung. Er meinte, seine Frau habe eine Internet-Affäre, konnte es aber nicht beweisen. Wahrscheinlich dachte er, ich wäre so etwas wie ein hellsichtiger Sherlock Holmes und könnte das Rätsel lösen. In diesem Fall war es wirklich kinderleicht. Die Hinweise waren sogar so deutlich, dass Holmes den Fall wahrscheinlich gar nicht angenommen hätte. Er hätte Mike gezwungen, den Tatsachen ins Auge zu sehen.

Mikes Frau hatte keine sexuellen Beziehungen mehr mit ihm. Sie blieb bis mindestens vier Uhr morgens auf und saß vor dem Computer. Eigentlich hatten die beiden ein gemeinsames Passwort, aber seine Frau hatte das geändert. Als Mike sie nach dem Grund fragte, fertigte sie ihn mit einem knappen »Ich will einfach mein eigenes haben« ab. Mike sagte, er habe Schuldgefühle, weil er ja keine Beweise hatte, aber das Verhalten seiner Frau vermittelte ihm das Gefühl, dass etwas nicht in Ordnung war.

»Ich sehe, dass Ihre Frau seit über einem Jahr keinen Sex mehr mit Ihnen hatte. Meinen Sie nicht, dass das ziemlich lange ist? Schließlich finden Sie sie ja immer noch sehr attraktiv.« Ich wartete auf seine Reaktion.

»Es ist nicht so, dass ich es nicht versucht hätte«, erwiderte er traurig.

»Mike, ich glaube nicht, dass Ihre Frau jede Nacht bis vier Uhr morgens im Internet shoppen geht. Was sollte sie sonst machen, als Chatrooms zu besuchen? Ich wünschte, ich könnte Ihnen sagen, sie würde ein Internet-Fernstudium machen, aber das sehe ich nicht. Ich denke, Sie täten gut daran, sich diesem Problem hier und jetzt zu stellen.«

Er schwieg einen Augenblick und meinte dann: »Was halten Sie denn von Chats im Internet? Viele Leute betrachten es nicht als Untreue, weil der körperliche Kontakt fehlt. Ich weiß einfach nicht, wie ich damit umgehen soll. Irgendwie ist es doch verrückt, auf einen Computer eifersüchtig zu sein.«

»Und was ist mit der seelischen und geistigen Treue? Deren Verletzung bedeutet schweres Karma, denn die seelischen und geistigen Verbindungen bestehen in zukünftigen Leben weiter. Der Körper stirbt, aber der Geist lebt weiter. Die neue Technologie wirft neue karmische Fragen auf, über die wir nachdenken müssen: Kann Tippen untreu machen? Können E-Mails ein Scheidungsgrund sein? Wir wissen, dass nichts stirbt, aber wer weiß schon, dass nichts je gelöscht werden kann? Es ist verrückt. Aber das Internet ist nun einmal da.« Ich hielt inne.

»Ich wünschte, es wäre nie erfunden worden«, presste Mike bitter heraus.

»Jeder entscheidet selbst, wie er es nutzt«, fuhr ich fort. »Wenn Sie es für die Untreue Ihrer Frau verantwortlich machen, ist das, als würden Sie einer Welle die Schuld am Tod eines Mannes geben, der sich in unerforschte Gewässer hinausgewagt hat.« Ich machte eine kurze Pause und ergänzte dann: »Ich glaube, dass es in Ihrer Ehe ein paar echte Probleme gibt und Sie ihnen auf den Grund gehen sollten, indem Sie mit Ihrer Frau reden. Die Dinge laufen schon lange genug so. Gehen Sie nach Hause und reden Sie mit ihr.«

Ich sagte ihm an diesem Tag nicht, dass ich in seiner Zukunft eine Scheidung sah. Er musste den Problemen ins Auge sehen, seine Frau zur Rede stellen und versuchen, eine Lösung zu finden. Ich wollte nicht, dass er sich mit einem Gefühl der Hoffnungslosigkeit daranmachte, die Situation zu bereinigen. Wenn das Karma ihrer Beziehung abgekürzt wurde, würde es sich in einem zukünftigen Leben wiederholen. Das Karma würde einen Weg finden, ihre unglückliche Ehe aufzulösen.

Ich fragte mich, ob Mike in allen Lebensbereichen so naiv war.

»Manche Dinge sind einfach so schmerzlich, dass man sie sich erst dann eingesteht, wenn sie unerträglich werden. Man hofft einfach immer noch, dass man Unrecht hat, denn die Wahrheit tut zu weh«, meinte Mike mit Tränen in den Augen. »Sie müssen mich wirklich für einen Idioten halten«, fügte er hinzu.

»Ich denke, Sie sind zu mir gekommen, damit ich Ihnen bestätige, was Sie schon wissen. Das ist nicht dumm – es ist vernünftig. Ich glaube, dass Sie in Bezug auf den Charakter anderer Menschen zu naiv sind, und das kann ins Auge gehen. Versuchen Sie zu lernen und selbstzerstörerische Verhaltensmuster nicht zu wiederholen. Sie wollen doch nicht auf Dauer verletzt werden«, sagte ich.

Nach fast einem Jahr kam Mike wieder. Er hatte sich von seiner Frau getrennt. Sie waren zusammen zu einem Therapeuten gegangen, aber seine Frau wollte ihren Cybersex nicht aufgeben. Sie weigerte sich zuzugeben, dass es der falsche Weg war. Sie meinte, solange es keine körperliche Beziehung gebe, betrüge sie ihren Mann nicht. Mike tat ihr Verhalten so weh, dass er ihre PC-Sessions nicht mehr miterleben wollte. Er zog nach sechs Monaten aus. Heute ist er immer noch traurig, aber auch erleichtert. »Ich konnte doch nicht mit einem Computer um die Zuneigung meiner Frau kämpfen«, meinte er lächelnd.

»Mike, nicht der Computer betrügt, sondern der Mensch«, sagte ich, als er an diesem Tag ging.

Nehmen Sie drei *rosa* Karteikärtchen und schreiben Sie:

1. Nicht der Computer betrügt, sondern der Mensch.
2. E-Mails sind keine Beziehung.
3. Niemand stirbt, und nichts kann gelöscht werden.

Sie können nicht ohne Nahrung oder Wasser leben, aber Sie können ohne Sex leben. Sex kann wunderschön sein, aber seine Schönheit bleibt nur lebendig, wenn das Fundament der Beziehung die Liebe ist. Denken Sie nach, bevor Sie handeln. Wenn jemand Sie anzieht, der absolut klasse zu sein scheint – super! Aber lassen Sie sich *mindestens* vierzig (oder, wenn möglich, vierzig mal vierzig) Tage Zeit, bis Sie eine sexuelle Beziehung mit ihm anfangen. Sollten Sie einen Menschen nicht kennen lernen, bevor Sie zulassen, dass die Beziehung intim wird? Ist Sex so wichtig, dass Sie bereit sind, Ihr Leben für ihn aufs Spiel zu setzen? Wir alle brauchen Zuneigung, aber die können wir auch ohne sexuelle Begegnungen haben. Die Gotteskraft lebt in uns allen. Wir sind nie allein. Wenn wir uns daranmachen, allen, denen wir begegnen, zu dienen und sie bedingungslos zu lieben, wird Sex zur Nebensache. Und es fällt uns nicht schwer, auf den richtigen Menschen zu warten, mit dem wir unsere Liebe spirituell und sexuell äußern können.

Nehmen Sie ein *rosa* Karteikärtchen und schreiben Sie:

Du kannst nicht ohne Nahrung oder Wasser leben, aber du kannst ohne Sex leben.

5. Karma und Geld

Ich glaube, in den letzten 20 Jahren ist kein einziger meiner Klienten aus einer Sitzung hinausgegangen, ohne das Thema Geld angesprochen zu haben. Jeder hat irgendwelche finanziellen Fragen. Die Thematik reicht von dem Problem, wie man eine Ausbildung, eine Arztrechnung oder die Schulden bei der Bank zahlen soll, bis zur Bitte um Anlageberatung (ich bin Hellseherin, nicht Börsenmaklerin!). Viele Leute wollen wissen, ob sie irgendwann reich werden. Die Reichen fragen, ob ich sehe, dass sie reich bleiben – oder noch reicher werden.

Seit Adam und Eva aus dem Garten Eden vertrieben wurden, gehört das liebe Geld zum Karma der Welt. Die Gier der beiden führte dazu, dass wir unseren Lebensunterhalt verdienen müssen. Bevor das Geld als Zahlungsmittel aufkam, war der Tauschhandel verbreitet. Man tauschte Fleisch gegen Obst, Holz gegen Felle oder Arbeit gegen Essen – ein relativ einfaches System. Heute haben Banken, Börsen, Versicherungen und ähnliche Institutionen die Dinge sehr viel komplizierter gemacht.

Lawrence, der wahnsinnig viel über Geschichte weiß, hat oft mit mir über Geld gesprochen. Er vergleicht unser modernes Leben gern mit dem in den antiken Kulturen. Er glaubt, dass wir sehr viel lernen können, wenn wir uns ansehen, wie die Menschen lebten, bevor das Verlangen nach vergänglichen materiellen Gütern bei den meisten von uns zum Lebensinhalt wurde. Wir leben heute in einer Epoche, in der das Motto »Gier ist gut« gilt und wir den größten Teil unserer Zeit und unserer Energie für die Produktion von *Kram* aufwenden, der für unser Wohlbefinden nicht wirklich notwendig ist. Das, was die alten Völker zufrieden stellte, würden wir wahrscheinlich als Müll bezeichnen.

Der Handel entstand durch das Bedürfnis nach Waren und Dienstleistungen. Im Lauf der Zeit wollten die Menschen immer mehr Dinge, immer mehr leibliche Genüsse. So wurde aus praktischen Gründen das Geld erfunden, und die Art, wie wir mit ihm umgehen, zu einem der größten Tests für unsere spirituelle Entwicklung. Manche Leute halten es für unmöglich, in einer materiellen Welt spirituell zu sein. Das ist absurd. Bis zu einem gewissen Grad war die Welt immer materialistisch. Nicht der Materialismus ist wichtig, sondern die Art, wie wir in ihm leben.

Einerseits kann Geld Eifersucht, Magengeschwüre, Herzbeschwerden, Nervenzusammenbrüche, Scheidungen, eine Ellenbogenmentalität, Korruptheit, Verzweiflung und den Mangel an Selbstbewusstsein auslösen. Leute, die wenig Geld haben, verachten möglicherweise die, die mehr haben. Kein Wunder, dass die Liebe zum Geld als »Wurzel allen Übels« bezeichnet worden ist! Trotzdem ist es nicht in Ordnung zu suggerieren, für ein moralisch einwandfreies Leben müssten wir arm sein. Denn andererseits kann Geld frei machen, wenn es richtig und ausgewogen verwendet wird.

Geld kann unseren Stresspegel reduzieren, wenn wir so viel haben, dass wir unsere Rechnungen bezahlen können. Es kann uns ein behagliches Zuhause, gesundes Essen, hübsche Kleider, Bildung, Gesundheit und einen Kinobesuch verschaffen. Ohne Geldsorgen haben wir – zumindest theoretisch – mehr Zeit für Spirituelles, wir können anderen helfen und uns unserer Familie, unseren Freunden, der Natur und unseren Hobbys widmen.

Geld ist Freiheit, wenn wir die Weisheit entwickeln, nicht an ihm zu hängen. Ein Mensch, der in sich ruht, kann mit Geld oder ohne Geld leben, und das ist wahre Freiheit. Die meisten Leute, die verkünden, Geld sei Freiheit, sind in Wirklichkeit sklavenartig damit beschäftigt, es zu verdienen, zu zählen oder sich um sein Nichtvorhandensein Sorgen zu machen.

Es ist in Ordnung, Geld zu haben. Die ganze Sache ist ziemlich einfach. Das Gesetz des Karmas besagt: »Jeder bekommt, was er verdient.« Wenn Sie Geld haben, haben Sie sich die Berechtigung dazu verdient – in diesem Leben oder in einem früheren. Und wenn Sie sich ein zusätzliches gutes Karma verschaffen wollen, akzeptieren Sie Ihren Reichtum, leben angenehm und helfen anderen.

Die Schuldgefühle ablegen, den Bumerang vermeiden

Emma hat ein riesiges Vermögen, das ihr von ihrer Großmutter hinterlassen wurde. Sie hat zehn Jahre Therapie gemacht, um zu lernen, mit ihrem Reichsein umzugehen. Sie hat ständig Schuldgefühle, weil sie meint, sie habe nichts getan, um dieses Geld zu verdienen, und verschwendet einen Großteil ihrer Energie darauf, unglücklich zu sein.

Als sie zu mir kam, war sie absolut negativ drauf. Ich erklärte ihr, dass sie das Geld nicht haben würde, wenn sie es nicht in einem früheren Leben verdient hätte. Hatte sie sich noch nie gewundert, warum sie in eine wohlhabende

Familie hineingeboren worden war? Ich betonte, dass es keine Zufälle gibt und dass wir auf Grund des Karmas in unsere jeweiligen Familien hineingeboren werden.

»Emma, wenn ich Sie wäre, würde ich die Schuldgefühle in die Wüste schicken; sie zeigen, dass Sie undankbar sind, und bringen Ihnen schlechtes Karma ein. Warum verwenden Sie Ihre Energie nicht darauf, sich zu überlegen, wie Sie mit Ihrem Geld anderen helfen können? Haben Sie es nicht satt, so dumm zu sein?« Ich wartete auf ihre Antwort.

»Sie meinen, ich könnte arm werden, weil ich Schuldgefühle habe? Das kommt mir ziemlich ungerecht vor«, erwiderte sie schroff.

»Eine Menge armer Leute würde es für ungerecht halten, dass eine so undankbare junge Frau so viel bekommen hat. Aber Sie bekommen, was Sie verdient haben – in diesem Leben oder in einem früheren. Vergessen Sie nicht, dass wir in jeder Sekunde unser gegenwärtiges und unser zukünftiges Karma erzeugen. Deshalb meine ich, dass Sie mit den Selbstvorwürfen aufhören sollten. Sie sind undankbar. Sie könnten herrlich und in Freuden leben, und stattdessen jammern Sie nur. Ihre Einstellung zu Geld könnte tatsächlich dazu führen, dass Sie als arme Kirchenmaus wiedergeboren werden. Sie könnte auch dazu führen, dass Sie sich in diesem Leben von Ihrem Vermögen verabschieden müssen. Und vieles ist schlimmer, als arm zu sein – Krebs, Blindheit, Einsamkeit, um nur ein paar Beispiele zu nennen. Denken Sie an all das, was Sie *außer* Ihrem Geld haben, und wie es wäre, diese Dinge zu verlieren. Ich meine, dass Sie jetzt sofort, auf der Stelle, mit Ihrer negativen Einstellung aufhören und sie durch Würde, Großzügigkeit und Dankbarkeit ersetzen sollten. Suchen Sie sich eine gemeinnützige Sache, an die Sie glauben, und spenden Sie ihr etwas von dem Geld, das Ihnen Schuldgefühle macht. Sie haben Tausende von Möglichkeiten, mit Ihren finanziellen Mitteln zu helfen. Sitzen Sie nicht einfach nur herum und fühlen Sie sich schlecht wegen Ihres Vermögens – machen Sie etwas mit ihm, bald!«

Ich beendete meine Tirade. Emma saß ein paar Minuten still da und meinte dann: »Gut, ich mache es.«

Sie hatte viel Stoff zum Nachdenken bekommen. Ich war überrascht, als sie sechs Monate später als verwandelte Frau wiederkam. Sie hatte mit der Therapie aufgehört und ein Stipendium für Künstler ausgesetzt. Offenbar waren ihre Angst vor Armut und ihre Gewissensbisse ein gutes Mittel gegen ihre Schuldkrankheit gewesen. Sie war aus der letzten Sitzung herausgegangen und hatte einfach aufgehört, sich wertlos zu fühlen. Emma erzählte mir, dass meine Bemerkungen zum Karma sie getroffen hatten wie ein Blitz. Ihr früherer Mangel an Dankbarkeit war ihr nun peinlich. Ich freute mich für sie – und für die Künstler, die in den Genuss ihrer neuen Einstellung zu ererbtem Reichtum kommen würden.

Nehmen Sie ein *grünes* Karteikärtchen und schreiben Sie:

Dankbarkeit ist die erste Regel der spirituellen Entwicklung.

Geld und Selbstwertgefühl

Es ist ein Irrtum zu glauben, Geld wäre ein Maßstab für den Charakter, und Reichtum und eine gehobene soziale Stellung würden zu dauerndem Glück führen. Alles Geld der Welt kann einem Menschen kein wahres Selbstwertgefühl geben. Dieses stellt sich nur ein, wenn wir in Harmonie und Gleichgewicht mit der gesamten Schöpfung leben. Wahrer Seelenfrieden ist nicht käuflich. Wir können ihn dadurch verdienen, dass wir in allen Bereichen unseres Lebens gutes Karma erzeugen. Und das hat natürlich mit Geld überhaupt nichts zu tun.

Bei vielen Leuten beruht das Selbstwertgefühl darauf, dass sie bei einem Vergleich gut abschneiden – wenn sie weniger als der Nachbar haben, fühlen sie sich schlecht. Die Folge ist Eifersucht, die das Karma einer schweren Krankheit heraufbeschwören kann.

Nehmen Sie ein *grünes* Karteikärtchen und schreiben Sie:

Wahres Selbstwertgefühl stellt sich nur ein, wenn ich im Gleichgewicht lebe.

Louise gibt eine fixe Idee auf

Louise ist eine sehr attraktive, erfolgreiche Geschäftsfrau, die einen fantastischen Mann und drei wundervolle Söhne hat. Sie hat alles, um glücklich zu sein, aber als sie bei mir zur Tür hereinkam, wirkte sie ziemlich deprimiert. Vor kurzem war bei ihr ein nicht bösartiger Tumor im Mund diagnostiziert worden. Als ich sie beobachtete, »sah« ich, dass sie in den letzten sechs Jahren sechs gutartige Tumoren gehabt hatte.

Louise war eifersüchtig auf das Geld ihrer Schwester Martha. Sie war besessen von dem Bedürfnis, sich ihrer Schwester ebenbürtig zu fühlen. Martha hatte einen Multimillionär geheiratet und zwei Kinder. Die Familie hatte einen sehr abgehobenen Lebensstil, und auch darauf war Louise eifersüchtig. Ich kannte diese Geschichte schon. Sie hörte sich an wie das Drehbuch zu einem *Film noir:* Geschwisterrivalität, finanzielle Verblendung, Neid und ein tragisches Ende für mindestens eine Person. Louise war in körperlichen, emotionalen und spirituellen Schwierigkeiten. Sie brauchte meine Hilfe.

»Martha erzählt mir ständig von ihren neuen Pferden, ihren Reisen und all ihren reichen und mächtigen Freundinnen. Sie schließt mich nie in ihre Pläne ein. Ich werde als die arme, Mitleid erregende Verwandte behandelt. Ich sage ihr, dass ich sie um ihren Lebensstil beneide, und sie antwortet: ›Komisch, ich bin nie neidisch auf dich.‹«

»Louise, Sie machen sich krank durch Ihre unbarmherzige, morbide Faszination für Marthas finanziellen Status. Haben Sie schon einmal bedacht, dass es das Karma Ihrer Schwester ist, das zu haben, was *sie* hat, und dass Ihr Leben *Ihr* Karma ist? Sie müssen eine Möglichkeit finden, Ihr unausgewogenes Verhalten zu stoppen, bevor Sie ein gravierenderes gesundheitliches Problem anziehen. Was meinen Sie, warum Sie immer wieder Tumoren bekommen? Die Energie fließt nicht auf gesunde Weise aus Ihrem Körper heraus. Weil Sie kein echtes Selbstwertgefühl haben, sich über den Lebensstil Ihrer Schwester ärgern und generell neidisch sind, entstehen Ansammlungen negativer Energie. Hören Sie mit diesem Verhalten auf, sonst könnte einer dieser Tumoren bösartig werden.«

»Aber wie soll ich das machen? Ich kann es einfach nicht ertragen, dass jeder weiß, dass sie diejenige mit dem vielen Geld ist. Ich habe sie mit ihrem Mann bekannt gemacht, und noch nicht einmal das hält sie mir zugute. Was habe ich in einem früheren Leben bloß getan, dass ich jetzt ein so erbärmliches Karma habe?« Louise fing an zu schluchzen. Sie tat mir Leid. Sie lebte im dunklen Tunnel einer Eifersucht, mit der sie sich selbst das Leben schwer machte. Sie war überzeugt, dass der Wert eines Menschen von der Geldmenge abhängt, die er angehäuft hat. In Bezug auf das Karma war sie nicht auf dem richtigen Dampfer. Sie würde nur Frieden finden können, wenn sie ihre Blickrichtung änderte. Es würde schwer werden, ihr zu helfen, aber ich würde es versuchen.

»Louise, lassen Sie zuerst einmal das Hirngespinst los, dass Ihr Neid eine karmische Geschichte aus einem früheren Leben ist. Das ist nur vorgeschoben. Sie selbst sind für die Einstellung verantwortlich, die Sie in diesem Leben zu Ihrer Schwester haben. Ja, es stimmt, es gibt zwischen Ihnen beiden eine Verbindung aus einem früheren Leben. Sie sind nicht zum ersten Mal zusammen. Vielleicht haben Sie sie in einer vergangenen Inkarnation respektlos behandelt. Aber das ist keine Entschuldigung für Ihr gegenwärtiges Verhalten. Wollen Sie in der nächsten Inkarnation diese Prüfung noch einmal erleben?« Ich sah ihr in die Augen, während ich auf ihre Antwort wartete.

»Machen Sie Witze? Meinen Sie wirklich, ich müsste das in einem anderen Leben noch einmal mitmachen?«, erkundigte sie sich.

»Nein, ich mache keine Witze. Und ja, das könnte sein. Sie müssen das Karma ins Gleichgewicht bringen, während Sie auf der Erde sind. Wenn Sie es diesmal nicht schaffen, müssen Sie es weiter versuchen, bis es Ihnen gelingt.«

»Und was ist mit dem Karma meiner Schwester?«, jammerte sie.

»Im Moment interessiert mich Ihr Karma, denn Sie sind heute hier.«

»Aber was *mache* ich denn jetzt, dass ich dieses schlechte Karma erzeuge?«, wollte sie wissen.

»Erstens bekommen Sie Tumoren, weil Sie sich über Martha und ihr Geld ärgern. Zweitens erzeugen Sie negatives Karma, weil Sie nicht für die wunderbaren Dinge dankbar sind, die Sie in Ihrem Leben haben. Drittens vergeuden Sie heilige Energie für etwas, das in Wirklichkeit gar kein Problem ist. Dies wird schließlich dazu führen, dass Sie eins anziehen. Viertens sind Sie kein Vorbild für Ihre Kinder. Fünftens können Sie Martha nicht ändern; Sie können nur sich selbst ändern. Sie verhalten sich wie eine arme Irre. Es ist eine Schande«, wetterte ich.

Zu Beginn meiner Predigt hatten mich empörte Blicke getroffen, aber als Louise jetzt antwortete, hielt sie ihre Zunge im Zaum. »Von der Warte habe ich es noch nie betrachtet. Ich hatte nur im Blick, dass die Leute vielleicht denken würden, Martha wäre besser, weil sie reicher ist. Ich wollte, dass Martha mir das, was ich getan habe, hoch anrechnet, und dass sie mir das Gefühl vermittelt, dass ich wichtig bin. Meinen Sie wirklich, die Tumoren wären entstanden, weil ich mich selbst nicht leiden kann? Das macht mir Angst. Aber Sie müssen das verstehen – alle Leute, die ich kenne, beurteilen alle anderen danach, wie viel Geld sie haben.« Louise unterbrach sich und fing wieder an zu weinen.

»Ich glaube, Sie sollten anfangen, mit netteren Menschen zusammen zu sein. Denkt Ihr Mann auch so?«, fragte ich.

»Nein. Er hält mich für verrückt, weil ich immer noch versuche, Marthas Anerkennung zu bekommen. Ihm ist das Geld nicht so wichtig wie mir. Er meint, wir hätten genug, und ich sollte unser Leben genießen. Wenn ich jetzt so an ihn denke, wird mir klar, dass meine fixe Idee ihn verrückt machen muss. Er ist ein sehr viel netterer Mensch als ich«, erklärte sie durch ihre Tränen hindurch.

»Louise«, sagte ich sanft, »ein paar positive Eigenschaften müssen Sie schon haben, sonst hätte er sich schon längst von Ihnen getrennt. Stellen Sie Ihre guten Seiten nicht unter den Scheffel. Wollen wir nicht zusammen herausfinden, wie Sie das Negative überwinden und das Positive zum Vorschein bringen können? Sie müssen die zwanghafte gedankliche Auseinandersetzung mit Ihrer Schwester aufgeben und sich von der fixen Idee lösen, dass der Wert eines Menschen sich an der Menge seines Geldes ablesen lässt. Das ist ganz wichtig, wenn Sie Wege zu einer gesünderen, glücklicheren und ausgeglicheneren Zukunft finden wollen. Ihr Karma liegt in Ihrer Hand!«, rief ich.

»Und wie gibt man eine fixe Idee auf?«, fragte sie.

Eine fixe Idee aufgeben

»Zuallererst müssen Sie wissen, was eine fixe Idee überhaupt ist. In der Parapsychologie ist sie eine Form der Besessenheit. Ihr Wunsch nach irgendetwas ergreift Besitz von Ihnen. Dieser Wunsch übernimmt die Herrschaft über Ihr ganzes Wesen und wird zu einer Art mentaler Wesenheit. Diese Wesenheit klammert sich an Ihren Mentalkörper, an Ihre Aura, und ernährt sich dadurch, dass Sie eine Idee wiederholen. Simpel gesagt: Sie füttern diese Wesenheit, indem Sie ständig *Martha, Geld, Martha, Geld* wiederholen, endlos, wie ein Trommelfeuer. Die Wesenheit schwingt sich auf Ihr negatives Mantra ein und sorgt dafür, dass die fixe Idee weiterlebt.

Die zweite Bedeutung kommt von der Psychologie her – da ist eine fixe Idee eine Fixierung. Der natürliche Fluss des Intellekts wird abgelenkt, weil irgendeine Idee die Fähigkeit des Verstands, logisch zu denken, ausgeschaltet hat. Louise, Sie sind besessen von Ihrem Wunsch, das Geld und die Anerkennung Ihrer Schwester zu bekommen. Dagegen hilft nur ein konstruktiver Gedanke. Sie müssen sich zwingen, das schlechte, zwanghafte Mantra durch ein verständnisvolles, harmonisches zu ersetzen.« Ich machte eine Pause, um zu sehen, ob sie mich verstanden hatte.

»Leichter gesagt als getan«, meinte sie selbstmitleidig.

Ich sagte Louise, sie solle ein *grünes* Karteikärtchen nehmen und schreiben:

Eine fixe Idee kann zu Wahnsinn führen.

»Es ist einfacher, sich von einer fixen Idee zu lösen, als aus der Nervenheilanstalt entlassen zu werden. Wenn Sie die Fixierung beibehalten, bekommen Sie entweder eine tödliche Krankheit, oder Sie werden vollkommen verrückt«, erwiderte ich knallhart, denn ich wollte ihr einen heilsamen Schock versetzen.

»Meinen Sie das ernst? Ist die Wesenheit der Teufel?«, forschte sie, und in ihrer Stimme lag Angst.

»Ja, ich meine es sehr ernst. Und nein, es ist nicht der Teufel. Der Teufel würde sich mit so einer albernen, unbedeutenden fixen Idee nicht abgeben. Die negative Kraft, die manche Leute den Teufel nennen, ist viel zu sehr damit beschäftigt, Kriege anzuzetteln und Hass, Gier oder anderes zu wecken, das Tausende von Menschen negativ beeinflusst. Warum sollte er sich um eine mickrige Rivalität unter Geschwistern kümmern? Sie und Martha sind schließlich nicht Kain und Abel, oder?«, meinte ich, nun scherzhaft.

»Erzählen Sie mir noch mehr über dieses Zeug mit der Wesenheit. Ich bin ganz durcheinander. Es macht mir Angst«, fügte Louise hinzu. Ich war endlich zu ihr durchgedrungen.

»Die Art Wesenheit, die ich hier meine, ist ein boshafter Elementargeist. Das ist eine Lebensform, die keinen physischen Körper entwickelt hat. Sie können ihn sich als koboldartiges Wesen vorstellen, das sich in Ihrem Verstand festhakt und sich darin gefällt, niederträchtige, nutzlose Gedanken zu wiederholen. Das kann es nur, wenn Sie es zulassen. Angst kann etwas Gutes sein, wenn sie Sie zwingt, an Ihrem Leben ein paar Änderungen vorzunehmen. Sie haben durchaus Grund, erschrocken zu sein. Durch Ihr verdrehtes Denken hofieren Sie das Unglück. Sind Sie es nicht leid, weiter in der Misere zu leben, in die Sie sich selbst hineinmanövriert haben?«

Wir unterhielten uns noch ein bisschen, und Louise war einverstanden, jeden Gedanken an den Lebensstil ihrer Schwester im Keim zu ersticken und stattdessen an ihr eigenes Leben zu denken. Ich sagte ihr, sie solle sich Karteikarten und ein *Die-Macht-des-Karmas*-Tagebuch kaufen.

Nehmen Sie zwei *grüne* Karteikärtchen und schreiben Sie:

1. Zwanghafte Gedanken müssen durch konstruktive ersetzt werden.

2. Konstruktiv ist ein Gedanke, der meine Gesundheit verbessert und mich innerlich ruhiger macht.

Beispiele für konstruktive Gedanken sind:
»Alles, was mir zusteht, wird zu mir kommen, wenn ich liebevoll und freundlich bleibe.«
»Ich bin eins mit dem Frieden, den gutes Karma bringt.«
»Ich richte meinen Blick auf die guten Dinge in meinem Leben.«

Verwenden Sie Worte wie »Freundschaft«, »guter Wille«, »Beziehung«, »eins mit«, »heilend« und »Gleichgewicht«, wenn Sie die negativen Gedanken ersetzen.

Das Gehirn kann nicht zwei Gedanken gleichzeitig denken. Seien Sie wachsam und beobachten Sie Ihre Gedanken wie ein Luchs. Sobald Sie feststellen, dass die Platte mit der negativen Fixierung läuft, müssen Sie sie anhalten, bewusst atmen und die Worte *sofort* ersetzen. Übung macht den Meister, also geben Sie nicht auf. Mit der Zeit wird die fixe Idee an Macht verlieren, und sie löst sich auf. Denken Sie daran: Nur Sie können Ihr Karma ändern. Halten Sie Ihre Gefühle in Ihrem *Die-Macht-des-Karmas*-Tagebuch fest. So werden die Ergebnisse Ihrer Mühen Ihnen deutlicher.

Als Louise an diesem Tag ging, war ich sicher, dass sie den Kampf gewinnen würde. Und ich kann mit Freuden berichten, dass ich Recht hatte. Sie suchte mich ein Jahr später ein zweites Mal auf und erwähnte ihre Schwester kaum. Sie war mit ihrer eigenen Arbeit und ihrer Familie beschäftigt. Die Tumoren waren nicht wieder aufgetreten.

Leos Bumerang

Geld ist schon immer als Maßstab für Erfolg oder Misserfolg verwendet worden. Menschen, die in finanziellen Nöten stecken, gelten oft als faul oder bedauernswert. Ich habe mit Leuten gesprochen, die schreckliche Angst davor haben, irgendjemandem zu sagen, dass sie Arbeit oder finanzielle Unterstützung brauchen, weil man sie dann als Versager betrachtet. Eine solche Einstellung ist grausam und kann wie ein Bumerang zu ihrem Urheber zurückkehren.

Leo kennt alle wichtigen Leute. Er ist wohlhabend, wird bewundert, und sein Erfolg hat ihm eine Menge Freizeit beschert. Er hat einmal gesagt: »Je höher du kommst, desto weniger brauchst du zu tun, denn du kannst Leute dafür bezahlen, die Drecksarbeit für dich zu erledigen.«

Ein guter Freund von Leo verlor seinen Job und bat ihn um Hilfe. Leo versicherte ihm: »Na klar, ich mache mich sofort dran.« Der Freund wartete und wartete, und drei Wochen später rief er Leo an. Der hatte nicht nur nichts unternommen, sondern es noch nicht einmal für nötig befunden, seinen Freund zurückzurufen. Es wäre so einfach gewesen. Ein empfehlender Anruf hätte für seinen arbeitslosen Freund sehr viel ändern können.

Die Zeit verging, und Leos Geschäfte liefen immer schlechter. Er wurde in seiner eigenen Firma abgewählt, und schlechte Investitionen brachten ihn in die roten Zahlen. Er fing an, die Leute anzurufen und um Hilfe zu bitten, und als seine Anrufe nicht erwidert wurden, war er schockiert. Bumerang!

Leo lernte auf die harte Tour, dass »alles zurückkommt«.

»Was du nicht willst, dass man dir tu, das füg auch keinem andern zu«, wurde Leos neuer Lieblingsspruch. Heute ist ihm klar, wie wichtig es ist, anderen zu helfen. Aber besser spät als nie. Leo ist immer noch pleite, aber er scheint mit ein bisschen mehr Optimismus zu erwarten, dass er bald wieder Arbeit hat; er hilft anderen auf seine jetzt begrenzte Weise und ist endlich mit sich und seinem Leben im Reinen.

Ich habe viele Leute beobachtet, die ein Vermögen gemacht und verloren haben. Also hüten Sie sich, die – finanzielle oder sonstige – Situation eines Menschen zu beurteilen. Ignorieren Sie einen Hilferuf nicht. Der nächste Schrei, den Sie hören, stammt vielleicht von Ihnen.

Hier ein paar gute Gedanken, die Sie auf zwei *grüne* Karteikärtchen schreiben sollten:

1. Ignoriere nie eine Gelegenheit, jemandem zu helfen.
2. Der Nächste, der Hilfe braucht, könntest du sein.

Lawrence hat gesagt: »Es ist nicht so schwierig, an Geld zu kommen. Fast jeder kann reich werden, wenn er bereit ist, alles andere dafür zu opfern. Es ist sehr viel leichter, reich zu werden als weise. Reichtum ist kein Maßstab für Spiritualität. Die spirituelle Seite zeigt sich an dem Guten, das man mit seinem Vermögen tut.«

Angst

Viele meiner Klienten werden von finanziellen Sorgen geplagt. Wenn sie von ihrer Furcht vor dem Armsein sprechen, schwingt oft Panik mit: »Meine Mutter hatte ständig

Angst, dass wir alles verlieren würden. Das ist nie passiert, aber ich habe die gleiche Angst.« – »Was wird aus mir werden, wenn ich alt bin und kein Geld habe?« – »Es geht mir hundsmiserabel, aber ich muss trotzdem heute zur Arbeit gehen, weil ich sonst gefeuert werde und meine Vorteile verliere. Ich weiß nicht, was ich machen soll.« – »Ich weiß, dass ich Millionen habe, aber ich mache mir trotzdem Sorgen wegen Geld. All meine Freundinnen heiraten reiche Männer. Was ist, wenn ich keinen finde?«

Wenn einer meiner Klienten wegen Geld in Panik ist, sage ich ihm, er solle die folgenden Fragen in sein *Die-Macht-des-Karmas*-Tagebuch schreiben. Gehen Sie sie durch und beantworten Sie sie absolut aufrichtig.

1. Ziehen Sie schlechtes Karma an, weil Sie heilige Energie mit Sorgen wegen Geld vergeuden, obwohl Sie genug haben? Seien Sie vorsichtig. Dieses Verhalten könnte dazu führen, dass Sie verlieren, was Sie haben, oder als armer Schlucker wiedergeboren werden.
2. Wenn Sie nicht genug Geld haben, um Ihre Bedürfnisse abzudecken: Ziehen Sie schlechtes Karma an, weil Sie sich auf das Problem konzentrieren, anstatt eine Lösung zu suchen? Kehren Sie den Schwerpunkt sofort um. Denken Sie daran: Der erste Schritt zur Veränderung Ihres Karmas besteht darin, Ihr Denken zu ändern. Negatives Denken entspricht Mangel; positives Denken entspricht Fülle.
3. Glauben Sie, es wäre Ihr Schicksal, nie genug Geld zu haben? Wie jedes andere Karma kann auch das Geldkarma sich von einem Augenblick zum nächsten ändern. Wenn Sie heute nicht genug Geld haben, bedeutet das nicht, dass es morgen auch so sein wird. Vielleicht müs-

sen Sie mehr arbeiten, den Beruf wechseln oder an einen Ort ziehen, an dem Sie mehr Chancen haben. Aber Sie können mehr Geld verdienen.
4. Jammern Sie, anstatt zu arbeiten? Hören Sie damit auf!

Aus Liebe zum Geld

Goethe hat gesagt: »Alles auf der Welt ist zu ertragen, nur nicht eine Reihe von guten Tagen.« Wie bereits gesagt, ist nicht das Geld an sich die Wurzel allen Übels. Vielmehr kann die selbstsüchtige, zwanghafte Liebe zu ihm schlecht sein: Man tut alles, um es zu bekommen, macht aber nichts Uneigennütziges mit ihm.

Judiths Intrige

»Ich bekomme immer, was ich will!« Das waren die ersten Worte, die eine Frau namens Judith an mich richtete.

»Und warum wollen Sie dann mit mir reden?«, fragte ich.

»Ich dachte, vielleicht würde es bestätigen, was ich schon weiß«, antwortete sie.

»Judith«, erkundigte ich mich, »wenn Sie immer bekommen, was Sie wollen, warum ärgern Sie sich dann darüber, dass Harry nicht daran interessiert scheint, mit Ihnen ins Bett zu gehen?«

»Woher wissen Sie seinen Namen?« Sie wirkte fast erschrocken.

Ich erklärte ihr, dass ich als Sensitive die Gabe habe, etwas von Leuten zu wissen, ohne dass sie es mir sagen. »Judith, Sie sind rücksichtslos. Wenn Sie etwas wollen, nehmen

Sie alles, was nicht niet- und nagelfest ist. Auch die Männer anderer Frauen.« Ich machte eine Pause und wartete auf ihre Reaktion. Einen Augenblick lang blieb ihr die Spucke weg. Ich wusste, dass ich ziemlich hart zu ihr war, aber ich sah eine Menge Ärger für sie voraus, wenn sie ihr Verhalten nicht überprüfte.

»Es ist nicht mein Problem, wenn eine Frau ihren Mann nicht halten kann, und außerdem will ich nicht ihn, sondern das, was er mir geben kann«, erwiderte sie patzig.

Genauso schnell versetzte ich: »Wie würden Sie sich fühlen, wenn jemand auf *Ihren* Mann aus wäre, um *sein* Geld zu kriegen?«

»Das sollte mal jemand versuchen! Abgesehen davon habe ich keinen Mann. Mit nur einem einzigen Mann in meinem Leben könnte ich nicht glücklich sein. Ich brauche Abwechslung«, antwortete sie.

Einen Augenblick lang dachte ich, sie würde Witze machen. Nur wenige Leute waren derart skrupellos. Ich sah Judy an. Sie meinte es vollkommen ernst. »Also, wie kriege ich Harry?«, fragte sie, ohne rot zu werden.

»Seien Sie vorsichtig mit Ihren Bitten«, warnte ich sie. »Ich glaube, Sie steuern auf ein Unwetter zu, aber Sie haben immer noch Zeit, Ihren Kurs zu ändern.«

»Jetzt hören Sie mal zu«, holte sie aus. »Ich will eine größere Wohnung und mehr Geld. Harry ist der reichste Mann, dem ich je begegnet bin, und ich will ein Stück vom Kuchen. Ich bin sicher, dass er mir alles geben wird, was ich will, wenn ich ihn rumbekomme. Ich weiß genau, dass Harry mit dem Sex, der ihm zu Hause geboten wird, nicht glücklich ist, und dieses Problem kann ich beheben. Ich liebe ihn nicht, aber ich mag ihn, und ich *liebe* sein Geld.« Sie lachte.

»Harry ist verheiratet und hat drei Kinder. Sie sollten gründlich prüfen, warum Sie das schlechte Karma auf sich nehmen wollen, einen Mann zu manipulieren, um an sein Geld zu kommen. Haben Sie keine Gefühle für seine Familie? Sie haben zugegeben, dass Sie ihn nicht lieben«, fügte ich hinzu.

»Mein Erfolg im Leben hängt an meinem Erfolg, Männer in mein Bett zu bekommen«, erwiderte sie.

Dass Judith nichts von Karma wusste, würde sie nicht vor den Folgen ihrer Taten schützen. Es war ihr einfach egal. Sie wollte die Dinge, die Harry ihr geben konnte, und Schluss. Ich sagte ihr voraus, dass sie ihn bekommen würde, aber das würde ihr viel Ärger einbringen. »Sie werden nicht glücklich sein, Judith. Es ist noch nicht zu spät, Ihre Meinung zu ändern. Ich rate Ihnen, sich Harry aus dem Sinn zu schlagen und sich darauf zu konzentrieren, einen Mann zu finden, der für Sie frei ist.« Ich wusste, dass sie meinen Rat nicht befolgen würde.

Viele Monate später suchte Judith mich noch einmal auf. »Sie hatten Recht«, gab sie zu. Sie hatte ihr sexuelles Geschick eingesetzt, um Harry von seiner Familie wegzulocken. Er war zu Hause ausgezogen und hatte für sie beide eine Wohnung gemietet. Nach ein paar Monaten machte Harry Bankrott. Als Judith zu ihm gezogen war, hatte sie ihre eigene Wohnung und ihren Job aufgegeben. Jetzt musste sie mit nichts wieder von vorne anfangen. Harrys Frau hatte die Scheidung eingereicht, und Judith wollte nicht mehr mit Harry zusammen sein. Durch den Stress hatte Harry einen leichten Herzinfarkt gehabt. Judith ließ zu, dass er bei ihr blieb, bis er sich erholt hatte.

»Ich habe jetzt verstanden, was Sie gemeint haben, als Sie

sagten, ich würde mir für das, was ich tue, Karma aufladen. Ich bezahle dafür, dass ich Harry benutzt habe, um das zu bekommen, was ich wollte. Mir ist klar geworden, dass ich mich mit dem Gerede, ich würde keine wahre Liebe, nur Geld wollen, selbst in die Tasche gelogen habe. Jetzt habe ich weder Liebe noch Geld«, erzählte mir Judith. »Wie kann ich dieses schlechte Karma loswerden?«, forschte sie.

»Sie können schlechtes Karma nicht *löschen*. Getan ist getan. Deshalb sollten wir nachdenken, bevor wir etwas sagen oder tun. Das Leben wird Sie vor eine Situation stellen, in der Sie für Ihre Taten bezahlen können. Sie können viel lernen, wenn Sie sich die Vergangenheit ansehen. Das kann Ihnen helfen, in Zukunft nicht den gleichen Fehler zu machen. Im Moment müssen Sie nett zu Harry sein und ihm helfen, wieder auf die Füße zu kommen. Denken Sie an ihn, nicht an sich selbst. Suchen Sie sich einen Job und versprechen Sie sich, so etwas nie wieder zu tun. Dann erzeugen Sie gutes Karma für sich«, empfahl ich ihr.

Nehmen Sie ein *grünes* Karteikärtchen und schreiben Sie:

Ich kann schlechtes Karma nicht löschen, aber ich kann lernen und in diesem Augenblick damit anfangen, gutes Karma hervorzubringen.

Judiths Geschichte ist nicht ungewöhnlich. Viele Menschen müssen das Gesetz des Karmas in Aktion erleben, bevor sie es verinnerlichen. Judith benutzte Sex, um an Geld zu kommen. Mit Liebe hatte das nichts zu tun. Sie fand auf die harte Tour heraus, dass man selbst verletzt wird, wenn man anderen absichtlich wehtut. Bumerang.

Pamelas neue Mode

Pamela hat eine Erbschaft gemacht, die es ihr erlaubt, nicht zu arbeiten. Sie sieht gut aus und hat eine tolle Figur, die sie auch ohne spezielle Diät halten kann. Ihre sportliche Betätigung besteht in erster Linie darin, dass sie die elf Häuserblocks von Saks Fifth Avenue zu Bergdorf Goodman zum Shoppen geht. Trotzdem ist Pamela chronisch am Klagen. Es scheint ihr nicht schwer zu fallen, Männer anzuziehen, wahrscheinlich weil sie intelligent ist und eine witzige Seite hat, die manche Leute amüsant finden. Und ihr Geld tut auch nicht weh.

Ich war für sie offenbar eine Art Zeitvertreib. Aber ich glaube, sie fand unsere Sitzung alles andere als lustig. Pamela verwandte einen Großteil ihrer Zeit mit mir darauf, viel Wirbel um ihre Fingernägel zu machen, von denen zu ihrem großen Leidwesen einer abgebrochen war. Sie war wie eine Figur in einem Roman – die verwöhnte, reiche, junge Frau, die das Leben als eine einzige lange Serie von Partys betrachtet. Alles an ihr war schick: ihre Kleidung, ihre Frisur, ihre Adresse. Trotzdem sagte sie mir, sie würde sich »langweilen, langweilen, langweilen!«. Sie hatte zwar keine Lust, durch Europa zu kurven, wollte aber irgendwie weg. Sie hasste es, außerhalb der Saison nach Südfrankreich zu reisen, und Italien war zu »gewöhnlich«. Sie klagte, New York sei trist und habe keinen Charme, und kein Mann, den sie kennen lernte, war so interessant, dass sie ihn längere Zeit unterhaltsam fand. Auf jeder Party der Saison hatte man sie umschwärmt, aber sie konnte die Dummheit ihrer Freunde einfach nicht ertragen. Im Stillen dachte ich: Wie kann so jemand überhaupt irgendwelche Freunde haben?

Trotzdem faszinierte sie mich, und ganz sicher weckte sie meine Neugierde. »Und was kann ich Ihrer Meinung nach für Sie tun?«, fragte ich.

»Ich möchte, dass Sie mir etwas über meine Zukunft erzählen«, erwiderte sie obenhin. »Das ist doch Ihr Job, oder? Ich möchte mich überraschen lassen von Ihrer Fähigkeit, Dinge über mich zu wissen, ohne dass ich Ihnen irgendetwas erzähle«, meinte sie, während sie an ihren Fingernägeln feilte.

»Pamela, das hier ist kein Gesellschaftsspiel«, sagte ich. »Ich hab zu viel zu tun, um meine Zeit damit zu verschwenden, zu Ihrer Unterhaltung Kaninchen aus dem Hut zu zaubern.«

Sie schien verblüfft, fasste sich aber schnell. »Nun, Schätzchen, ich wollte Sie nicht verstimmen, aber ich brauchte etwas Neues, anderes, und ich dachte, Sie könnten es mir bieten.«

Ich deutete an, eine bessere Kur für ihre Langeweile sei vielleicht, wenn sie einen Teil ihres Vermögens und ihrer Zeit auf den Versuch verwenden würde, anderen zu helfen.

»Warum sollte ich das tun? Wir sind in den USA. Können die Leute sich nicht selbst helfen?«, fragte sie.

Jetzt war ich verblüfft. Dass sie so blind für das Leid um sie herum war, machte mich sprachlos, während sie sich weiter über alles Mögliche beklagte und sich wunderte, warum die Leute so dumm waren und keine »Klasse« hatten. Sie hielt sich für intelligenter als alle anderen. Sie meinte, ihre Eltern wären dumm, ihre Nachbarn primitiv und ihre Freunde Schlaftabletten. Ich fragte sie, ob sie ab und zu etwas lesen würde.

»Niemand schreibt etwas, das es wert wäre, gelesen zu werden«, war ihre Antwort.

»Pamela«, sagte ich, als die Sitzung sich ihrem Ende näherte, »bitte machen Sie sich klar, dass Ihr Leben nur ein Wassertropfen im Meer der Ewigkeit ist. Wenn Sie nicht aufwachen und etwas für andere tun, werden Sie im nächsten Leben ziemlich unglücklich sein. Wenn Sie nicht aufhören, sich zu beklagen, und lernen, wenigstens ein bisschen dankbar zu sein, inkarnieren Sie das nächste Mal mit nichts, nada, niente. Wie können Sie es bloß mit sich selbst aushalten? Sie tun nichts als darauf herumzureiten, wie schrecklich alles ist und wie langweilig alle Leute sind. Wenn Sie damit aufhören und einen gründlichen Blick auf sich und die Leere Ihres Lebens werfen würden, hätten Sie vielleicht den gesunden Menschenverstand, wenigstens ein bisschen Angst zu bekommen. Wachen Sie auf, bevor es zu spät ist! Sie haben so viel *geschenkt* bekommen, und Sie denken, die Erde würde Ihnen all dies schulden. Sie sind undankbar. Mir ist noch nie jemand untergekommen, der so mit sich selbst beschäftigt ist.«

Ich unterbrach mich; vielleicht war ich doch etwas zu weit gegangen. Ich hoffte nur, die Schockbehandlung würde sie ein bisschen wachrütteln. Aber Pamela klimperte nur mit den Wimpern und seufzte: »Gut, ich geh dann mal. Ich will noch zu Saks, bevor sie dichtmachen. Ich brauch eine Nachtcreme.« Sie stand auf und meinte, es sei wundervoll, meine Bekanntschaft gemacht zu haben. Ich hätte genauso gut meinem Kühlschrank einen Vortrag halten können. Ich hatte ihr gesagt, dass ich ihr Leben für eine wertlose Wüste hielt, und sie zeigte keinerlei Reaktion! Beim Hinausgehen machte sie mir Komplimente zu meiner »gemütlichen« Wohnung.

Erleichtert schloss ich die Tür hinter ihr und fing an zu lachen. Man kann nicht jeden erreichen. Letztendlich müssen die Menschen selbst entscheiden, wie sie ihr Leben leben. Ich kann nur mein Bestes tun, um ihnen die richtige Richtung zu zeigen. Pamela genoss ihre Negativität offenbar, sonst würde sie sie ändern. Vielleicht kommt der Schock, wenn sie die physische Welt verlässt und herausfindet, dass es in der geistigen Welt kein Saks Fifth Avenue gibt. Vielleicht wird irgendetwas passieren, das sie wachrüttelt, aber das kann dauern. Ihr eigentliches Problem ist, dass sie zu viel Geld hat. Pamela ist der lebende Beweis, dass Geld nicht glücklich macht.

Deshalb war ich zehn Monate später reichlich überrascht, als Pamela anrief, um einen Termin zu vereinbaren. »Warum wollen Sie jetzt zu mir kommen, Pamela?«, fragte ich. »Ich glaube nicht, dass ich irgendetwas für Sie tun kann.«

»Ach, ich dachte, es ist Zeit für einen Check-up«, erwiderte sie.

»Pamela«, meinte ich sanft, »ich bin nicht Ihr Zahnarzt.«

Wie üblich ließ meine Bemerkung sie völlig kalt. Sie plapperte einfach weiter. »Also, ich habe über das nachgedacht, was Sie mir gesagt haben, und ich denke, Ihr Vorschlag, es einmal mit der Dankbarkeit zu versuchen, ist recht interessant. Ich verstehe ihn nicht ganz, aber ich dachte, wir könnten noch mal darüber reden, wenn Sie ein bisschen Zeit für mich haben.«

Ich zögerte einen Augenblick und fragte mich, ob eine weitere Sitzung irgendeinen Sinn machen würde, aber dann gab ich ihr einen Termin.

Sie erschien zur verabredeten Zeit, atemlos und mit Einkaufstüten beladen. »Ich hoffe, ich bin nicht zu spät«, keuchte sie. »Ich war mit meiner Freundin beim Mittagessen, und sie hatte so viele Neuigkeiten, dass die Zeit nur so verflogen ist.«

»Und haben Sie nett gespeist?«, erkundigte ich mich.

»Also, das Essen war absolut schrecklich«, mäkelte sie. »Und die Atmosphäre! Ich dachte, ich hätte mich verirrt und wäre in der Bahnhofskneipe gelandet. Sie kriegen heute einfach keinen guten Service mehr.« Sie machte eine Pause, um nach Luft zu schnappen. »Sie sehen großartig aus, Mary T. Wo haben Sie dieses schicke Kleid her?«, fragte sie.

»Ich weiß es nicht mehr, meine Liebe«, erwiderte ich. Ich dachte, die Stunde würde ziemlich lang werden, denn Pamela quasselte immer weiter und gab mir keine Chance, irgendetwas zu sagen. Schließlich gelang es mir einzuwerfen: »Am Telefon haben Sie davon gesprochen, dass Sie mehr über das Thema Dankbarkeit hören wollen.«

»Ja, richtig. Ich habe noch nie jemanden so darüber sprechen hören wie Sie. Ist das Teil einer neuen Richtung in der Psychologie?«, wollte sie wissen.

Ich versuchte, mein Erstaunen zu verbergen, und fuhr fort: »Sind Sie schon einmal für irgendetwas dankbar gewesen?«

»Natürlich«, lachte sie. »Dankeschön sagen ist doch das Zeichen dafür, dass man eine gute Kinderstube hatte.«

»Das ist nicht unbedingt das, was ich gemeint habe«, erwiderte ich geduldig. »Waren Sie schon einmal dankbar für all die guten Dinge, die Sie in Ihrem Leben bekommen haben?« Ich wartete auf ihre Antwort.

Sie starrte mich völlig entgeistert an, als wäre das eine Vorstellung von einem anderen Stern. Ich hatte es tatsächlich fertig gebracht, etwas zu sagen, auf das sie keine Antwort wusste. Ich nutzte die Gelegenheit, um ihr klar zu machen, dass all die Vorteile, die sie genoss und für selbstverständlich hielt – ihr Aussehen, ihre Gesundheit, ihr materieller Besitz, ihre Familie und ihre Freunde – in Wirklichkeit riesige Geschenke waren, und dass sie für diese Dinge und vieles mehr sehr dankbar sein sollte. Ich sah, dass sie es immer noch nicht begriff, und deshalb schlug ich vor, sie solle eine Liste mit all dem machen, was in ihrem Leben positiv war, all dem, für das sie dankbar sein konnte. Ich sagte ihr, sie solle sich ein spezielles Tagebuch kaufen und es *Die-Macht-des-Karmas* betiteln.

Ihr Gesicht hellte sich auf, und einen Moment lang dachte ich, ich hätte die Verbindung zu ihr hergestellt und sie hätte es endlich kapiert. Aber dann begann sie aufgeregt darüber zu reden, was für eine Superidee das für ein neues Partyspiel sei: eine Art Jagd, bei der von jedem verlangt wird, eine Liste mit Dingen zusammenzustellen, für die er dankbar sein kann. Gewinnen würde der, der in der kürzesten Zeit die längste Liste hätte. Sie würde all ihren Freundinnen und Freunden so ein Tagebuch kaufen, denn sie wusste, wo die besten verkauft wurden. Ich wollte Einwände erheben, aber dann dachte ich: Wer weiß? Vielleicht wird ein Partygast daraus etwas lernen. Wenn ja, wäre es die Sache wert.

Als Pamela ging, dankte sie mir für eine Idee, die ihrer Meinung nach die »neue Mode« werden würde. Wäre das nicht wundervoll, dachte ich, wenn das einträte – wenn Dankbarkeit die »neue Mode« werden würde? Ganz sicher würde es dazu beitragen, die Welt zu einem glücklicheren Ort zu machen. Pamelas Motivation war nicht selbstlos, aber wer nicht wagt, der nicht gewinnt.

Stehlen Sie dem Universum nichts

Bei gewissen so genannten spirituellen Bewegungen, die sich mit Metaphysik und Gedankenkontrolle beschäftigen, herrscht eine geradezu empörende, gefährliche Überzeugung. Diese Gruppen behaupten, das Universum höchstselbst würde sich für die Finanzen ihrer Anhänger interessieren. Der »Beweis« für wahre »Erleuchtung« sei ein ständiger Geldzufluss, ohne dass man sich die Hände mit ehrlicher Arbeit schmutzig machen müsste. »Wohlstandsbewusstsein« lautet der Begriff, der für diese Art, Geld anzuziehen, benutzt wird.

Vielleicht fragen Sie sich, was ich mit »diese Art« meine. Visualisation, Konzentration, die Anrufung von Gottheiten, Meditation und Kontemplation sind Methoden, die voraussetzen, dass Sie Ihre Gedanken kontrollieren, um etwas zu erreichen. Die Übungen an sich sind weder negativ noch positiv. Die Motivation des Anwenders entscheidet, ob er gutes oder schlechtes Karma anzieht. Wenn das gewünschte Ergebnis materiell (Geld, Macht, Sex) und nicht spirituell (Sicherheit, Liebe, Harmonie, Selbstlosigkeit) ist, erzeugen die Methoden negatives Karma.

Wenn Sie mit einer positiven Einstellung arbeiten und nur ein bisschen clever sind, können Sie auf ehrliche Weise zu mehr Geld kommen. Damit ist kein negatives Karma verbunden, denn Sie bekommen, was Sie verdienen. Aber Sie müssen wissen: Es erzeugt schlechtes Karma, wenn Sie Geld oder irgendetwas anderes nehmen, das Sie nicht durch eigene Mühe verdient haben. Es wäre körperlich, seelisch, spirituell und natürlich karmisch sehr gefährlich.

Carol und die verflixte schwarze Magie

Carol war der Meinung, dass das Universum ihr Geld schuldete. Von mir wollte sie wissen, wann es endlich kommen würde. Verlockt von Verheißungen auf zukünftigen Reichtum, praktizierte sie verschiedene Manifestierungstechniken und wartete dann, dass ihre Wünsche Wirklichkeit wurden. Sie war so besessen von ihrem Verlangen, das viele Geld anzuziehen, das das Universum ihr »schuldete«, dass sie jeden Dollar, den sie verdiente, für Workshops, Kassetten, Vorträge, Sitzungen bei Hellsehern etc. ausgab. Schließlich wurde ihr gekündigt, weil sie lieber Seminare besuchte, als an ihrem Arbeitsplatz zu erscheinen.

Ihr Zustand machte mir Kummer. Sie hatte den glasigen Blick, den ich in den Augen von Menschen gesehen habe, die Mitglied einer Sekte waren. Freundlich versuchte ich, ihr das Gesetz des Karmas zu erklären. Sie unterbrach mich ständig, und all ihre Fragen drehten sich um Geld, Geld und noch mal Geld. Ich war schließlich gezwungen, ihr zu sagen, sie solle den Mund halten. Meine schroffen Worte schockierten sie so, dass sie tatsächlich schwieg. Ich setzte diese Methode ein, weil ich fürchtete, sie würde geradewegs ins Unglück rennen, und das wollte ich möglichst vermeiden.

»Jede Verwendung okkulter Kräfte zur Verwirklichung unserer persönlichen Wünsche ist ein Missbrauch der Kraft und kann als schwarze Magie bezeichnet werden«, erklärte ich ihr. Sie sah mich an, als würde ich in einer fremden Sprache reden. Also ging ich ein bisschen mehr ins Detail: »Unser einziger Schutz ist ein moralisches Verhalten. Wenn Sie einen Gedanken festhalten und von anderen isolieren, rufen Sie eine Form ins Dasein. Jede Form wird zu einem Elementargeist. Das ist eine unsichtbare Wesenheit, die sich auf einer niederen Stufe ihrer Entwicklung befindet. Man kennt diese Wesenheiten auch unter der Bezeichnung Feen, Kobolde, Elfen, Wichtel, Trolle, Heinzelmännchen und so weiter. Hellsichtige Menschen können sie sehen. Aber täuschen Sie sich nicht. Dass *Sie* sie nicht sehen können, bedeutet nicht, dass sie nicht da sind. Ein Blinder hat nie Farben gesehen, aber er weiß, dass es sie gibt. Ein Elementargeist handelt auf Anweisung der Menschen hin. Er erhält seine Instruktionen von starken Gedankenformen, die durch Wiederholung und Gedankenkontrolle entstanden sind, und tut das, was ihm aufgetragen worden ist.

Denken Sie nach: Wenn Sie Geld erhalten, muss es von irgendjemandem kommen. Nehmen wir an, Sie beschließen, dass Sie 100 $ finden wollen. Sie setzen sich hin, konzentrieren sich ganz stark und wiederholen immer wieder: ›Ich werde 100 $ finden.‹ Dann machen Sie eine Übung, bei der Sie sehen, wie Sie eine Straße entlanggehen und genau diesen Geldbetrag finden. Die Macht dieser Gedanken zieht einen Elementargeist an, der die Arbeit für Sie erledigt. Es kann Wochen oder Monate dauern, bis Ihre selbstsüchtigen Gedanken zu einem Ergebnis führen. Aber eines Tages werden Sie eine Straße entlanggehen, nach unten schauen und das Geld finden. Freuen Sie sich nicht zu sehr. Irgendjemand musste dieses Geld verlieren, damit Sie es finden konnten. Vielleicht war es die Sozialhilfe einer allein erziehenden Mutter oder Ihrer Oma oder das Bafög eines Studenten oder das Geld, das irgendjemand anders zum Ausgeben hatte. Kurz und gut: Es war und ist nicht Ihr Geld.« Ich machte eine Pause und fuhr dann fort: »Der

Elementargeist hat das Opfer abgelenkt; er hat ihm eine Gedankenform eingegeben, die es dazu veranlasste, das Geld fallen zu lassen. Die Oma zum Beispiel, die gerade ihre Sozialhilfe abgeholt hat, macht sich plötzlich Sorgen, ob sie nicht das Bügeleisen angelassen hat. Durch die Ablenkung lässt sie das Geld fallen, anstatt es in ihre Geldbörse zu stecken. Der Elementargeist hat der Oma den Floh mit dem Bügeleisen ins Ohr gesetzt. Das meine ich mit der Vorstellung, dass man dem Universum etwas stiehlt. Ihre starke Gedankenform hat dafür gesorgt, dass ein anderer Mensch sein Geld verliert, damit Sie es finden können. Ich verspreche Ihnen, dass Sie früher oder später, im ungünstigsten Augenblick, selbst mit einer leeren Geldbörse dastehen werden. Das war dann die Retourkutsche. Sie haben Ihr Geld verloren, oder Ihre ganze Tasche wurde gestohlen«, beendete ich meine Ausführungen und wartete auf Carols Antwort.

Sie starrte mich nur an und sagte nichts. Also fügte ich hinzu: »Sehen Sie sich Ihr Leben an. Sie haben versucht, mit *weniger* Anstrengung *mehr* zu bekommen, und dabei fast alles verloren. Sehen Sie nicht den Bumerang? Die guten Dinge kommen, wenn Sie positiv denken und entsprechend handeln. Warum spielen Sie mit Kräften, die Sie nicht verstehen?«, redete ich ihr ins Gewissen.

Schließlich machte Carol den Mund auf. »Mary T., was sehen Sie, wann genau werde ich dieses Geld finden?« Sie hat mich nie wieder aufgesucht.

Nehmen Sie ein *grünes* Karteikärtchen und schreiben Sie:

Positives Denken und entsprechendes Handeln erzeugen gutes Karma.

Karma und Bankrott

Sie müssen Ihre Schulden zurückzahlen. Und hier erhebt sich eine ernsthafte Frage: Wann ist es karmisch akzeptabel, den finanziellen Konkurs anzumelden? Das ist ein schwieriges spirituelles Problem. Sie sollten ihn nur dann in Erwägung ziehen, wenn Sie alles Menschenmögliche getan haben, um ihn zu vermeiden. Was verstehe ich unter »alles Menschenmögliche«?

Nehmen Sie Ihr *Die-Macht-des-Karmas*-Tagebuch und beantworten Sie die folgenden Fragen. Schreiben Sie sie ab und dann Ihre Antworten daneben. Das hilft Ihnen, Ihre finanzielle Situation ehrlich einzuschätzen.

1. Haben Sie einen Zweit- oder Drittjob angenommen, um Ihre Schulden zurückzuzahlen?
2. Haben Sie auch nur einen Euro unnötig ausgegeben, anstatt eine Rechnung zu bezahlen?
3. Haben Sie zu jedem, dem Sie Geld schulden, Kontakt aufgenommen und versucht, einen Rückzahlungsplan zu vereinbaren?
4. Haben Sie Ihren Lebensstil verändert, um Ihre monatlichen Ausgaben zu reduzieren?
5. Haben Sie Ihre Kreditkarten vernichtet?
6. Haben Sie alle Wertsachen verkauft, damit Geld hereinkommt?
7. Haben Sie alle verfügbaren Quellen auf professionelle Hilfe hin abgecheckt – Zeitschriften, Bücher, Fernsehsendungen, Freunde?

Im Lauf der Jahre hatte ich eine erkleckliche Anzahl von Klienten, die all dies getan hatten und trotzdem nicht in der

Lage waren, ihre Gläubiger zu befriedigen. Sie hatten keinen Einfluss auf die Umstände, die zu dem finanziellen Debakel geführt hatten. Bei einigen hatte der wirtschaftliche Wind sich schnell gedreht, und ehedem boomende Branchen standen vor einem Abgrund. Bei anderen war ein legales, nicht übermäßig riskantes Geschäft geplatzt. Die schlimmsten Fälle waren die, in denen Geld und Besitz für eine Krankheit in der Familie draufgegangen waren und die Betreffenden keine andere Möglichkeit sahen, als sich per Kreditkarte Bargeld zu verschaffen, zu einem exorbitanten Zinssatz. In solchen Fällen ist ein Konkurs eine spirituell akzeptable Entscheidung.

Herbert wirft das Handtuch

Mein Klient Herbert war in eine dieser schrecklichen Situationen geraten. Als er zu mir kam, war er ziemlich geknickt. Er hatte seine ganzen Ersparnisse eingesetzt und eine zweite Hypothek auf sein Haus aufgenommen, um seine eigene Firma aufzumachen. Er arbeitete 18 Stunden am Tag, wurde immer dünner und machte sich ständig Sorgen. Auch wenn er sich noch so sehr ins Zeug legte, die Rechnungen stapelten sich, weil er einfach nicht genug Aufträge hatte. Dann kam es in der Gegend, in der Herbert lebte, ohne Vorwarnung zu einer Rezession. Herbert verkaufte sein schönes Auto, nahm seine Kinder von der Privatschule, versuchte, sein Haus zu verkaufen, und es reichte trotzdem nicht. Seine Frau Lucy verkaufte selbst gemachte Kuchen und Plätzchen, um auch etwas beizusteuern. Sie hatte versucht, einen Job zu finden – aber es gab keinen. Herbert war am Rande des Nervenzusammenbruchs.

Ich sagte ihm, ich würde nicht sehen, dass die trüben Geschäftsaussichten sich in naher Zukunft ändern würden. Wir sprachen über seine Möglichkeiten, aber ich sah nur den Konkurs. Ich sah an seiner Aura, dass er vollkommen zusammenbrechen oder sogar sterben würde, wenn er seine Last nicht leichter machen würde. Freundlich, aber bestimmt, teilte ich Herbert mit, was ich sah.

Herbert nahm meine Botschaft nicht auf die leichte Schulter. Er legte die Hände übers Gesicht und begann zu weinen, mehr aus Erschöpfung als aus Selbstmitleid. Kurz nach unserer Sitzung stellte er seinen Geschäftsbetrieb ein und meldete Konkurs an. Die Familie zog in eine kleinere Wohnung, und er fand Arbeit im Hardware-Laden eines Freundes. Lucy verkauft immer noch Backwaren, und den Kindern geht es an der öffentlichen Schule gut. Es hat Herberts Selbstbewusstsein stark angeknackst, dass er seine Schulden nicht zurückzahlen konnte. Aber das Wissen, dass er alles Menschenmögliche getan hat, um sein karmisches Bankkonto auszugleichen, tröstet ihn. Er hatte erst aufgesteckt, nachdem er alle Möglichkeiten ausgeschöpft hatte. Sein Beispiel veranschaulicht die karmisch akzeptable, spirituell ausgeglichene Entscheidung, Konkurs anzumelden.

Kelly wird ertappt

Kelly kam in teuren Designerklamotten an. »Alles neu«, prahlte sie. Sie war um die 25, groß und schlank, und ihre Frisur erinnerte an Greta Garbo. Sie sah mich an und sagte: »Ich hab gerade Konkurs angemeldet, deshalb kann ich es mir leisten, heute zu Ihnen zu kommen.«

»Ich hoffe, das meinen Sie nicht ernst«, erwiderte ich.

»Doch«, sagte sie. »Ich hatte meine Kreditkartenkäufe auf 30 000 Dollar hochschießen lassen. Ich konnte kaum noch die Zinsen zahlen, von der Hauptschuld ganz zu schweigen. Also beschloss ich, in Konkurs zu gehen.«

»Und das macht Ihnen gar nicht aus?«, erkundigte ich mich.

»Warum sollte es das? Das machen doch alle«, sagte sie.

»Nein, Kelly, nicht jeder meldet Konkurs an, und Ihre Einstellung wird Ihnen karmisch ziemlichen Ärger einbringen. Sie haben Ihre Schuld nicht bereinigt; das denken Sie nur. Sie haben nicht versucht, Ihre Angelegenheiten in Ordnung zu bringen. Sie haben Geld für Dinge ausgegeben, die Sie nicht brauchen, und dann einfach beschlossen, allen zu sagen, sie sollten sich verziehen. Auf die eine oder andere Weise wird das Leben Sie zwingen, erwachsen zu werden und die Verantwortung für das zu übernehmen, was Sie tun. Jetzt prahlen Sie damit, dass Sie sich einen Termin bei mir leisten können, weil Sie andere übers Ohr gehauen haben. Auf welchem Planeten sind Sie bloß groß geworden?«, fragte ich.

»Woher wissen Sie, dass ich Sachen gekauft habe, die ich nicht brauche?«, fragte sie herausfordernd.

»Tut mir Leid, Kelly, aber ich glaube nicht, dass Sie 14 Paar Manolo-Blahnik-Schuhe brauchen!«

»Exakt so viele Paare habe ich.« Sie war sichtlich verblüfft über dieses hellseherische Appetithäppchen.

Aber Kelly hatte keine Gewissensbisse. Sie tat, als würde die Welt ihr alles schulden, was sie haben wollte. Sie brüstete sich damit, durch Vermittlung eines Freundes bereits eine neue Kreditkarte erhalten zu haben. Sie konnte es nicht erwarten, wieder einkaufen zu gehen.

Ich betonte, dass sie auf die eine oder andere Weise die Zeche würde bezahlen müssen. Sie lebte vom Geld anderer Leute. Ich fügte auch hinzu, dass ich in nicht allzu ferner Zukunft Einkommensteuerprobleme für sie sah. An dieser Stelle gab sie zu, dass sie ein paar Selbstständigenjobs gemacht hatte, aber nie die entsprechenden Steuern gezahlt hatte. Trotzdem verließ Kelly unsere Sitzung, als wäre alles vollkommen in Ordnung. Kein Wort von dem, was ich gesagt hatte, war zu ihr durchgedrungen.

Anderthalb Jahre später traf ich zufällig eine Freundin von Kelly. Kelly war vom Finanzamt erwischt worden. Weil sie die geschuldeten rückständigen Steuern nicht zahlen konnte, musste sie New York verlassen und wieder zu ihren Eltern nach Albany ziehen. Die hatten kein Verständnis für Kellys fehlenden Respekt vor dem Geld. Jetzt arbeitete sie doppelte Schichten als Kellnerin, um die Steuern zu zahlen und das, was übrig blieb, ihren Eltern zu geben. Ihre Schuhe verkaufte sie weit unter Preis in einem Secondhandladen. Der Bumerang war zurückgekommen.

Nehmen Sie vier *grüne* Karteikärtchen und schreiben Sie:

1. Ich tue alles Menschenmögliche, um meine Schulden zurückzuzahlen, bevor ich einen Konkurs in Erwägung ziehe.
2. Wenn ich in diesem Leben Geld missbrauche, werde ich im nächsten Leben keines haben.
3. In der universellen Karmabank gibt es keine Löschungen.
4. Schulden haben kein Verfallsdatum.

Ich frage mich, ob die Leute daran denken, dass sie sich mit nichts als Geldproblemen reinkarnieren werden, wenn sie in diesem Leben Missbrauch mit Geld treiben. Warum wohl werden manche Menschen arm geboren und nicht reich? Ein Hauptfaktor für ein schlechtes Finanzkarma ist sicher das Verhalten in früheren Leben. Kellys Fall könnte seine Ursache in einem früheren Leben haben, aber ihr Verhalten im jetzigen Leben reichte ganz eindeutig aus, um ihr schlechtes Karma einzubringen. Sie wird immer wieder auf die Erde zurückkommen und daneben liegen, wenn sie eine wichtige Lektion nicht lernt: Der richtige Umgang mit Geld ist einer der größten Tests, die unserem Geist gegeben werden. Vermasseln Sie ihn nicht!

Karma und Hilfe für andere

Wir leben in einer Welt, in der ein Viertel der Menschheit in der Lage ist, das Leid auf der restlichen Erde sofort zu lindern. Jeder von uns hat die Gelegenheit, dazu so viel Geld oder Arbeit beizutragen, wie ihm möglich ist. Viele Menschen, denen das Karma ein Geschenk in Form von Geld gemacht hat, haben nichts gegen Wohltätigkeit. Sie haben den angeborenen Wunsch, anderen zu helfen. Sie geben nie, um etwas zurückzubekommen, sondern weil das Geben für sie so natürlich ist wie das Atmen – es ist einfach das Richtige. Es gehört zu einem ganzen Menschen dazu.

Die Missachtung der Bedürfnisse derer, die nicht so glücklich sind wie wir, kann sehr schlechtes Karma erzeugen. Es gibt Leute, die zu mir kommen und sagen: »Wenn ich reich bin, gründe ich diese oder jene wohltätige Institution.« Etwas Narzisstischeres habe ich mein Lebtag noch nicht gehört. Sie wollen also einen Krankenhausflügel, der ihren Namen trägt? Den Ehrendoktorhut einer Universität? Ein Buntglasfenster in einer Kathedrale? Meine Antwort an all diese Leute lautet immer: »Worauf warten Sie? Fangen Sie heute an. Wie wär's mit einem Dollar für die Obdachlosen?«

Schreiben Sie die folgenden einfachen Anregungen zur Gestaltung Ihres Spenden-Karmas in Ihr *Die-Macht-des-Karmas*-Tagebuch.

1. Sehen Sie sich um. Wie können Sie jetzt, in diesem Augenblick, anderen helfen?
2. Tun Sie alles, was Sie können, um anderen zu helfen. Es muss keine große Geste sein. Wenn Sie wenig haben und einen Dollar geben, ist das genauso wertvoll wie die eine Million, die ein sehr Reicher spendet.
3. Sie können nicht nur mit Geld großzügig sein. Auch Ihre Zeit können Sie einer guten Sache zur Verfügung stellen, wenn Sie meinen, Sie hätten kein Geld übrig.
4. Wenn das Geben Ihnen nicht angeboren ist, können Sie es lernen. Der Wunsch, nützlich zu sein, beeinflusst neben Ihrem eigenen Karma auch das Karma der Welt positiv.

Möchten Sie nicht gern anderen helfen, weil das eine großartige Sache ist? Ich gehe jeden Tag am Pflegeheim meines New Yorker Stadtviertels vorbei. Inzwischen kenne ich viele der Bewohner. An schönen Tagen sitzen sie draußen in ihren Rollstühlen und genießen es, die Passanten zu beobachten. Werfen Sie diesen netten Menschen ein paar Worte zu, und ihr Tag ist gerettet! Es ist so einfach, »Hallo, wie geht's?« zu sagen. Es ist so einfach, die Rollstühle woandershin zu schieben, wenn die Leutchen an einer sonnigeren Stelle sitzen wollen. Einer meiner speziellen Freunde ist ein Mann namens Harold, der mir immer gern die neuesten Bilder von seiner geliebten kleinen Enkelin zeigt. Es ist eine Freude zu beobachten, wie er lacht und lächelt, wenn er die Bilder präsentiert. Es dauert vielleicht fünf Minuten, einem Menschen zu helfen, sich wichtig zu fühlen. Viele Leute in Greenwich Village nehmen die Pflegeheimbewohner zur Kenntnis. Viele aber leider auch nicht.

Sie brauchen sich nur umzusehen, wenn Sie draußen unterwegs sind – Möglichkeiten, das wunderschöne Gute-Werke-Karma zu erzeugen, finden Sie dann leicht. Nicht nur Geld ist wichtig! Auch Freundlichkeit, Herzlichkeit, Interesse am anderen zählen. Jeder von uns ist irgendwann alt, wenn es sein Karma ist, ein langes Leben zu haben. Würden Sie sich nicht freuen, wenn jemand *Sie* bemerkt, wenn Sie im Rollstuhl sitzen und auf ein paar aufmunternde Worte warten? Dafür brauchen Sie kein Geld und nicht viel Zeit. Nur ein bisschen Energie ist erforderlich. Liebe bringt Liebe hervor, falls Sie das vergessen haben sollten.

Es ist so viel einfacher, freundlich zu sein, als gleichgültig. Es ist so viel einfacher, Dinge zu registrieren, als die Augen vor ihnen zu verschließen. Ich habe noch nie einen glücklichen Egoisten kennen gelernt. Wir wurden geboren, um unseren Beitrag zu leisten, auch wenn einige von uns das vergessen haben. Ich möchte auch keine Entschuldigungen hören der Art: »Ich kann noch nicht einmal mir selbst helfen, wie soll ich dann anderen helfen?« Der einfache Schritt, auf einen anderen Menschen zuzugehen, könnte Ihr negatives Karma umpolen und die Schleusen für den Zufluss positiver Dinge öffnen.

Manche Leute geben, weil sie meinen, das würde garantieren, dass sie irgendwann etwas zurückbekommen. So etwas fällt allerdings nicht unter die Rubrik »gute Taten«, denn das Motiv für das Geben ist egoistisch. Viele sehr reiche Leute spenden riesige Geldsummen mit großem Tamtam und viel Medienzirkus. Oft wollen sie damit Einkommensteuer sparen *und* nebenbei ein bisschen gute Presse bekommen. Natürlich kann dieses Geld Bedürftigen helfen. Aber es ist keine echte Großzügigkeit, sondern ein E-gotrip. Die wahre Freude beim Spenden besteht darin zu geben, ohne sich um eine eventuelle Anerkennung zu kümmern. Aber Dank hin oder her: Geben Sie etwas von sich, wann immer Sie können. Geben Sie mit frohem Herzen. Respektieren Sie es. Denken Sie daran: Wir sind alle karmisch miteinander verbunden.

Nehmen Sie ein grünes *Karteikärtchen* und schreiben Sie:

Der Obdachlose, den du jetzt vernachlässigst, könntest im nächsten Leben du sein.

Wenn Sie das nächste Mal auf der Straße eine Obdachlose sehen, dann *sehen Sie sie wirklich an*. Wenn Sie sie jetzt ignorieren, sind Sie im nächsten Leben vielleicht an ihrer Stelle. Manche Leute sagen, wir müssten anderen beibringen, für sich selbst zu sorgen, was im Klartext bedeutet: keine Almosen. Super. Es ist durchaus sinnvoll, dem anderen zu zeigen, wie er die Samen aussäen muss, die dann von Jahr zu Jahr Früchte tragen. Aber bis er die Samen, das Land, die Werkzeuge und das Wissen hat, müssen wir ihm vielleicht doch etwas zu essen und zu trinken geben.

Nehmen Sie Ihr *Die-Macht-des-Karmas*-Tagebuch und machen Sie die folgende Wahrnehmungsübung:

> Schreiben Sie mindestens eine gute Tat auf, die Sie jeden Tag tun wollen: einer Obdachlosen ein bisschen Geld geben, zu einer Kollegin eine freundliche Bemerkung machen oder irgendetwas anderes, das Ihren Weg kreuzt.

Jeder Beitrag, den Sie vom Herzen her leisten, erzeugt gutes Karma, und das führt zu Harmonie. Entscheiden Sie sich für etwas Einfaches, aber tun Sie es konsequent.

Die Hochzeit

Im letzten Herbst bekam ich von Lawrence die Botschaft, zu einem Treffen mit ihm nach Santa Fe in New Mexico zu fahren. Das war keine große Überraschung, denn ich bin oft dort, um zwei reizende alte Damen zu besuchen, um die ich mich kümmere. Wir würden das Angenehme mit dem Nützlichen verbinden. Als ich in meinem Hotel ankam, klingelte das Telefon. »Mein Kind, ich sehe, du bist pünktlich angekommen«, begrüßte mich Lawrence' Stimme. Er riet mir, mich ein bisschen auszuruhen, denn von New York nach New Mexico hatte ich eine lange Reise gehabt. Er sagte, er würde mich am nächsten Nachmittag um vier Uhr an einem meiner Lieblingsplätze treffen.

Es war ein perfekter Tag. Ich fuhr zu einer kleinen Stadt namens Ojo Caliente, etwa eine Stunde außerhalb von Santa Fe. Die berühmten Mineralquellen haben der Stadt ihren Namen gegeben. Lawrence und ich trafen uns in einem kleinen Szene-Café mitten in der Stadt.

Lawrence hat die unheimliche Fähigkeit, immer so auszusehen, als wäre er da, wo wir uns gerade treffen, zu Hause. Er kam in einem blauen Jeanshemd, kakifarbenen Hosen und Mokassins an. Über den Arm hatte er nachlässig ein blaues Jackett drapiert. Er lächelte und zwinkerte mir zu. »Anpassungsfähigkeit ist eine Kunst«, meinte er, als er mir die Hand reichte.

Ich lachte. »Bei dir, Lawrence, ist sie eine Wissenschaft.«

Wir bestellten das Mittagessen und saßen ein paar Minuten still da. Lawrence wusste, was in meinem Leben los gewesen war. Wie bereits erwähnt, kann er meine Gedankenformen lesen und ist, wenn ich ihn brauche, nur einen Gedanken weit weg. Er wollte meine Fortschritte mit dem Karmabuch-Projekt abchecken und ein paar Fragen beantworten, über denen ich brütete. Er unterbrach das Schweigen mit den Worten: »Erzähl mir von der Hochzeit, die du letzten Monat besucht hast.«

Eine sehr reiche, prominente Klientin von mir hatte für ihre einzige Tochter eine große Hochzeit veranstaltet. Es war ein spektakuläres Fest gewesen, über das in der Presse viel geschrieben wurde. Die Gästeliste las sich wie ein »Who's who«, und die ganze Sache hatte im besten Hotel von New York stattgefunden. Es waren keine Kosten gescheut worden, um aus dem Ereignis die Hochzeit des Jahres zu machen. Ich war hingegangen, weil ich diese Klientin sehr mag und sie seit zehn Jahren kannte. Es war eine tolle Party gewesen, und alle hatten sich amüsiert.

»Na ja, es war gigantisch«, erwiderte ich. Ich schilderte Lawrence die Einzelheiten und fügte hinzu, dass ich gerne wissen würde, was er davon hielt, zwei Millionen Dollar für eine Hochzeit auszugeben.

»Überleg mal, wie viele Leute deine Freundin beschäftigt hat. Die Schneider, die Floristen, das Hotelpersonal, die Taxifahrer, Kellner, Lieferanten für Speisen und Getränke, Schuhmacher, Verkäuferinnen, und so weiter und so weiter. Es hat der Wirtschaft der Stadt geholfen, alle haben eine schöne Zeit verbracht, und deine Freundin konnte es sich ohne Weiteres leisten. Die Dame, die diese Hochzeit für ihre Tochter geschmissen hat, ist ein sehr philanthropischer Mensch«, führte er aus.

Ich muss sagen, dass diese Antwort mich erstaunte. Lawrence las meine Gedanken. »Warum überrascht dich meine Antwort? Du versuchst doch, den Leuten praktische Methoden nahe zu bringen, gutes Karma zu erzeugen und anderen zu helfen. Ich glaube, dass die Hochzeit für zweierlei gut war. Alle haben sich großartig amüsiert, und ihre Freude hat positive Gedankenformen durch die ganze Stadt geschickt; und den Leuten wurde geholfen, Geld zu verdienen«, ergänzte er.

»Natürlich hast du Recht. Ich hatte es noch nicht so gesehen. Das Geld für die Hochzeit hat vielen Leuten geholfen, und schließlich war es ihr Geld, das sie so ausgeben kann, wie sie will. Wenn die Leute kein Geld mehr für Waren und Dienstleistungen ausgeben würden, gäbe es keine Ökonomie«, antwortete ich.

»Genau«, stimmte er zu, froh darüber, dass ich es begriffen hatte.

»Die Leute erwarten von einem spirituellen Lehrer, dass er solche Exzesse anprangert«, fügte ich hinzu.

»Damit wäre meine Anpassungsfähigkeit überfordert.« Er machte eine Pause, denn unser Mittagessen kam. »Solche Festivitäten helfen der Weltwirtschaft. Wir können solche Ausgaben nicht ändern, also müssen wir ihre Vorteile und nicht ihre Nachteile sehen.«

Lawrence ist der flexibelste Mensch, der mir je begegnet ist. Im Lauf der Jahre hat er mir sehr geholfen, in allen Lebensbereichen flexibler und anpassungsfähiger zu werden. Man könnte vermuten, dass es eher umgekehrt wäre – dass jemand, der spirituell so entwickelt ist wie er, eine rigorosere Einstellung zu den Dingen hat. Er kennt seine Gefühle ganz genau, aber er kann verstehen, wie andere eine Situation wahrnehmen.

Anpassungsfähigkeit

Er sprach darüber, dass die Menschen flexibler werden müssen. »Die Veränderung muss von innen kommen. Die meisten Leute meinen, sie würden sich ändern, wenn sie sich eine andere Frisur oder Garderobe zulegen. Falsch. Nur wenn sie am inneren Selbst arbeiten, spüren sie die Folgen einer Veränderung.«

»Wie kann ich den Menschen helfen, sich mehr für Veränderungen zu öffnen?«, fragte ich ihn. »Ich glaube, viele Leute würden weniger leiden, wenn sie sich besser vorbereiten würden. Sieh dir zum Beispiel die Wirtschaft an. Die Leute flippen aus, weil die Börsenkurse derart rauf und runter gehen. Sie haben Angst und sind sauer. Sie sehen, dass ihr Depot im Keller ist, und haben nicht mehr das Zusatzeinkommen, an das sie sich gewöhnt hatten. Offenbar haben viele Leute alles auf eine Karte gesetzt. Sie haben ihr Geld in Technologie investiert, weil die Gewinne enorm waren. Dann kam eines Tages die Kehrtwendung. Mit diesem Abwärtstrend hätte man rechnen müssen, denn die Annahme, irgendetwas könnte ewig so schnell weiterwachsen, ist absurd. Viele meiner Klienten sind wegen ihrer finanziellen Zukunft in Depression und Panik verfallen. Ich möchte nicht erleben, dass alle völlig paranoid werden. Aber zu leugnen, dass die Welt sich vor unseren Augen verändert, wäre dumm.« Ich wartete auf seine Antwort.

Er nickte zustimmend. »Es schadet nicht, sich daran zu erinnern, dass die Geschichte sich wiederholt. Die Finanzmärkte sind immer schon rauf und runter gegangen. Und das wird so bleiben. Was nützt es, wegen Dingen hysterisch zu werden, die man nicht steuern kann? Menschen reagieren mit Gewalt, wenn sie meinen, sie wären für eine Veränderung nicht bereit. Das Leben wartet selten, bis wir uns vollkommen bereit fühlen, aber wenn du dich auf eine Krise vorbereitest, wirst du nicht aus der Bahn geworfen, wenn die Veränderung dann schließlich eintritt. Anpassungsfähigkeit ist lernbar. Die Leute wissen nicht, was sie machen sollen, um besser zu leben. Das Altbekannte, Vertraute umgibt sie wie ein Gefängnis, und alles, was vom Üblichen abweicht, erscheint bedrohlich«, erklärte Lawrence und machte eine Pause.

»Das ist der springende Punkt. Die Leute können oder wollen sich nicht ändern und tun es erst dann, wenn sie keine andere Wahl haben«, ergänzte ich.

»Die Fähigkeit zur Anpassung hängt auch von der festen Überzeugung ab, dass das, was uns an Lebensumständen präsentiert wird, unserem Wachstum dient. Wir ziehen bestimmte Situationen an, weil wir in karmischer Hinsicht noch etwas zu lernen haben. Egal wie schlimm das Problem erscheint, es wird vorübergehen. Die Zeit heilt vieles, und sie kann uns vieles lehren. Die Verinnerlichung einer Veränderung braucht vor allem Zeit. Und Sinn für Humor kann auch nicht schaden.« Er hielt wieder inne und nippte an seinem Tee. »Offenbar muss ich mich darauf einstellen, dass es schon spät ist.«

Er nahm meine Hand, brachte mich zu meinem Auto und schlug vor, ich solle eine Zeit lang über das nachdenken, was er mir gesagt hatte. Die Schönheit des Sonnenuntergangs über den Bergen verschlug mir den Atem. Ich war sehr dankbar dafür, die Natur so genießen zu können, während ich über die Anpassungsfähigkeit nachsann und darüber, dass jede »echte Veränderung« von innen kommen muss.

Die folgende einfache Übung wird Ihnen helfen, wenn finanzielle Sorgen Sie erdrücken. Nehmen Sie Ihr *Die-Macht-des-Karmas*-Tagebuch.

1. Fragen Sie sich: »Wie viele Stunden am Tag denke ich an Geld, und wie viele an meine spirituelle Entwicklung?« Schreiben Sie die Antwort auf. Tun Sie dies auch an den sieben folgenden Tagen.
Wenn Sie am Ende der Woche feststellen, dass Ihre Finanzen Ihr Denken beherrschen, den größten Teil Ihrer Zeit beanspruchen und Sie hinterher fix und fertig sind, ist es an der Zeit, die gedankliche Ausrichtung zu

verändern. Offenbar wenden Sie nicht genug Zeit für spirituelle Dinge auf. Vielleicht fragen Sie sich, wie Sie diese Neuausrichtung vornehmen sollen.
2. Passen Sie Ihr Denken an den neuen Schwerpunkt an. Lösen Sie Ihr Bewusstsein von den Alltagssorgen und denken Sie an Dinge, die das Gleichgewicht fördern: Freundschaft, Liebe, Natur, Musik, vor allem aber den Dienst an anderen.
3. Richten Sie Ihre Gedanken mehrmals täglich ein paar Minuten lang auf spirituell Schönes.
4. Notieren Sie am Ende eines jeden Tages kurz, wie Sie sich fühlen.
Wahrscheinlich werden Sie verblüfft feststellen, dass viele Sorgen einer größeren Harmonie gewichen sind. Diese Schätze sind nicht materiell, sondern spirituell. Die Schwankungen der Aktienkurse können sie nicht beeinflussen. Sie stehen jedem jederzeit zur Verfügung. Nach dieser Neuausrichtung werden Sie bemerken, dass Ihre Grundstimmung sich gewaltig verändert hat. Die Besorgtheit ist durch mehr Gelassenheit ersetzt worden.

6. Karma und Macht

Der Mythos Macht

Macht ist vergänglich. Politische, ökonomische und soziale Verhältnisse können sich im Handumdrehen ändern. Die Zeitungen sind voll von Staatsstreichen, feindlichen Übernahmen, politischen Skandalen und wirtschaftlichen Unruhen. Solche Ereignisse führen in vielen Bereichen zu dramatischen Führungswechseln. Jemand ist in der einen Minute der Boss und in der nächsten der Kärrner. Machtkämpfe können unsere Familien, unsere Freundschaften und unsere Liebesbeziehungen zerstören.

Menschen halten sich gern in der Nähe der Mächtigen auf. Viele glauben, sie würden einflussreicher, wenn sie die Gesellschaft der Hautevolee suchen. Aber denken wir daran, dass Macht nicht nur das Geburtsrecht der Herrscher, die Belohnung für militärische Erfolge oder das Ergebnis politischer Siege ist. Sie ist nicht nur in den Büros von Vorstandsvorsitzenden zu finden. Es gibt viele Formen der Macht, finanzielle, politische, soziale, emotionale und spirituelle.

Sehen wir den Tatsachen ins Auge: Jeder von uns hätte in seinem Leben gern zumindest ein bisschen Macht. Jeder von uns hat das Bedürfnis, in seiner Welt wichtig zu sein, Autorität und Bedeutung zu haben. Viele finden diese Anerkennung in ihrer Familie, ihrem Beruf oder ihrer (Kirchen-) Gemeinde. Macht kann und sollte einen positiven Einfluss in unserem Leben haben. Ihre richtige Anwendung kann es harmonischer und ausgeglichener machen.

Kennen Sie das wunderbare Gefühl, das sich einstellt, wenn man die Kraft hat, einer Versuchung zu widerstehen und eben *nicht* raucht, zu viel isst oder sich zu einem irrationalen Wutausbruch hinreißen lässt? Haben Sie sich je die Zeit genommen, jemandem zu helfen, der sich verlassen und einsam gefühlt hat? Sie haben Ihre Macht mit einem Schwächeren geteilt, und das hat Sie beide stärker gemacht. Gute Chefs verwenden ihre Autorität so, dass die Mitarbeiter das Gefühl haben, respektiert und gebraucht zu werden. Aber manche Formen der Macht können sich in null Komma nichts in Luft auflösen. Deshalb sollten wir uns um *wahre* Macht bemühen. Was wahr ist, hat Bestand. Es hängt nicht von Äußerlichkeiten ab.

Lawrence hat mir einen langen Vortrag über wahre Macht gehalten. »Wahre Macht spiegelt sich in den inneren Qualitäten eines Menschen. Sie stellen sich ein, wenn man den Willen positiv einsetzt und ständig danach strebt, gutes Karma zu erzeugen, indem man so denkt und handelt, dass es der Menschheit nutzt. Menschen, die nur Macht wollen und dafür leben, vernachlässigen alles andere. Die Familie, Liebe und Gesundheit gehören zu den ignorierten Aspekten, die auf dem Weg zur Macht bei ihnen unter den Tisch fallen. Wenn der Machttrieb extrem wird, geht die Verbindung zu den Mitmenschen verloren. Früher oder später geht in der Welt dieser Machtsüchtigen irgendetwas schief, und sie sind einsam, körperlich oder geistig am Ende oder sterben vor der Zeit.«

Nehmen Sie zwei *lila* Karteikärtchen und schreiben Sie:

1. Macht sollte in meinem Leben eine positive Position besetzen.

2. Wahre Macht spiegelt sich in meinen inneren Qualitäten.

Leonards Machtzusammenbruch

Nichts konnte Leonard davon abhalten, zu viel zu arbeiten. Er verbrachte viel Zeit in seinem Büro und gönnte sich wenig oder keine Auszeiten. Die Folge war ein leichter Schlaganfall. Er kam ins Krankenhaus und wurde von seinem Arzt eindringlich gewarnt: Er musste unbedingt kürzer treten. Leonards Frau machte sich große Sorgen, aber er wollte nicht auf sie hören. Sie versuchte, Leonard davon zu überzeugen, dass er sich keinen Stress machen sollte, aber er schnauzte sie an und meinte, sie solle aufhören zu nörgeln. Einen Tag, nachdem er aus dem Krankenhaus entlassen war, ging er schon wieder zur Arbeit. Er wollte nichts delegieren; er dachte, er wäre der Einzige, der seine Arbeit ordentlich machen konnte. Und er verfiel in seine alten Gewohnheiten: bis spät abends arbeiten, ungesunde Ernährung, kein Sport. Ständig wiederholte er, dass er mit vierzig Multimillionär sein wollte. Seiner Frau lag nichts an derart großem Reichtum. Es ging ihnen sehr gut, und sie meinte, Leonard solle dankbar sein für das, was sie hatten, und das Leben mehr genießen. Aber er wollte keinen Tag aussetzen, egal was auch passierte. Er dachte, Zeit wäre Geld, und Geld wäre Macht. Er kam einmal zu mir. Ich warnte ihn und prophezeite ihm, er würde keine vierzig werden, wenn er nicht einen Gang zurückschalten würde. Trotzdem interessierte ihn nur die Frage, ob ich sah, dass er noch reicher und mächtiger wurde.

Mit neununddreißig hatte Leonard einen Herzinfarkt

und fiel tot um. Diese Tragödie war völlig unnötig gewesen. Wenn er die Warnungen beachtet hätte, die sein Arzt, seine Frau und ich ausgesprochen hatten, würde er heute wahrscheinlich noch leben. Als ich nach der Beerdigung mit seiner Frau sprach, sagte sie, sie wünschte, sie wäre ihrem Mann gegenüber bestimmter aufgetreten. Ich versicherte ihr, dass sie alles ihr Mögliche getan habe, um ihm zu helfen. Es war der tragische Fall eines Mannes, der wegen seines Ehrgeizes zu früh starb.

»Ehrgeiz kann etwas Fürchterliches sein«, meinte Leonards Frau durch ihre Tränen hindurch. »Wenn Sie darüber nachdenken, ist es wirklich lächerlich. Leonard hatte alles, aber es schien nie genug zu sein.«

»Macht kann einen Menschen verderben. Er konnte vor lauter Bäumen den Wald nicht mehr sehen«, tröstete ich sie sanft.

Heutzutage ist es schick, ein Workaholic zu sein, aber das bringt Ihnen nichts, wenn Sie als Fall für die Statistik enden. Sie können Ihre Arbeit sehr gut machen und gut leben, ohne sich dabei umzubringen. Ich kenne einen Mann namens Henry, der eine riesige Firma leitet, den berufliche Sorgen aber nie übermäßig bedrücken. Wenn seine Woche besonders anstrengend war, verlässt er freitags das Büro besonders früh. Er vernachlässigt nichts, weigert sich aber, sich wegen seines Jobs selbst umzubringen. Er hat sich sehr viel Zeit für die Auswahl eines erstklassigen Personals genommen, und er weiß, dass ein guter Boss sich dadurch auszeichnet, dass er Verantwortung delegiert. Er lädt seine Batterien wieder auf, indem er so oft wie möglich hinaus aufs Land fährt. Ich beschreibe ihn am liebsten mit dem Wort »maßvoll«.

Henry hat mir gesagt: »Ich trinke nicht zu viel, ich esse nicht zu viel und ich treibe nicht zu viel Sport. Bei mir ist jeder Tag von dem Gedanken bestimmt, dass ich maßvoll lebe.«

Man muss nicht Firmenchef sein, um wahre Macht zu erwerben. Jeder kann so leben wie Henry. Zuerst erscheint es vielleicht schwierig, aber es ist einfacher, als ständig Angst zu haben. Henry hat *wahre* Macht. Er steuert sein Leben, nicht das Leben ihn.

Machtzusammenbrüche vermeiden

Wir alle fühlen uns zuweilen von unserer Arbeit oder dem Leben im Allgemeinen überlastet. Für jede erledigte Aufgabe scheinen zwei neue nachzuwachsen. Aber wir zwingen uns dazu, weiterzukämpfen, auch wenn unsere Energie auf Null ist.

Hier ein paar einfache Übungen, die Ihnen helfen sollen, Machtzusammenbrüche zu vermeiden.

1. Leben Sie nicht Tag für Tag so, als stünden Sie unter Termindruck. Das verkürzt Ihr Leben und verschlechtert Ihre Laune. Hören Sie auf Ihren Körper; er wird Ihnen deutlich sagen, wenn er überlastet ist. Stress zeigt sich an zahlreichen körperlichen Symptomen, etwa Verdauungsstörungen, Schlaflosigkeit, nervösen Tics, Hautausschlägen und Herzbeschwerden. Achten Sie auf Warnsignale und treten Sie kürzer. So ersparen Sie sich gravierendere Probleme.

2. Bereiten Sie sich auf stressige Zeiten dadurch vor, dass Sie sich möglichst oft entspannen. Das gibt Ihnen die zusätzliche Energie, die Sie brauchen, um einen bestimmten Termin einzuhalten.
3. Halten Sie einen Augenblick lang inne und fragen Sie sich: »Was bringt es, wenn ich mich antreibe, bis ich umfalle?« Wenn Sie ins Jenseits gehen, werden Sie nicht nach Ihrem Bankkonto oder Ihrem Titel beurteilt, sondern nur danach, wie gut Sie anderen gedient haben. Der Dienst am anderen ist das wahre Maß für Lebensqualität.
4. Fragen Sie sich am Ende eines jeden Tages: »Was habe ich heute getan, um anderen zu dienen?«

Einfache Verhaltensänderungen können uns davor bewahren, unsere Machtreserven zu erschöpfen. Hier eine praktische, wirkungsvolle Übung:

Nehmen Sie sich jeden Morgen fünf Minuten Zeit, um Ihren Tagesablauf mental zu organisieren. Mir ist klar, dass die meisten von uns sehr viel zu tun haben, aber diese Übung können Sie machen, während Sie Kaffee kochen, sich rasieren, duschen oder das Pausenpaket für Ihre Kinder zusammenstellen. Konzentrieren Sie sich in diesen fünf Minuten auf das, was an diesem speziellen Tag *notwendig* ist. Denken Sie dabei an den Sinn des Wortes »*notwendig*«: Tun Sie das, was in den nächsten 24 Stunden *Not wendet*. Verwechseln Sie das *Notwendige* nicht mit dem, was Sie tun wollen oder wozu Sie gerne Zeit hätten.
Ihre mentale »Notwendig«-Liste könnte folgendermaßen aussehen:

Frühstücken. Pünktlich zur Arbeit erscheinen. Mittags an einem Geschäftsessen teilnehmen. Mich auf die Kunden konzentrieren, mit denen ich mich heute beschäftigen muss. Die Sachen aus der Reinigung holen. Die Reservierung für das Abendessen mit meiner Freundin bestätigen. Vor dem Zubettgehen eine Viertelstunde Stretching machen. Den Wecker für morgen stellen.
Die Liste könnte auch Folgendes enthalten: Mich vergewissern, dass alle wach sind. Kaffee kochen. Meinen Mann daran erinnern, dass er nach der Arbeit auf dem Nachhauseweg Blumen für den Geburtstag seiner Mutter mitbringt. Allen ein Frühstück machen. Die Kinder zum Schulbus begleiten. Die Wohnung in Ordnung bringen. Die monatlichen Rechnungen zahlen. Besorgungen machen: Lebensmittel, Post, Schulbedarf. Mich kurz aufs Ohr legen. Die Kinder von der Bushaltestelle abholen. Mich um sie kümmern. Geburtstagsbesuch bei Oma.

Wahrscheinlich brauchen Sie zur Zusammenstellung dieses mentalen Terminkalenders noch nicht einmal fünf Minuten. Gestatten Sie sich keine Panik wegen der Dinge, die Sie nicht in diesem Tag unterbringen. Der Ärger schluckt nur Energie, die Sie für andere Angelegenheiten benötigen. Machen Sie diese Übung mindestens vierzig Tage lang jeden Morgen. Beobachten Sie, wie Ihr Aussehen sich verändert. Sie müssten sich zentrierter, glücklicher und ausgeglichener fühlen. Ich glaube, dass Sie diese Übung auch nach den vierzig Tagen und vielleicht Ihr ganzes Leben lang weitermachen, wenn Sie erst einmal erkannt haben, wie nützlich sie ist.

Ehrgeiz

Ehrgeiz ist immer negativ. Wenn wir in jeder Lage unser Bestes geben wollen, sind wir auf spirituelle Weise motiviert. Das ist etwas ganz anderes als Ehrgeiz. Es ist so ähnlich wie der Unterschied zwischen Selbstbehauptung und Aggression, zwischen einem festen Händedruck und einem Schlag ins Gesicht.

Ehrgeiz ist der Wunsch nach weltlichem Erfolg oder Macht. Neid ist mit ihm verbunden und Bilder von Ausbeutung, Aggression und Gier. Die treibende Kraft hinter dem Ehrgeiz ist ein höherer Status. Er ist das Gegenteil von Demut und spirituellem Gleichgewicht. Ein ehrgeiziger Mensch ist nur mit sich selbst beschäftigt und meistens ziemlich unangenehm. Man versteht die Bedeutung des Wortes falsch, wenn man meint, Ehrgeiz wäre eine positive Eigenschaft. Er kann eine Facette in der Veranlagung eines Möchtegern-Mächtigen sein, aber meist steht am Schluss ein Zusammenbruch der Macht.

Lawrence hat sich zum Thema Ehrgeiz wie folgt geäußert: »Manche Leute sagen, wenn sie keinen Ehrgeiz gehabt hätten, hätten sie nichts im Leben zu Stande gebracht. Das stimmt nicht. Erinnere dich, das Gesetz des Karmas besagt, dass wir bekommen, was wir verdienen. Sollen wir auf Stress und Kampf eingestellt sein oder auf Ruhe und Entschlossenheit? Du kannst hart arbeiten und deine Energien darauf konzentrieren, gute Arbeit zu leisten, ohne dich von deinem Ehrgeiz zum Sklaven machen zu lassen. Ehrgeiz kann andere verletzen. Ein Mensch kann sich so in seinen Machtrausch hineinsteigern, dass er alle anderen nicht mehr wahrnimmt. Lohnt es sich, andere zu verletzen oder zu zerstören, nur um zu bekommen, was du willst? Du kannst ein fürsorglicher, verantwortungsbewusster Mensch sein und trotzdem mit deiner Arbeit Erfolg haben.«

Nehmen Sie zwei *lila* Karteikärtchen und schreiben Sie:

1. Ich werde nicht zum Sklaven meines Ehrgeizes.
2. Ich konzentriere meine Energie darauf, hervorragend zu sein, nicht darauf, Macht zu bekommen.

Merrills Methoden gehen voll daneben

Merrill war von Ehrgeiz besessen. Sie war entschlossen, die Firmenleiter hinaufzuklettern, und arbeitete schonungslos auf eine Beförderung hin. Sie arbeitete 16 Stunden täglich und lebte nur für ihren Job. Sie schlief sehr unregelmäßig, hatte immer Angst, nicht genug gearbeitet zu haben, und war reizbar und unfreundlich. Niemand mochte sie so richtig. Sie schuftete wie ein Roboter, egal wie es ihr gesundheitlich ging. In einem Winter war sie drei Monate lang krank, fehlte aber keinen einzigen Tag. Den Kontakt zu Freunden verlor sie, weil sie keine Zeit hatte, Telefonanrufe zu erwidern. Irgendwann rief dann niemand mehr an.

Ich stellte ihr dazu ein paar Fragen, und sie antwortete, dass sie die Beförderung haben wollte, koste es, was es wolle. Ihr Vater hatte ihr einmal gesagt, aus ihr würde nie etwas werden, und sie wollte ihm beweisen, dass er Unrecht hatte, auch wenn es sie umbrachte. In ihrem Gesicht stand starr und finster unerschütterliche Entschlossenheit. Merrill hörte auf niemanden, schon gar nicht auf mich. Ich warnte sie, dass sie einen Nervenzusammenbruch erleiden würde, wenn sie nicht langsamer tun würde. Sie war zu mir gekomen, um herauszufinden, wann sie endlich befördert würde. »Merrill, ganz ehrlich, ich sehe keine Beförderung. Sie haben am Arbeitsplatz eine Konkurrenz, die Ihnen entgangen ist, und ich sehe Sie noch für mindestens ein Jahr in Ihrer gegenwärtigen Position«, prophezeite ich. Sie stürmte hinaus.

Die Zeit verging, und als die Beförderungen bekannt gegeben wurden, war Merrill nicht dabei. Ihr Chef sagte ihr, er würde schätzen, dass sie so viel arbeitete, aber ihr würde die soziale Kompetenz fehlen, die für den Job nötig war. Er erkannte an, dass sie eine Pause brauchte, und schlug vor, sie solle sich ein paar Wochen freinehmen und sich erholen. »Nächstes Jahr werden wir Ihren Fortschritt dann neu bewerten«, meinte er.

Merrill war am Boden zerstört und versank in einer tiefen Depression. Sie war der Anlass, dass sie noch einmal mit mir reden wollte. Ich sagte ihr, dass das Ausbleiben der Beförderung kein Weltuntergang sei. »Sie müssen sich mehr Zeit nehmen zu leben und sich etwas Gutes zu tun«, meinte ich. »Es ist in Ordnung, hart zu arbeiten, aber Sie sind so gestresst, dass Sie fast zusammenbrechen. Es tut mir Leid, dass das mit der Beförderung nicht geklappt hat. Ich weiß, dass Sie sehr enttäuscht sein müssen.« Ich wartete, bis diese Bemerkung sich gesetzt hatte, und fuhr dann fort: »Manchmal stellt sich im Nachhinein heraus, dass Situationen, die schrecklich erscheinen, sehr nützlich sind. Sie haben die Chance bekommen, Ihre berufliche Situation zu überdenken. Wollen Sie wirklich so weiterleben wie bisher? Sie sind ein Nervenwrack, weil Sie vergessen haben, wie man sich amüsiert.«

Merrill starrte mich wütend an und sagte dann, als hätte sie mich nicht gehört: »Ich kann nicht verstehen, dass mein Chef mir sagt, ich hätte keine soziale Kompetenz. Ich versuche doch nur, jeden dazu anzuhalten, sein Bestes zu geben. Was ist daran so schlecht? Wenn ich hart arbeite, sollen die anderen das auch!«

»Jeder hat andere Fertigkeiten und Fähigkeiten«, erwiderte ich. »Sie dürfen nicht erwarten, dass jeder die gleiche Einstellung zur Arbeit hat wie Sie. Ja, es ist in Ordnung, gute Arbeit leisten zu wollen, aber für mich hört es sich so an, als wären Sie zu hart zu den Leuten. Man kann bestimmt, aber trotzdem freundlich sein.«

»Ich wollte General Manager sein, bevor ich achtundzwanzig bin, und jetzt wird das nicht klappen«, klagte sie.

»Wieso achtundzwanzig?«, erkundigte ich mich.

»Ich habe mir für meine Ziele immer Termine gesetzt. Den College-Abschluss hatte ich mit einundzwanzig in der Tasche, die Graduierung mit dreiundzwanzig. Ich hab immer gedacht, ich wäre schneller als andere Leute. Für mich ist das wichtig.«

»Das ist schade für Sie, Merrill, denn das Leben läuft nicht immer geradlinig, und darauf müssen Sie sich einstellen. Sie dürfen nicht in so engen Schienen denken. Sie werden nie Frieden finden, wenn Sie sich auch in Zukunft nur auf Ihr Ziel konzentrieren. Was ist mit Ihrer spirituellen Entwicklung?«

»Ich weiß nicht, was Sie meinen. Kirchen interessieren mich nicht«, verkündete sie.

Ich erklärte, dass ich das Dienen meinte und dass man an andere denkt. Sie hörte nur halb zu – offenbar war sie an diesem Teil des Gesprächs nicht interessiert. Als unsere

Zeit vorbei war, äußerte sie beim Gehen erbost, das nächste Mal würde sie die Beförderung bekommen. Nichts würde sie aufhalten. Sie wollte die Macht, die die Beförderung mit sich bringen würde. Sie musste einfach noch härter arbeiten. Aber ich wusste, dass dieser schonungslose Ehrgeiz Merrill nie *wahre* Macht einbringen würde. Es war eine Tragödie, aber sie würde noch viele Leben haben, in denen sie die Lektion lernen konnte.

Eltern und Macht

Nichts bei der Geburt ist ein Zufall. Die Seele, die sich eine neue Persönlichkeit erschafft, inkarniert sich in der Umgebung, die für den Ausgleich des Karmas und für ihre Entwicklung erforderlich ist. Das Großziehen von Kindern ist mit enormer karmischer Verantwortung verbunden. Die Eltern sind dafür verantwortlich, dass sie ihren Kindern beibringen, was richtig und was falsch ist, denn sie haben aus karmischen Gründen beschlossen, sie großzuziehen. Gute Eltern haben die Pflicht, ihren Kindern zu helfen, zu starken, ausgeglichenen, freundlichen Menschen zu werden. Die Eltern müssen ihren Kindern Kommunikationsfertigkeiten vermitteln. Sie müssen verfügbar sein, damit sie ihre Kinder beobachten, ihnen zuhören, mit ihnen reden und sie anleiten können. Die kleine Grausamkeit, die das Kind begeht, kann zu einem schweren Charakterfehler werden, wenn sie ignoriert wird. Eltern haben im Leben ihrer Kinder eine sehr starke karmische Position.

Tom: Der Apfel fällt nicht weit vom Stamm

Meine Klientin Annie hat einen sechsjährigen Sohn, Tom. Am ersten Schultag klaute ein Achtjähriger Toms Pausenbrot. Tom war wütend, traute sich aber nicht, den anderen zur Rede zu stellen oder dem Lehrer etwas zu sagen, denn er hatte Angst, der ältere Junge würde ihm wehtun. Er besprach das Problem schließlich mit seiner Mutter, die zu erklären versuchte, warum manche Kinder böse sind. Traurig, aber wahr: Kinder können genauso gemein sein wie Erwachsene. Sie handeln grausam, weil sie sich mächtig fühlen, wenn sie auf Schwächeren herumhacken.

Annie schrieb Toms Lehrer ein Briefchen, in dem sie der Schule das Verhalten des anderen mitteilte. Der Lehrer war dankbar für diese Information und sagte dem älteren Jungen, dass sein Verhalten Folgen haben würde. Er stiehlt jetzt keine Pausenbrote mehr. Tom hat keine Angst mehr, zur Schule zu gehen.

Umsichtige Erziehung

»Wir lassen zu, dass andere schlechtes Karma für sich erzeugen, wenn wir ihnen die Macht geben, uns wehzutun«, hat Lawrence einmal gesagt und dies anhand der folgenden Fabel illustriert:

Es war einmal ein Löwe, der jeden Menschen fraß, der ihm begegnete. Ein großer Meister ging zu dem Löwen und sagte: »Warum frisst du Leute, die dir nichts Böses tun? Du tust etwas Unrechtes und wirst dafür bezahlen müssen. Du erzeugst schlechtes Karma um dich herum.« Ein paar Monate später kam der Meister zurück, um den Löwen zu besuchen. Überrascht sah er, dass das Tier schwer verletzt war und blutete. »Was ist dir zugestoßen, Löwe?«, fragte er. »Du hast mir gesagt, ich soll keine Menschen mehr fressen, weil das böse sei, und also habe ich getan, was du mir gesagt hast«, erwiderte der Löwe. »Ich hab dir nie gesagt, dass du sie nicht anknurren und erschrecken sollst«, sagte der Meister. »Jetzt hat dein Entgegenkommen dir geschadet, und du hast zugelassen, dass all diese Menschen sich negatives Karma aufgeladen haben, denn du hast dich von ihnen schlagen lassen.«

Die Geschichte des Löwen lässt sich auf unsere Gesellschaft anwenden. Wir müssen unseren Kindern beibringen, wie sie sich schützen können. Wir müssen ihnen beibringen, was richtig und was falsch ist. Wir müssen ihnen genau zuhören, wenn sie das leiseste Knurren von sich geben. Wir müssen sie lehren, dass es grausam und inakzeptabel ist, jemanden zu hänseln, und dass sie sich einmischen müssen, wenn sie eine Ungerechtigkeit sehen. Wir müssen die persönliche Verantwortung für das karmische Verhalten in unserer Gesellschaft übernehmen. Gleichgültigkeit schützt uns nicht vor den Folgen, die die karmischen Bumerangs der Gesellschaft haben.

Die gegenwärtigen schrecklichen Schießereien in Schulen sind eine ernüchternde Anklage, die das Karma der Gesellschaft uns entgegenschleudert. Nehmen Sie Ihr *Die-Macht-des-Karmas*-Tagebuch und beantworten Sie die folgenden Fragen:

1. Tue ich irgendetwas, das bei einem anderen Menschen Hilflosigkeit, Ohnmacht, Verzweiflung oder Entfremdung auslösen könnte?
2. Habe ich Angst, in brenzligen Situationen den Mund

aufzumachen, weil ich denke, das wäre nicht meine Aufgabe?
3. Akzeptiere ich die moralische Verantwortung, alle Vorfälle, die gefährliche oder sogar tragische Folgen haben könnten, zu melden – egal wie unbedeutend sie erscheinen?
4. Vermittle ich den Leuten, dass sie mit mir reden können, wenn sie das Bedürfnis dazu haben?
5. Verhalte ich persönlich mich so integer, dass ich anderen als Vorbild dienen kann?

Sehen Sie sich Ihre Antworten an, und wenn Sie Ihr Verhalten ändern müssen, *tun Sie es sofort*. Vergeuden Sie keine Zeit damit, zu jammern oder sich zu entschuldigen. Es geht um Leben oder Tod, und für Verzögerungen ist keine Zeit. Diese Übung nützt nicht nur Ihnen, sondern der ganzen Gesellschaft.

Die Geschichte der Menschheit ist die Erinnerung an menschliche Kämpfe. Sie ist die Gesamtsumme der karmischen Aktionen und der entsprechenden Reaktionen. Zu allen Zeiten sind wir aufgefordert worden, für das Gute oder für das Böse Stellung zu beziehen. Dieser Kampf hält an, und jeden Tag entsteht neue Geschichte. Wir können als großherzige Gesellschaft in Erinnerung bleiben, die die Schwachen geschützt, in Harmonie mit dem Wohl aller gearbeitet und die Ideale der freien Entscheidung und der persönlichen Verantwortung gefördert hat. Sorgen Sie dafür, dass wir nicht als selbstsüchtige, narzisstische, korrupte Gesellschaft in Erinnerung bleiben. Die Entscheidung liegt bei uns. Die Zukunft liegt in unserer Hand. Was wir heute tun, ist die Geschichte von morgen.

Nehmen Sie zwei *lila* Karteikärtchen und schreiben Sie:

1. Geschichte ist die Erinnerung an menschliche Kämpfe.
2. Was wir heute tun, ist die Geschichte von morgen.

Machtspiele: Ruths Geschichte

Meine Freundin Ruth war total beleidigt, als ihr Freund die sechsjährige Beziehung beendete. Sie hatte mir wiederholt erzählt, sie sei unglücklich und plane selbst, einen Schlussstrich zu ziehen. Sie war außer sich, weil er ihr die Macht aus der Hand genommen und das Tischtuch als Erster zerschnitten hatte. »Wie kann er es wagen, diese Entscheidung zu treffen, ohne sie mit mir zu diskutieren? Ich wollte die sein, die ihm sagt, dass es vorbei ist!«, schrie sie.

Dieses Verhalten hatte ich bei Ruth noch nie erlebt. Ich sagte ihr, sie benehme sich völlig irrational. Damit zog nun ich mir ihren Ärger zu. »Wie willst du wissen, wie es sich anfühlt, abgeschoben zu werden?«

»Ruth, jeder hat wohl schon einmal eine Abfuhr erlebt. Du *wolltest* doch Schluss machen«, erwiderte ich.

»Aber ich wollte nicht, dass die Initiative von *ihm* ausgeht. Jetzt meint er, es sei seine Idee gewesen. Alle werden denken, dass er in unserer Beziehung das Sagen hatte«, beharrte sie.

Ruth war ausgeflippt, weil sie sich machtlos fühlte. Ich versuchte, vernünftig mit ihr zu reden, und sagte ihr, eigentlich müsste sie dankbar sein, denn sie habe immerhin nicht das schlechte Karma auf sich geladen, ihren Freund zu verletzen. »Wahrscheinlich hat er das Ende eingeläutet, weil er es kommen fühlte. Du bist nicht todunglücklich«, sagte ich ihr. »Dein Ego hat einen Knacks bekommen.«

Erst nach einiger Zeit verstand Ruth, dass ihr Problem im Grunde darin bestand, dass sie immer alles unter Kontrolle haben wollte. Sie liebte nicht ihren Freund, sie liebte es, die Fäden zu ziehen. Ich gab ihr ein paar Übungen, damit sie die wahre Macht entwickeln konnte, die durch Selbsterkenntnis und Liebe entsteht. Ich sagte ihr, sie solle ein *lila* Karteikärtchen nehmen und schreiben:

Selbsterkenntnis ist der erste Schritt zur Macht.

»Behalt es bei dir und sieh es dir an. Verwende es als Lesezeichen«, riet ich ihr.

»Was meinst du mit Selbsterkenntnis, Mary?«, forschte sie.

»Sich selbst kennen bedeutet, dass man seine Stärken und Schwächen anerkennt und weiß, wie man sie steuern kann. Sobald wir diese Selbsterkenntnis haben, können wir anfangen, persönliche Beziehungen zu meistern und zu genießen. Ein aufgeblähtes Ego kann ein echter Stolperstein für eine wirklich befriedigende Beziehung sein, denn es kann uns dazu veranlassen, die Stärken des anderen oder unsere Schwächen zu leugnen. Das führt dann leicht zu einem Machtkampf – man will immer die Oberhand haben. Die meisten Leute nehmen sich nicht die Zeit, ihr wahres Selbst zu erforschen, und das Ergebnis sind Verwirrung, Wut und falscher Stolz. Und deshalb ist Selbsterkenntnis wirklich der erste Schritt zur Macht«, klärte ich sie auf.

Ich wies Ruth dann an, auf ein anderes *lila* Karteikärtchen das folgende Gebet zu schreiben, das sie immer aufsagen sollte, wenn sie sich machtlos fühlte:

Bitte, höheres Selbst in mir, verhilf mir zu der Macht, alle Hindernisse zu überwinden, die mich von meinem Glück fern halten.

Ich sagte ihr auch, sie solle in ihr *Die-Macht-des-Karmas*-Tagebuch oben über eine leere Seite schreiben:

> *Klärungsübung*
> Dann sollte sie in der Mitte der Seite eine senkrechte Linie ziehen, sodass zwei Spalten entstanden. In der linken Spalte sollte sie mindestens zehn Gelegenheiten aus den letzten drei Beziehungsmonaten auflisten, bei denen sie glücklich gewesen war. In die rechte Spalte sollte sie alles schreiben, was sie in der Beziehung unglücklich gemacht hatte. Sie brauchte einige Zeit, bis sie fertig war. Als sie mir die Listen zeigte, standen in der linken Spalte ganze drei Einträge, in der rechten jedoch 41!

Diese Übung zeigte Ruth, dass die Anzeichen klar waren. Sie hatte keine Liebe verloren, sie hatte ein Egoproblem. Mit dieser Übung lässt sich der wahre Charakter aller möglichen Probleme erkennen. Und wenn wir uns *und* unsere Motive kennen, erwerben wir die Macht, die in der Entschlossenheit liegt.

Ich freue mich berichten zu können, dass Ruth durch diese innere Arbeit eine neue, harmonische Beziehung angezogen hat. Sie ficht nun keine Machtkämpfe mehr aus. Die Freude über die Beziehung zu einem gleichwertigen Partner hat sie zu einem sehr viel freundlicheren, bewussteren Menschen gemacht. Ruth hat ihre Karteikärtchen immer dabei und vielen ihrer Bekannten Kopien geschenkt.

Sie hat das gute Karma geerntet, eine wundervolle Beziehung zu haben, und weil sie anderen geholfen hat, ist ihr karmische Freude sicher. Sie versucht weiter, ihr Leben und das Leben als solches immer besser zu verstehen. Sie ist ein großartiges Beispiel dafür, dass intensive Selbsterkenntnis dazu beiträgt, sich eine bessere, hellere Zukunft zu verdienen.

Maya

Leider verwechseln viele Leute Liebe mit ihrem Bedürfnis, andere zu dirigieren, zu kontrollieren oder zu besitzen. Das ist keine wahre Macht. Es ist *maya*, ein Sanskritwort, das »Illusion« oder »falsche Auffassung« bedeutet.

Lawrence hat mir *maya* einmal folgendermaßen erklärt:

Es gibt eine alte Geschichte über einen Mann, der die Straße entlanggeht und vor Angst einen Satz macht, als er eine Schlange sieht. Er geht näher heran und sieht, dass es keine Schlange ist, sondern ein Stück Seil. Er lacht über sich, als ihm klar wird, dass er auf etwas reagiert hat, das gar nicht da war.

Lawrence sagt, dass wahre Macht mit Integrität aufgeladen ist. Sie beruht nicht auf Angst, Einschüchterung, Herrschaft oder Gewalt. Ihre Wurzeln sind Fairness, Hochachtung, Anstand, Toleranz und Selbstachtung. Sie hat ihren Ursprung auch in der Fähigkeit loszulassen.

Nehmen Sie ein *lila* Karteikärtchen und schreiben Sie:

Wahre Macht hat ihre Ursache in der Fähigkeit loszulassen.

Die Macht, die im Loslassen liegt

Im Lauf der Jahre haben mir viele Menschen gesagt, für sie sei die Fähigkeit, die Dinge aus der Distanz zu sehen und loszulassen, gleichbedeutend mit Gleichgültigkeit. Im schlimmsten Fall, so meinen sie, sei eine distanzierte Haltung eine völlig gefühllose Haltung. Manche verbinden mit ihr eine Versager-Mentalität – man hat keinen Ehrgeiz, kümmert sich nicht um weltliche Güter. Es ist eine häufige Fehleinschätzung, dass man nicht in der Welt leben und gleichzeitig vom Geist des Loslassens beseelt sein kann und dass man, um diese Einstellung zu leben, ins Kloster gehen, ein Armutsgelübde ablegen, auf alle Beziehungen verzichten oder sich als Eremit in den Wald zurückziehen muss. In Wirklichkeit ist es ein sehr viel größerer Test für den Charakter, in der Welt zu leben, ohne an ihr zu hängen, als sich von allen weltlichen Versuchungen fern zu halten.

Loslassen bedeutet nicht Gleichgültigkeit: Es bedeutet, nichts zu *erwarten*. Erwartung führt zu Enttäuschung, wenn die Dinge nicht so laufen, wie wir wollen. Loslassen ist die Fähigkeit, das, was ist, zu akzeptieren, und nicht zu fragen: »Und was ist, wenn ...?« Wenn wir lernen, jeden Menschen und jeden Teil unseres Lebens zu lieben, ohne an ihnen zu hängen, sind wir nicht Sklaven unserer Wünsche. Wir lieben aus reiner Freude am Lieben. Dies ist die größte Freiheit, auf die wir überhaupt hinarbeiten können. Und ich kann Ihnen sagen, dass es ein herrliches Gefühl ist, von all den Qualen um irgendeinen *Kram* befreit zu sein. Reichtum, Macht, Ruhm, Beziehungen – sie kommen und gehen. Ein Mensch, der die Fähigkeit des Loslassens erwirbt, akzeptiert, was er bekommt, und erträgt, was ihm genommen wird. Loslassen bedeutet nicht, dass wir mit einer Bettelschale auf der Straße leben müssen. Vielleicht klammert der Bettler mehr als der Millionär. Loslassen ist eine *innere Haltung*. Sie beinhaltet, dass wir *mit oder ohne* Dinge oder Vorstellungen leben können und unser inneres Gleichgewicht bewahren, egal woher der Wind weht.

Ist nicht jeder von uns mit Kram überlastet? Was meine ich mit »Kram«? Das Gegenteil von Loslassen – Bindungen aller Art. Hier ein paar Synonyme für »Kram«: Habseligkeiten, Vermögen, Müll, Gepäck, Firlefanz, Plunder, Zeug, Gerümpel. Das Wort kann alles Mögliche bezeichnen, aber wir brauchen nichts davon zu sein, zu haben oder zu tun. Sagt nicht der gesunde Menschenverstand uns, dass wir glücklicher wären, wenn wir weniger *Kram* hätten? Es ist jedenfalls der erste Schritt zu einem Leben, in dem wir nicht an Dingen und Vorstellungen hängen – und mehr Freude haben.

Übung: Kram loslassen

Nehmen Sie Ihr *Die-Macht-des-Karmas*-Tagebuch und listen Sie den Kram auf, den Sie gerne loswerden würden: Dinge, Gefühle und/oder spirituelle Vorstellungen. Es heißt, dass voll gestopfte Räume, Schubladen und Schränke eine emotionale oder spirituelle Überladung anzeigen, aber das muss nicht so sein. Manche Leute fühlen sich in Räumen wohl, die anderen als das reinste Chaos erscheinen. Beurteilen Sie nie, wie jemand anders lebt.

Nehmen wir an, Sie sind ein Mensch, der eine Ungerechtigkeit, die ihm angetan wurde, nie loslässt. Das ist emotionaler *Kram*, der Ihnen Ihre Kraft nehmen kann und Sie auslaugt. Schreiben Sie Folgendes: Ich lasse die Vergangenheit los.

Auch Groll ist eine Art Gerümpel. Manche Leute gehen mit dem tief verwurzelten Gefühl durchs Leben, ungerecht behandelt worden zu sein. *Schreiben Sie Folgendes: Ich bin kein Opfer, und ich verhalte mich nicht wie ein Opfer.*

Diese Übung ist sehr breit angelegt, denn der »Kram«, den jemand loswerden will, sieht bei jedem anders aus. Sobald Sie entschieden haben, was Sie sich vom Halse schaffen wollen, *tun Sie es!* Wenn die erste Sache erledigt ist, gehen Sie zur zweiten, dann zur dritten und so weiter. Diese Arbeit dauert das ganze Leben. Sabotieren Sie sich nicht selbst durch die Meinung, es sei unmöglich. Machen Sie Ihre Last allmählich leichter, Schritt für Schritt. Mit der Zeit werden Sie die Ergebnisse Ihrer Mühen sehen. Denken Sie daran, wie eine Schublade mit Papieren aussieht, nachdem Sie sie geordnet und das Überflüssige entfernt haben; genauso wird sich nach einiger Zeit Ihr Denken anfühlen. Das bedeutet Loslassen.

Noch eine Art des Loslassens

Wenn Sie ein Bild malen und nur daran denken, wie andere es aufnehmen werden und wie viel Geld es Ihnen bringen wird, leben Sie wahrscheinlich in ständiger Anspannung und sind letzten Endes mit Ihrer Arbeit unzufrieden. Wenn Sie dagegen aus Freude am Schaffen künstlerisch tätig sind und die Moneten dahin fallen lassen, wohin sie fallen wollen, werden Sie das, was Sie tun, lieben. Sie sind frei, den Vorgang als solchen zu genießen. Wenn Sie Ihr Bild verkaufen, ist das wundervoll. Freuen Sie sich über das Geld. Wenn niemand es kauft, hängen Sie es an die Wand und versuchen Sie es noch einmal – das Nächste wird vielleicht noch besser. Dies ist die Freiheit, im Augenblick zu leben, ohne die Unsicherheit des »Und was ist, wenn …?«. Denken Sie daran: Wenn es Ihr Karma ist, Ihr Kunstwerk zu verkaufen, einen Bestseller zu schreiben, einen wunderbaren Menschen zu heiraten oder reich zu werden, *wird es so kommen*. Sie halten den Schlüssel zu einem ausgewogenen Leben in den Händen, wenn Sie Ihren Träumen folgen, lieben und lernen, aber an nichts hängen. Alles vergeht, aber der Geist bleibt.

Die Macht, die in der persönlichen Verantwortung liegt

Sams Ego wird an die Luft gesetzt

Sam kam wütend und deprimiert zu dem Gespräch mit mir. Er war gerade zum dritten Mal innerhalb eines Jahres gefeuert worden. Er bestand darauf, dem Karma aus einem früheren Leben dafür die Schuld zu geben (was *unter Umständen* richtig war), aber offenbar war sein Problem auch in seinem jetzigen Leben begründet. Er wirkte so arrogant, dass die Leute sich am liebsten von ihm fern hielten.

Er weigerte sich, auch nur das kleinste Bisschen an persönlicher Verantwortung für sein Verhalten zu übernehmen. Ich sah bestimmte Vorfälle an seinem Arbeitsplatz, die zu der Kündigung geführt hatten, und wies ihn darauf hin: Er war seinen Vorgesetzten gegenüber frech geworden, hatte es den Kollegen gegenüber an Respekt fehlen lassen, er kam generell zu spät und hatte ständig das Bedürfnis, im Mittelpunkt zu stehen. Sams Mantra lautete: »Ich bin ein Opfer ... Ich bin ein Opfer ... ein Opfer.«

Ich prophezeite ihm, dass er weiter vor die Tür gesetzt werden würde, wenn er sein Verhalten nicht änderte. Sam ereiferte sich, dass ich auf dem Holzweg sei, die Sache mit einem früheren Leben zu tun habe und er ein Opfer des Karmas sei.

»Sam, es ist mir eine Ehre, mit einem solchen Karma-Experten zusammen zu sein«, meinte ich scherzhaft. »Ich sehe dies nicht als karmisches Problem, sondern als eine Frage des Charakters. Sie haben die Macht, Ihre berufliche Vita zu ändern. Hören Sie auf, sich wie ein Opfer zu verhalten, und werden Sie erwachsen«, empfahl ich ihm, als er ging.

Ein Jahr später suchte er mich noch einmal auf. Er hatte zwei weitere Jobs verloren. »Okay«, meinte er nun, »vielleicht mache ich tatsächlich etwas falsch.« Sam musste in zwei Jahren fünf Arbeitsplätze verlieren, um den Dingen ins Auge zu sehen. Er machte ganz eindeutig etwas falsch.

»Sam, Sie haben sich mit Ihren Vorgesetzten wegen Kleinigkeiten gestritten. Ich sehe, dass Ihr letzter Chef wollte, dass Sie Ihre Ausgaben wöchentlich abrechnen. Sie haben sich geweigert, ihn einen Idioten genannt und ihm gesagt, Sie würden sie monatlich einreichen«, erklärte ich. Er sagte, er sei verblüfft über die Genauigkeit meiner hellsichtigen Informationen. »Sam, Ihr Ego, nicht Ihr Karma, hat Sie vor die Tür gesetzt. Mit der Anerkennung dieser Wahrheit fängt die echte Macht an«, sagte ich. »Sie können Ihr Verhalten ändern und den beruflichen Bereich Ihres Lebens vom Chaos ins Gleichgewicht bringen.«

Ich ließ ihn den folgenden Satz auf ein *lila* Karteikärtchen schreiben, das er immer bei sich tragen sollte:

Wahre Macht beruht auf Integrität.

Ich sagte ihm auch, er solle in sein *Die-Macht-des-Karmas*-Tagebuch schreiben:
1. Jobgeschichte – wie viele Jobs, wie lange?
2. Ehrliche Gründe, warum er die Jobs verloren hatte.

Sam nahm sich viel Zeit, seine Jobgeschichte detailliert aufzuschreiben. Er erkannte, dass er sich seinen schlechten Gewohnheiten stellen und sie überwinden musste. Jeden Morgen und jeden Abend konzentrierte er sich darauf, seine Opfermentalität in eine Siegermentalität zu verändern. Seinen Fortschritt hielt er ausführlich schriftlich fest. Es war nicht einfach, aber er zog die Sache durch. Als er ein Jahr später zu einer dritten Sitzung erschien, ging ein positives Leuchten von ihm aus. Er berichtete, seinen gegenwärtigen Job habe er jetzt schon seit zehn Monaten, und er sei sehr glücklich. Ich war froh, ihm voraussagen zu können, dass ich keine mit der Arbeit zusammenhängenden Probleme für ihn sähe, solange er auf seiner jetzigen Schiene bliebe. Ich schärfte ihm ein, weiter an seinem Verhalten zu feilen. Er musste weiter auf der Hut sein. Er versicherte mir, das neue Gefühl, sein Verhalten unter Kontrolle zu haben, sei herrlich. Es war die »wahre Macht«, über die wir bei der ersten Sitzung gesprochen hatten. »Es gefällt mir, mit dem guten Karma zu leben, das ich verdient habe«, meinte er lächelnd, als er an diesem Tag ging.

Machtmissbrauch

Manche Leute üben ihre Macht gern im kleinen Stil aus, andere im großen. Die Liebe zur Macht hat auf die Vernunft eine verheerende Wirkung. Viele berühmte Leute, die von ihrer Lust an der Macht beherrscht wurden, sind von ihrer egoistischen Suche nach dem Glück und dem unstillbaren Verlangen nach persönlichen Vorteilen vernichtet worden. Aber Sie müssen kein Prominenter sein, um Ihr Leben durch ein unausgewogenes Machtstreben zu ruinieren. Der Gebrauch und der Missbrauch von Macht wiegen karmisch sehr schwer. Seien Sie deshalb sicher, mit der Verantwortung umgehen zu können, die die Macht begleitet, bevor Sie sie anziehen.

Die Macht der Gedanken

Ihr ganzes Leben und alle Aspekte Ihres Wesens sind ein direktes Ergebnis Ihrer Gedanken. Alles ist Gedanke, und ohne Gedanken gibt es nichts. Auch Ihre früheren Leben waren die Materialisierung von Gedanken. Wir können uns nicht vorstellen, welche Macht dieser Prozess hat. Nicht nur das, was wir tun, sondern auch das, was wir denken, erzeugt Karma. Ein Gemälde ist der Gedanke an ein Bild, der auf eine Leinwand gebannt wurde. Ein Musikstück ist ein Gedanke, der in strukturierte Klänge umgesetzt wurde. Das Buch, das Sie gerade lesen, hat als ein Gedanke angefangen, der in Sprache verwandelt und in Form von Buchstaben zu Papier gebracht wurde.

Sie müssen lernen, Ihre Gedanken so zu beobachten wie der Wächter seinen Posten. Gestatten Sie sich keine Nachlässigkeiten. Lernen Sie, Ihre Gedanken zu erziehen – solange, bis Sie mühelos positiv denken können. Negatives Denken führt zu einem Leben, dem das Gleichgewicht fehlt, was wiederum schlechtes Karma erzeugt. Was ist negatives Denken? Alle Gedanken, aus denen Böswilligkeit, Gier, Verzweiflung, Wut auf sich selbst oder auf andere, Selbstmitleid oder Rache sprechen. Gedanken, die liebevoll, freundlich, konstruktiv, produktiv und versöhnlich sind, sind positiv.

Wenn wir gutes Karma hervorbringen wollen, müssen wir richtig denken. Jeder von uns kennt Menschen, die wir als negativ bezeichnen würden. Sie sind nie zufrieden. Wenn der Himmel blau ist, ist er nicht blau genug. Wenn sie eine Gehaltserhöhung bekommen, ist sie nicht hoch genug. Wenn man ihnen ein Kompliment macht, ist es nicht das richtige. Diese armen Seelen bemerken ihre Negativität gar nicht. Aus irgendeinem Grund ist sie zu ihrem Betriebssystem geworden, und deshalb sehen sie das Glas immer als halb leer, nie als halb voll. Und dann wundern sie sich, dass sie nie das Gefühl haben, dass ihr Leben erfüllt ist.

Nicht alle »Negativlinge« sind so extrem, aber die entsprechende Denkweise verursacht in all ihren Formen nichts als Ärger. Ich meine nicht, dass wir die Augen vor Negativem verschließen sollten – jeder hat Probleme und Sorgen. Aber wir müssen lernen, sie loszulassen, unsere Schwierigkeiten anerkennen und sie dann nach besten Kräften bewältigen. Lassen Sie nicht zu, dass Hoffnungslosigkeit Ihre Macht ersetzt! Ist es nicht logisch, dass Sie nur Negatives anziehen werden, wenn die trübe Aura der Negativität Sie umgibt? Sie wissen doch ... Bumerang!

Sallys dunkle Wolke

Sally war an einem Spätnachmittag ausgeraubt worden. Als sie mich anrief, war sie ziemlich hysterisch. Sie wollte wissen, warum dieser Überfall ihr Karma war. »Es waren bestimmt zwanzig Leute auf der Straße, und der Kerl hat mich ausgesucht. Was habe ich in einem früheren Leben getan, um das zu verdienen?«, fragte sie weinend.

»Bevor Sie einem früheren Leben die Schuld geben, sollten wir uns vielleicht das jetzige ansehen. Erinnern Sie sich, an was Sie unmittelbar vor dem Überfall gedacht haben?«, fragte ich.

Sie seufzte und sagte: »Also, ich hatte heute einen schrecklichen Tag. Ich war stinkwütend und sauer wegen meines Jobs. Ich dachte daran, wie sehr ich meine Chefin hasse und wie sehr ich wünschte, sie würde entlassen werden. Wenn ich jetzt darüber nachdenke, war ich so fuchtig, dass ich nicht merkte, dass der Typ mir folgte. Ich war dermaßen in Rage, dass ich gar nicht darauf achtete, wo ich hinging.«

»Zum Glück sind Sie nicht verletzt worden, Sally, aber merken Sie sich diese wertvolle Lektion. Es kann gefährlich sein, sich in negative Gedanken einzunudeln«, erwiderte ich.

»Sie haben Recht«, gab sie zu. »Ich muss meine Gefühle unter Kontrolle halten. Meiner Chefin geht es gut. *Ich* bin diejenige, die ausgeraubt worden ist.«

»Sie müssen zuerst Ihre Gedanken ändern, die Gefühle folgen dann nach. Es ist immer das Denken, das uns zu guten Taten drängt oder desaströse Aktionen heraufbeschwört. Das Denken ist das Streichholz. Wenn es durch die

Gefühle angezündet wird, erzeugt es Feuer. Und Sie entscheiden, was Sie mit den Flammen machen: Setzen Sie sie positiv ein oder lassen Sie sie zu einem verheerenden Brand werden«, erklärte ich. Sie dankte mir, dass ich mir für sie Zeit genommen und ihr begreiflich gemacht hatte, dass sie ihr Karma ändern konnte, wenn sie ihren Gedanken eine andere Richtung gab. Dann wollte sie wissen, wie sie das neue Programm starten sollte.

»Der erste Schritt besteht darin, sich nicht über den anderen zu ärgern, sondern sich in ihn einzufühlen«, sagte ich. Ich gab ihr die folgende Meditationsübung.

Meditation: Einfühlungsvermögen lernen

Die Fähigkeit zu verstehen, wie ein anderer Mensch fühlt, ist sehr wichtig. Vielleicht sind Sie anderer Meinung, aber es geht darum, mit dem anderen mitzufühlen. Sie müssen sich auf den anderen konzentrieren – auch wenn Sie ihn nicht mögen – und sich zwingen, seine Vorzüge und nicht seine Schwächen zu sehen.
Setzen Sie sich an einen angenehmen Ort, an dem Sie nicht gestört werden. Lassen Sie Ihre Gedanken ungehindert fließen. Sehen Sie dann vor Ihrem geistigen Auge Ihre Chefin. Lassen Sie nicht zu, dass Wut oder Hass sich in Ihnen breit macht. Diese negativen Gefühle werden letztendlich Sie verletzen, weil sie Ihnen die innere Ruhe nehmen. Überlegen Sie, warum Ihre so genannte Feindin unglücklich sein könnte. Schicken Sie ihr dann liebvolle Gedanken. Schon allein dadurch wird Ihre Einstellung sich zu verändern beginnen. Sie werden zu ei-

nem positiveren Menschen, dem gutes Karma leichter zufließt.

Wenn Sie den Standpunkt eines anderen sehen können, ist dies wahre Macht. Machen Sie die Übung so oft wie möglich. Sie kostet Sie nur ein paar Minuten, und Sie können sie fast überall ausführen. Jedes Mal, wenn Sie feststellen, dass Wut auf den anderen sich in Ihre Gedanken eingeschlichen hat, halten Sie inne, atmen tief durch und schalten innerlich wieder auf »Verständnis« um. Diese Übung lässt sich für alle Lebensbereiche anwenden: die Arbeit, die Familie und anderes, das Ihnen negative Gedanken und damit negative Gefühle eingibt.

Die Macht des Wortes

Worte haben genauso ein Eigenleben wie Gedanken. Sobald etwas ausgesprochen ist, kann es nicht mehr zurückgeholt werden. Wenn Sie einen anderen Menschen mit Ihren Worten verletzen, wird er Ihnen vielleicht verzeihen, aber der Schaden ist angerichtet. Wie oft sind Sie nicht schon ins Fettnäpfchen getreten, weil Sie unbedacht etwas dahingesagt haben? Viele herzzerreißende oder tragische Missverständnisse könnten vermieden werden, wenn wir nachdenken würden, bevor wir den Mund aufmachen.

Wenn gutes Karma Ihr Leben erhellen soll, dürfen Sie nichts und niemanden beurteilen oder kritisieren. Sehr viele Leute vergeuden ihre Zeit und ihre Energie damit, ihre Nachbarn in diese oder jene Schublade zu stecken und die Taten ihrer Mitmenschen zu verhackstücken. Wenn jeder von uns sich für den Versuch Zeit nehmen würde, das Wesen und das Verhalten seines Gegenübers zu verstehen, gäbe es auf der Welt sehr viel weniger gedankenlose Urteile und unnötiges Leid. Aber dazu brauchen wir Geduld. Es liegt Macht in der Geduld.

Es kann sein, dass wir uns ziemlich beherrschen müssen, um den Mund zu halten und das Tun und Lassen eines anderen Menschen nicht zu bewerten, sondern ihm zu helfen. Helfen ist nicht dasselbe wie Einmischen. Nur wenn Gefahr im Verzug ist, sollten Sie auf eine Weise handeln, die man als Einmischung verstehen könnte. Sie ziehen sich sehr schlechtes Karma zu, wenn Sie zulassen, dass es zu einer Tragödie kommt, weil Sie nichts unternommen haben.

Erinnern Sie sich: Wenn Sie einen Hilferuf hören, ist es Ihr Karma, ihn zu beantworten. Denken Sie nie: *Es ist schließlich sein Karma, dass er angegriffen wird, also brauche ich mich nicht darum zu kümmern.* Tun Sie alles, was in Ihrer Macht steht, um Schaden abzuwenden. In vielen Fällen können ein paar Worte über Leben oder Tod entscheiden.

Lawrence verwendet Worte nie ohne Grund. Er belehrt, aber er urteilt nie. Er weist auf ein Problem hin, um so an seiner Lösung mitzuwirken. Er kann hart sein, aber er ist nie grausam. Sein einziges Motiv ist der Wunsch, jedem, dem er begegnet, dienlich zu sein. Er hat wirklich die Geduld eines Heiligen. Ich dagegen habe in puncto Geduld einiges zu lernen.

Lawrence lächelt bei solchen Gelegenheiten immer und sagt: »Schritt für Schritt, mein Kind. Wenn du dich ausgerechnet zur Geduld antreibst, hast du die Schlacht verloren, bevor sie begonnen hat.«

Es ist sinnlos, Energie zu verschwenden oder sich in Grund und Boden zu verdammen, wenn man einen Fehler gemacht hat. Solche mentalen Turnübungen bringen das schlechte Karma der Negativität ins Rollen, und dann ist es schwer, das Ruder herumzureißen. Seien Sie so, wie Sie sind, aber streben Sie danach, aus allem, was Ihnen begegnet, das Beste zu machen. Sinn für Humor wird Ihnen dabei garantiert gute Dienste leisten. Die Kunst der Geduld lernt man nicht von heute auf morgen, aber Sie haben ja sowieso alle Zeit der Welt. Und denken Sie daran: Worte können verwunden. Über jemanden oder etwas herziehen ist negativ, und nichts Positives kann je daraus entstehen.

All about Eve

Meine Freundin Diane, die Modezeichnerin ist, hatte eine Sekretärin namens Eve. Als ich Eve zum ersten Mal begegnete, spürte ich eine sehr negative Schwingung um sie herum – ihre Aura war dunkelorange, was eine Veranlagung zur Eifersucht anzeigte. Sie erzählte den Leuten, Diane habe Dinge über sie gesagt, die gar nicht wahr seien. Ich warnte Diane, dass ich Ärger voraussah – ich hatte Diane angerufen, Eve Nachrichten für sie hinterlassen, aber Diane hatte nie zurückgerufen. Ich kenne meine Freundin, und also ließ ich nicht locker, bis ich sie persönlich an der Strippe hatte.

Diane stellte Eve zur Rede, und Eve spielte die Unschuldige. »Ich dachte, ich hätte Marys Mitteilungen an Sie weitergegeben. Das tut mir aber jetzt wirklich Leid«, war ihre Antwort. Diane ließ es durchgehen. Sie sagte mir, der Gedanke, eine neue Mitarbeiterin einzustellen, würde sie abschrecken, denn es war viel Arbeit, sie anzulernen.

»Das Einfachste ist nicht immer das Beste. Mit deiner

Sekretärin wird es Ärger geben. Sie wird dir und deiner Firma schaden«, warnte ich sie.

Monate gingen ins Land, und Diane fiel auf, dass eine ganze Reihe ihrer Kunden schon seit geraumer Zeit nicht mehr angerufen hatten. Sie rief zwei langjährige Kunden an und hörte verblüfft, dass Eve ihnen gesagt hatte, sie möchten nicht mehr anrufen. Die Kunden berichteten weiter, Eve habe ihnen gesagt, sie würde ihnen weniger berechnen und sie sollten mit ihr zusammenarbeiten. Sie ließ durchblicken, dass Diane ihnen zu viel abknöpfte und Posten doppelt berechnete. Diane feuerte Eve noch am gleichen Tag. Aber es dauerte einige Zeit, bis sie herausgefunden hatte, wie hoch der Schaden für ihre Firma war. Diane nahm die Sache in die Hand, und es gelang ihr, die meisten ihrer Kunden zurückzugewinnen. Immer noch geschockt über Eves Verhalten, rief sie mich in Tränen aufgelöst an und fragte: »Warum hat sie mir das angetan? Was hab ich ihr bloß getan? Hat es mit einem früheren Leben zu tun?«

»Nein, es ist ein eindeutiger Fall von Eifersucht im jetzigen Leben. Es gibt keinen rationalen Grund für Eifersucht. Hör auf, einen zu suchen. Sei einfach in Zukunft vorsichtiger, wem du deinen Laden anvertraust.« Ich machte eine Pause, um zu sehen, wie sie reagierte. »Ich habe versucht, dich zu warnen, und ein paar andere Freunde von dir sicher auch. Aber du hast auf keinen von uns gehört. Sicher ist es schwer zu akzeptieren, dass jemand sich nur aus Eifersucht so verhält. Wir denken immer, wir hätten etwas getan, das den anderen zu seinen Bosheiten veranlasst hat. Manche Leute sind einfach faule Eier. Eve wird nie glücklich sein, weil sie sich im Eifersuchtsloch eingerichtet hat. Sie ist für sich selbst eine größere Gefahr als für andere. Eifersucht ist immer ein Bumerang, der seinem Urheber Leid und Unglück bringt.«

Wir erfuhren, dass Eve einen neuen Job bekommen und innerhalb von ein paar Wochen wieder verloren hatte. Sie war über Diane hergezogen, dabei aber an den Falschen geraten (einen Mann, der Diane seit 20 Jahren kannte und respektierte). Eves Freund schob sie ohne Vorwarnung ab, und sie verlor den Mietvertrag für ihre Wohnung. Durch ihr Verhalten und den falschen Gebrauch ihrer Macht hatte sie sich nichts als schlechtes Karma eingehandelt. Der Bumerang hatte gesessen. Diane erntete ein bisschen negatives Karma, weil sie zu faul gewesen war, sich eine neue Sekretärin zu suchen, nachdem sie den ersten Warnschuss bekommen hatte. Heute geht es ihr gut, weil sie eine großartige, sehr integre Dame ist, die wieder aufs richtige Gleis kam, sobald sie sich der Situation gestellt hatte.

Macht und die Liebe zur Macht sind nicht dasselbe. Ein altruistischer, spiritueller Lehrer kann große Macht haben, aber er liebt sie nicht, und also missbraucht er sie nie. Ein selbstsüchtiger Mensch, der die Macht liebt, will andere beherrschen. Ein selbstloser Mensch, der Macht hat, beherrscht sich selbst.

Die folgende Übung hilft Ihnen, sich von dem schlechten Karma zu befreien, das Wut, Verachtung oder Intoleranz einbringen.

Übung: Verkehrskontrolle

Nehmen wir an, Sie stecken im Stau. Anstatt wegen etwas, über das Sie keine Kontrolle haben, fuchsteufels-

> wild zu werden und genervt mit den Fingern zu trommeln, können Sie diese Zeit nutzen, um sich auf Mitgefühl und Toleranz zu konzentrieren. Lenken Sie Ihre Gedanken einfach auf diese beiden positiven Schwingungen. Sagen Sie sich im Stillen immer wieder voller Überzeugung die Worte *Mitgefühl* und *Toleranz*. Das schlechte Karma, das durch Wut und Negativität entsteht, wird vergehen, und das positive Karma wird zunehmen.

Jeder von uns ist täglich ein paar Minuten damit beschäftigt, per Auto, U-Bahn, Bus, Zug oder zu Fuß irgendwohin zu kommen. Diese Zeit eignet sich perfekt zum Meditieren, sodass der ganze restliche Tag von einer positiven Grundstimmung getragen wird. Sehen Sie sich einfach die Leute an, die um Sie herum sind, und schicken Sie ihnen liebevolle Gedanken. Dieser einfache, aber doch machtvolle positive Prozess erzeugt eine strahlende Energiekraft um Sie herum, die nur gutes Karma anzieht.

Und das ist *wahre* Macht!

Nehmen Sie fünf *lila* Karteikärtchen und schreiben Sie:

1. **Es liegt Macht in der Geduld.**
2. **Tu alles in deiner Macht Stehende, um Schaden abzuwenden. So erzeugst du gutes Karma.**
3. **Ein selbstloser Mensch, der Macht hat, beherrscht sich selbst.**
4. **Wenn du einen Hilferuf hörst, ist es dein Karma, ihn zu beantworten.**
5. **Wahre Macht besteht darin, den Standpunkt des anderen zu sehen.**

7. Karma und Gleichgewicht

Wenn wir uns das Leben ansehen, ist die Idee des Gleichgewichts ungeheuer wichtig. Es beherrscht unser Leben, auch wenn uns das gar nicht bewusst ist. Gleichgewicht in Bezug auf die Gesundheit, die Familie, die Finanzen, die berufliche Tätigkeit und Beziehungen generell – das ist der Schlüssel zu Stabilität und Harmonie. Das Gleichgewicht ist letztendlich der Grund dafür, dass wir zahlreiche Leben haben. Immer wieder kommen wir auf die Erde zurück und haben, bildlich gesprochen, schon in der Wiege unser Heft mit den Kontoauszügen dabei. Von der Geburt bis zum Tod, wieder und wieder, tragen wir alle Lastschriften und Gutschriften ein, bis die letzte Zeile unseres Kontoauszugs einen perfekt ausgeglichenen Saldo zeigt. In diesem Augenblick sind wir zum Meister über uns selbst geworden. Wir brauchen uns nicht mehr zu reinkarnieren. Überlegen Sie: Wir können in der geistigen Welt bleiben und in absoluter Glückseligkeit leben. Etwas Besseres kann uns nicht passieren.

Allerdings betrachten die meisten Menschen das Leben nicht unter dem Gesichtspunkt des Gleichgewichts. Sie wissen nichts von seiner Existenz, brechen all seine Regeln und beschweren sich dann über die schlechten Karten, die sie bekommen haben. Dabei haben in Wirklichkeit sie selbst das Spiel gemischt, das ihnen jetzt den Bumerang, nämlich ein negatives Karma präsentiert. Wäre es unter dem Gesichtspunkt des Gleichgewichts nicht klug, nach besten Kräften unser Verhalten und unsere Gefühle zu meistern – ins Gleichgewicht zu bringen? Dann lenken wir unsere Energien nämlich darauf, den direktesten Weg zum Glück zu finden, das nichts anderes als ein harmonisches Leben ist, in dem wir nur gutes Karma erschaffen.

Die Leier

Eines Tages rief Lawrence aus heiterem Himmel an und bat mich, zu einem Treffen mit ihm nach Quebec City zum Château Frontenac zu kommen. Wir saßen im bezaubernden Restaurant des Hotels und unterhielten uns stundenlang. Er war sehr angetan, dass meine hellsichtige Arbeit so gut lief. Wir sprachen ausführlich über mein letztes Buch, *Life After Death*. Dann wollte er wissen, wie ich mit *Die Macht des Karmas* vorwärts kam. »Du musst dir deine eigene Lebensreise genau ansehen, dieses Wissen kann dich leiten. Ich habe ein Geschenk, das dich inspirieren müsste.«

Er schloss die Augen und saß still da, als würde er beten. Diese tiefe Konzentration dauerte etwa eine Minute, dann klatschte er in die Hände. Ein metallener Gegenstand fiel vor mir auf den Tisch. Er hatte ihn durch die Kraft seiner Gedanken manifestiert. Er bemerkte, dass ich zögerte, und meinte: »Du kannst es nehmen.«

Ich hielt eine ausgesprochen schöne, aus Gold und Silber gefertigte Ansteckplakette in der Hand. In der Mitte war eine Leier (Harfe), darunter zwei Trompeten. Zwischen die Saiten des Instruments war ein langes Notenblatt gewoben. Auf jeder Seite der Leier befand sich eine Blume mit sechs

Blütenblättern. Ein Ring aus Zweigen und Blättern bildete die perfekte Umgrenzung. Lawrence schob die Kerze etwas näher zu mir, damit ich die Details dieses Schatzes genau sehen konnte. Das flackernde Licht unterstrich die erstaunliche Schönheit des fantastischen Stücks. Es sah viktorianisch aus, aber wie alt es wirklich war, konnte ich nicht sagen.

Sprachlos starrte ich die Leier an. Lawrence brach das Schweigen. »Denk über die Bedeutung dieser Ansteckleier gründlich nach. Sie enthält die Antwort auf das, was du schon dein Leben lang suchst. Du hast deine Weltanschauung – deinen Gral – gefunden, auch wenn du ihr nie einen Namen gegeben hast. Nimm deinen Schatz mit nach New York und enträtsle das Geheimnis der Leier. Sobald du ihre Bedeutung entdeckt hast, hast du den Schluss für *Die Macht des Karmas*.« Wir verließen den Speisesaal. Als ich zu meiner Suite ging, heftete ich Lawrence' Geschenk nahe an mein Herz.

Die Entdeckung der Harmonie

Sobald ich in New York zurück war, forschte ich der Geschichte der Leier nach. Da ich seit meiner Kindheit Gesang studiert hatte, war mir die Musikgeschichte in groben Zügen vertraut. Ich erinnerte mich an Bilder von Engeln, die Leier spielten. Weil ich irischer Abstammung bin, kam mir auch das keltische Bild der Leier in den Sinn. Ich wusste, dass Orpheus Leier spielte und genauso sein Vater Apoll, der Gott der Weissagung und der Musik. Lawrence hatte mir einmal erzählt, dass die »Leier des Apoll« ein siebensaitiges Instrument war, das die Mysterien der spirituellen Einweihung symbolisierte. Aber es war Pythagoras, dem die Entdeckung der diatonischen Tonleiter zugeschrieben wird, der mir den letzten Schlüssel zum Geheimnis der Leier gab.

Es heißt, Pythagoras sei eines Tages, als er über die Harmonie nachdachte, an einer Werkstatt vorbeigekommen, in der Männer an einem Amboss hämmerten. Als er den Klängen zuhörte und die unterschiedlichen Tonhöhen bemerkte, entdeckte er mit seinem mathematischen Genie das Gesetz der Harmonielehre. Diese Geschichte fiel mir wieder ein, und plötzlich ging mir ein Licht auf. Pythagoras hatte erklärt, durch feierliche Lieder, die auf der Leier gespielt wurden, könne die Seele sich von allen irrationalen oder negativen Einflüssen befreien und so geläutert werden. Die Leier war das Symbol für Harmonie und Gleichgewicht!

Die Trompeten unter der Leier sollten die Menschen auf vielen Ebenen aufwecken. In diesem Fall sollten sie uns bewusst machen, dass die Kraft der Harmonie alle Lebensbereiche ins Gleichgewicht bringt. Die Blumen, das Symbol der Schönheit, standen für spirituelle Entfaltung und Vollendung. Auf der Ansteckplakette waren sie vollkommen gleichgewichtig zu beiden Seiten der Leier verteilt. Die Zweige vom Baum des Lebens bildeten einen Kreis um die Leier. Der Kreis ist das Symbol der universellen Gotteskraft, die weder Anfang noch Ende hat.

Als ich mir den Leier-Anstecker noch einmal ansah, wurde mir alles kristallklar. Die Harmonie war die einzige mögliche Antwort, wenn man im Gleichgewicht leben wollte. Lawrence hatte mir seit unserer ersten Begegnung immer wieder ein Stückchen dieses Puzzles offenbart. Er wollte mir klar machen, dass Harmonie der Schlüssel ist, der die Tür zu einem Leben voll Gesundheit, Liebe, Sicherheit und insbesondere Gleichgewicht öffnet. Mein ganzes Leben lang hatte ich nach etwas gesucht, ohne es benennen zu können. Durch den Hinweis auf die Leier hatte ich das Zauberwort gefunden, das in der ganzen Schöpfung Ausdruck des Gleichgewichts war – Harmonie. Das war Musik in meinen Ohren.

Karma und Arbeit

»Ich habe eigentlich nie gewusst, was ich wirklich machen will.« – »Ich hatte noch nie einen Job, in dem ich so richtig glücklich war.« – »Ich hasse Arbeit. Sie ist sinnlos.« – »Ich weiß nicht, warum ich immer wieder rausgeworfen werde.« – »Ich bin ein Workaholic.« Das sind nur ein paar Beispiele für Sätze, die ich immer wieder von meinen Klienten höre. Ohne Harmonie im beruflichen Bereich besteht wenig Hoffnung auf ein Leben im Gleichgewicht.

Manche Leute sind »geborene« Schriftsteller, Ärzte, Rechtsanwälte, Banker, Kneipenwirte, Landwirte, Fernfahrer, Mütter, Künstler und so weiter. Sie wissen von Kindheit an, was sie mit ihrem Leben machen wollen. Es sieht so aus, als hätten sie sich mit diesem Wissen inkarniert.

Nicht jeder von uns hat diese Sicherheit. Die meisten Menschen müssen suchen, bis sie einen Job oder einen Beruf finden, der sie glücklich macht. Jede Arbeit, die mit Würde und Integrität verrichtet wird, hat Klasse. Wir wissen, dass alles, was wir tun, als Reaktion zu uns zurückkommt. Was wir tun, wirkt sich auf andere aus, und was andere tun, wirkt sich auf uns aus. Es wäre praktisch, wenn wir das, was wir tun, lieben lernen würden, auch wenn wir es nur tun, bis wir etwas Passenderes gefunden haben. Alles, was wir mit Liebe tun, macht uns glücklich, und das erzeugt gutes Karma.

Die Liebe zur Arbeit ist nicht immer ein angeborenes Talent. Sie ist erlernbar, wenn wir eine Möglichkeit finden, unsere spezielle Art des Dienstes an der Gemeinschaft zu lieben. Dieser Dienst ist in allen Branchen möglich. Sie müssen nicht Geistlicher, Arzt, Therapeut, Lehrer, Nonne oder Krankenschwester sein, um das Gefühl zu haben, dass Sie anderen dienen. Sie brauchen nur den Wunsch, die bestmögliche Arbeit abzuliefern. Wir verbringen einen Großteil unseres Lebens mit Arbeit. Sollten wir da nicht nach Kräften versuchen, eine Arbeit zu finden, die uns froh macht und bei der wir uns erfüllt fühlen? Beim Streben nach einem ausgewogenen Leben ist dies ein sehr wichtiger Faktor. Ein Leben, in dem Sie Ihr Karmakonto jeden Tag belasten müssen, weil Sie wütend, träge, unlustig oder gelangweilt sind, ist tragisch, weil viel Energie verschwendet wird. Und Verschwendung erzeugt negatives Karma.

Nehmen Sie vier *gelbe* Karteikärtchen und schreiben Sie:

1. **Jede Arbeit, die im Geist der Harmonie verrichtet wird, fördert das Gleichgewicht.**
2. **Ich kann und will eine Arbeit finden, an der ich Freude habe.**
3. **Ein Leben, in dem du dein Karmakonto jeden Tag belasten musst, ist tragisch, weil viel Energie verschwendet wird.**
4. **Verschwendung erzeugt negatives Karma.**

Dan geht von Bord

Dan wurde Rechtsanwalt, weil das in seiner Familie in jeder Generation vom erstgeborenen Sohn erwartet wurde. Es war eine Familientradition – keine Diskussion, Fall erledigt. Dan hatte einmal versucht, mit seiner Mutter darüber zu reden, dass er fürchtete, die Juristerei würde ihn nicht glücklich machen. Sie hatte ihm den Kopf getätschelt und gesagt: »Sei nicht dumm, jeder in der Familie ist glücklich.« Dan hatte nicht den Mut, sich mit seiner Familie zu überwerfen, ging nach Harvard und machte den Abschluss als Bester seiner Klasse. Eine Top-Firma stellte ihn ein, für die er sieben Jahre arbeitete und vollen Einsatz zeigte. Die Kollegen mochten und respektierten ihn, und er hatte Aussicht auf eine Beteiligung. Aus der Sicht der Welt hatte Dan »es geschafft«. In Wirklichkeit war er kurz davor zu verzweifeln, als er zu mir kam.

»Mary T., können Sie mir das Karma erklären?«, fragte er.

»Wie lange haben Sie Zeit, Dan? Das Karma ist ein umfangreiches Thema. Simpel gesagt bedeutet es ›tun‹. Alles ist Karma – die Vergangenheit, die Gegenwart und die Zukunft. Möchten Sie über Ihr berufliches Karma sprechen?«

Ich lächelte.

»Sie haben den Nagel auf den Kopf getroffen«, erwiderte er ein bisschen überrascht.

»Das ist mein Job«, sagte ich.

Wir sprachen nicht über die Juristerei. Ich sagte, dass ich wüsste, dass er Rechtanwalt sei, und zwar ein sehr erfolgreicher, aber seine zukünftige Arbeit sah ich in einem ganz anderen Bereich. Ich sagte ihm, ich könne sehen, dass er mit einem Fischerboot auf einer kleinen Insel lebt. Ich beschrieb die Insel in allen Einzelheiten und fügte hinzu, dass er glücklich sein und ein sehr gutes Auskommen haben werde. Dan fing an zu weinen. Er hatte sich nie irgendetwas anderes gewünscht, als Berufsfischer zu sein und so zu leben, wie ich es beschrieben hatte. Er sprach über die Verpflichtung, die er seiner Familie gegenüber empfand. Er war durcheinander, denn er dachte, vielleicht wäre es sein Karma, sein ganzes Leben lang in einem Beruf zu arbeiten, der nicht der richtige für ihn war.

»Dan, es ist Ihr Karma, Teil Ihrer Familie zu sein. Sie müssen den Mut haben, ihnen zu sagen, dass Sie den Beruf wechseln werden. Sie müssen die Reaktion wegstecken. Sie sind ein bemerkenswerter Mensch, und ich weiß, dass Sie einen Weg finden werden, sich freundlich, aber bestimmt mit ihnen auseinander zu setzen. Wenn jemand Angst vor der Dunkelheit hat, muss das dann sein ganzes Leben lang so bleiben oder kann er durch Wissen seine Angst überwinden? Es war Ihr Karma, Rechtsanwalt zu werden, und jetzt ist es Ihr Karma, den besten Weg zu finden, um die Juristerei an den Nagel zu hängen«, erläuterte ich ihm.

Dan wusste, dass es kein Spaziergang werden würde. Er würde ziemlich viele Veränderungen in die Wege leiten müssen, um seinen Traum zu verwirklichen. Aber er war bereit, alles Notwendige zu tun, um das Gleichgewicht zu finden, das er in seinem Leben so sehr vermisste. Ich sagte ihm voraus, dass er innerhalb von drei Jahren in der Lage sein würde, seinen Beruf zu wechseln.

Dan kam zweieinhalb Jahre später zu einer zweiten Sitzung zu mir. Er war vollkommen verwandelt. Den schwierigen Teil hatte er hinter sich; er hatte seiner Familie reinen Wein eingeschenkt und nicht nachgegeben, denn er wusste, dass er die richtige Entscheidung getroffen hatte. Er hatte Pläne gemacht und in seinem Rechtsanwaltsjob hart gearbeitet, bis er es sich leisten konnte, zu kündigen und mit seinem neuen Gewerbe anzufangen.

Ich wusste, dass er sehr glücklich werden würde. Durch strategisches Denken, harte Arbeit und ein klares Ziel hatte er seine Zukunft gestaltet. Seine Familie verstand ihn nicht, aber sie kam darüber hinweg. Dan blieb freundlich, ließ sich aber nicht umstimmen. Er wusste, dass sein Karma sich geändert hatte, weil er seine Handlungsweise geändert hatte. Er machte dem Karma keine Vorwürfe für die Jahre, die er unerfüllt als Rechtsanwalt zugebracht hatte. Er nahm das gute Karma an, das dadurch entstand, dass er dem Gleichgewicht in seinem Leben Priorität eingeräumt hatte, und er genoss jeden Schritt auf dem Weg, der zur Erfüllung seines Traums führte.

Dans Schritte können vielleicht auch Ihnen helfen. Schreiben Sie sie in Ihr *Die-Macht-des-Karmas*-Tagebuch.

1. **Mach einen Plan für deine Zukunft.**
2. **Akzeptiere, dass die Umsetzung harte Arbeit bedeutet.**
3. **Halte dir das Ziel immer klar vor Augen.**
4. **Bleib freundlich, aber lass dich nicht umstimmen.**

Peter klopft auf Holz

Als Peter zu mir kam, war er depressiv, weil er sich für keine Art von Arbeit begeistern konnte. Er war nicht faul und erwartete nicht, dass das Leben ein Zuckerschlecken sei, aber er ging auf die vierzig zu und fühlte sich nutzlos. Er war Börsenmakler, Software-Vertreter und Herausgeber einer kleinen Zeitschrift gewesen. Das College hatte er mit einem Managerexamen abgeschlossen, weil ihm kein besseres Hauptfach eingefallen war. Ich habe bei meiner Arbeit viele »Peter« kennen gelernt – Leute, die einen Berufsweg einfach deshalb eingeschlagen haben, weil er sich gerade anbot und sie sich für keine andere Tätigkeit so richtig erwärmen konnten.

»Ich dachte, vielleicht können Sie mir sagen, für welche Tätigkeit ich in diesem Leben bestimmt bin«, meinte er, als er sich hinsetzte. Er sah mich respektvoll, fast flehentlich an. Er hatte freundliche, gleichzeitig aber traurige Augen. Ich spürte, wie sehr er sich quälte.

Als ich so dasaß und Peter ansah, spürte ich einen starken Druck an der Stirn. Er erinnerte mich daran, dass ich mich auf die Akasha-Chronik konzentrieren sollte. Ich richtete meinen Blick auf eine Ecke meines Wohnzimmers und sah ein sehr deutliches Bild von Peter aus einem früheren Leben. »Sie haben das Talent, Holzmöbel herzustellen«, sagte ich. »Vor ungefähr achthundert Jahren haben Sie in einem kleinen Dorf in Deutschland gelebt. Sie haben die Kunst, Möbelstücke anzufertigen, von einem wundervollen alten Mann gelernt, der für sein kunsthandwerkliches Geschick berühmt war. Das Problem war, dass Sie in jenem Leben eine Frau waren, und deshalb durften Sie Ihren Traum nicht weiterverfolgen.« Ich hielt inne und zwang mich, das Bild noch einen Augenblick länger zu halten. »Der alte Mann sagt Ihnen, dass es ihm Leid tut, aber die Leute sind stur und können sich nicht vorstellen, dass ein Mädchen die Arbeit eines Mannes tut. Er versichert Ihnen, dass Sie eines

Tages ein Meister im Möbelbauen sein werden.« Das Bild verflüchtigte sich so schnell, wie es gekommen war.

Als ich zu Peter hinübersah, wirkte er verblüfft. »Als ich klein war, träumte ich davon, Kirchenbänke zu machen«, erzählte er mir. »Das einzige Fach an der Highschool, das mir je gefallen hat, war der Werkunterricht. Ich habe einen Tisch gemacht und einen Preis gewonnen. Ich erinnere mich daran, dass ich meinem Vater erzählte, wie viel Spaß das Arbeiten mit Holz mir macht. Er lachte mich aus und sagte ›Das ist ein Hobby, kein Beruf.‹ Er wollte noch nicht einmal über die Möglichkeit reden, dass ich mir damit meinen Lebensunterhalt verdienen könnte.« Peters Augen wurden heller. Er saß gedankenverloren da und fragte dann: »Meinen Sie wirklich, ich könnte meinen Lebensunterhalt damit verdienen, dass ich etwas mache, was mir Spaß macht?«

»Ganz gewiss.« Ich machte eine Pause und fuhr dann fort. »Innerhalb eines Jahres könnten Sie in einem Beruf arbeiten, den Sie als unglaublich erfüllend empfinden. Sehen Sie sich nach einem Möbelbauer um, der einen Lehrling sucht. Das wird Ihr Weg in einen Beruf sein, den Sie lieben.«

Als Peter an diesem Tag gegangen war, erinnerte ich mich an etwas, das Lawrence mir einmal gesagt hatte: »Meist entscheidet die Kindheit darüber, ob ein Mensch in die richtige oder in eine falsche Form hineinwächst. Sie spielt eine wichtige Rolle für die meisten Verhaltensweisen, Reaktionen und Gefühle. Der Baum wächst so, wie er verwurzelt ist, gerade oder auch nicht.«

Es war sehr grausam von Peters Vater gewesen, zu lachen und über die Ambitionen und die Begabung seines Sohnes hinwegzugehen. Damit stürzte er Peter in ein karmisches Chaos und erzeugte schlechtes Karma für sich selbst.

Ein Jahr nach unserer Sitzung bekam ich von Peter ein kurzes Briefchen. Wie ich es vorhergesagt hatte, hatte er eine Lehrstelle gefunden. Er war so begabt, dass er schon nach sechs Monaten mit seiner Arbeit Geld zu verdienen begann. Es wäre untertrieben zu sagen, dass Peter selig ist. Sein berufliches Karma veränderte sich vom Frust zur Lust.

Nicht immer bekomme ich derart klare Bilder vom früheren Leben eines Menschen. Das Karma trifft diese Entscheidung, nicht ich. Es war Peters Karma, die Information aus der Akasha-Chronik zu bekommen. Es war mein Karma, sie ihm geben zu können. Übersinnliche Phänomene können verblüffend und erregend sein, na und? Wichtig ist, was jemand mit der Information macht. Peter nahm das Wissen an und gab seinem Leben mit Zuversicht und harter Arbeit eine glücklichere Form. Durch seine Taten bestätigte er, dass er sich das Recht auf einen Einblick in sein früheres Leben verdient hatte. Er war in der Lage, die Negativität seines Vaters zu überwinden und eine Arbeit in Angriff zu nehmen, die die Welt schöner und harmonischer macht. Er ist der lebende Beweis dafür, dass das Leben mit vierzig beginnt.

Nehmen Sie ein gelbes Karteikärtchen und schreiben Sie:

Ein Baum wächst so, wie er verwurzelt ist.

Karma, Talent und Berühmtheit

Ich habe das Privileg, viele begabte Menschen kennen zu lernen – Künstler, Tänzer, Schriftsteller, Bühnendekorateure, Schauspieler und Musiker. Viele von ihnen verdienen mit ihrer Kunst ihren Lebensunterhalt, die meisten nicht. Weil ich selbst im Musik- und Theaterbetrieb gearbeitet habe, habe ich für Künstler sehr viel übrig. Ich verstehe die Enttäuschung, wenn vom Verleger ein Ablehnungsschreiben kommt, man beim Agenten vor verschlossenen Türen steht, telefonische Rückrufe nicht erfolgen und es unmöglich erscheint, einen Termin zum Vorsprechen oder Vorsingen zu bekommen. Es stimmt, dass viele talentierte Menschen es nicht schaffen, von ihrer Kunst ihre Miete zu bezahlen. Richtig ist aber auch, dass viele berufen, aber nur wenige auserwählt sind.

Das Karma spielt eine sehr große Rolle dabei, ob jemand berühmt und reich, bewundert und respektiert wird, oder ob sein Talent nur dazu reicht, recht und schlecht den Lebensunterhalt zu bestreiten. Viele Leben sind erforderlich, um eine künstlerische Begabung zu vervollkommnen. Der Prozess kann schmerzlich, verwirrend und deprimierend sein, wenn der Karma-Effekt nicht verstanden wird. Neid, vorgebliches Desinteresse nach dem Motto: »Eigentlich wollte ich die Rolle sowieso nicht« und das oft gehörte Mantra »Es ist ungerecht« sind für Menschen, die ihre kreativen Ziele verfolgen, gefährliche Reaktionen. Diese negativen Gefühle kommen wie ein Bumerang zurück. Ich glaube, dass wir von den großen Künstlern lernen können, die gelitten haben, durch ihre Begabung die Welt aber doch zu einem schöneren Ort gemacht haben. Große Künstler sind spirituelle Boten.

Ich denke an Vincent van Gogh. Bis zum Alter von 27 Jahren studierte er, um protestantischer Priester zu werden. Er wurde es nicht, weil er sich weigerte, eine Lateinprüfung zu machen. Er war in vier Sprachen bewandert, eine davon war

Latein. Aber er war der Meinung, Latein würde den Menschen nicht helfen, weil niemand es sprach, und also trat er aus der Kirche aus. Er beschloss, dass er seine spirituelle Botschaft durch das Malen wirkungsvoller vermitteln könnte.

Van Gogh kombinierte östliches und westliches Denken, lange bevor dies modern wurde. Er malte wie die Japaner, aber der Pinselstrich war westlich, und er studierte die östlichen Religionen, um ein besseres Gleichgewicht in seiner Malweise zu erreichen. 1888 malte er sich als buddhistischen Mönch. Er liebte seine Arbeit leidenschaftlich, verkaufte aber, bevor er mit 37 Jahren starb, nur ein einziges Bild. Seine Leidenschaft und seine außergewöhnliche visionäre Kraft trieben ihn in den Wahnsinn. Trotzdem hinterließ er uns Ehrfurcht gebietende Kunstwerke. Es war sein Karma, von der Erde zu scheiden, ohne die Früchte seiner Mühen genießen zu können.

Rebecca: Immer echt gut drauf

Rebecca rief an, um zu sagen, dass sie gerade eine Rolle in einem Broadway-Stück an Land gezogen habe. Sie ging seit sieben Jahren zum Vorsprechen, und dies war ihr erster großer Durchbruch. Sie würde endlich ihren Job als Bedienung aufgeben und als Vollzeit-Schauspielerin arbeiten können. Sie war völlig aus dem Häuschen, und ich freute mich mit ihr. Als ich sie vor fünf Jahren kennen gelernt hatte, arbeitete sie sehr hart, trat hier und da gegen eine kleine oder keine Gage auf und schlug sich wie viele andere Schauspieler mit allen möglichen kleinen Jobs durch. Aber sie beklagte sich nie. Sie blieb immer zuversichtlich, dass sie irgendwann Vollzeit-Schauspielerin sein würde.

Rebecca hatte das Theater ihr ganzes Leben lang geliebt und einen Hochschulabschluss in Bühnenkunst gemacht. Sie freute sich immer, wenn eine ihrer Freundinnen einen professionellen Job bekam, und es ist mir nie zu Ohren gekommen, dass sie neidisch war, wenn jemand anders Glück hatte. Sie sagte mir oft: »Ich habe ein Talent mitbekommen, und ich würde es gerne dazu verwenden, andere zu unterhalten. Ich bin immer ganz glücklich, wenn die Leute mir sagen, dass ihnen eine Vorstellung von mir gefallen hat. Es geht mir einfach gut, wenn ich jemanden glücklich machen kann.« Sie hatte spontan verstanden, dass ihr Talent ein Geschenk war, das dazu eingesetzt werden sollte, anderen zu helfen.

Durch diese Einstellung konnte sie jeden Tag voll ausschöpfen und ihren Traum weiterverfolgen, egal wie viele Enttäuschungen sie erlebte. Sie hatte das sichere innere Wissen, dass die richtige Rolle kommen würde, wenn die Zeit dafür reif war. Sie sagte, dass sie immer ihr Bestes gab, und sie wusste, dass sie mehr nicht tun konnte.

Wenn mehr Leute ihre Arbeit so sehen würden wie Rebecca, wären sie sehr viel glücklicher. Nicht wenige Schauspieler, Schriftsteller, Musiker oder Tänzer arbeiten in Restaurants als Kellner, um ihre Rechnungen bezahlen zu können, und behandeln die Gäste unfreundlich und mürrisch. Sie lassen ihren Frust, ihre Enttäuschung und die Scham über eine Ablehnung am nächstbesten Kunden aus und vergessen darüber, dass sie froh sein müssten über diesen Job, der ihnen das Essen und die Miete bezahlt und ihnen Zeit zum Vorsprechen lässt. Denken Sie daran, wenn Sie in dieser Position sind, dass die Traumrolle kommen wird, wenn es so sein soll. Perfektionieren Sie Ihre Kunst, bis es so weit ist, und geben Sie in allen Lebensbereichen Ihr Bestes, auch in den Gelegenheitsjobs, die Ihren Lebensunterhalt sichern.

Oft höre ich Klagen wie die folgenden: »Ich versteh das nicht. Meine Freundin ist gerade erst in der Stadt angekommen, und drei Tage später hat sie eine Rolle in einem Film ergattert. Es ist ungerecht! Ich gehe schon seit zwei Jahren zum Vorsprechen und habe nichts bekommen.«

Meine Antwort ist immer dieselbe. »Ihre Freundin hat ihre Rolle verdient, sonst hätte sie sie nicht bekommen. Es kommt auf das Karma an. Viele Inkarnationen sind notwendig, um ein künstlerisches Talent zur Vollendung zu bringen. Sie können nicht wissen, seit wie vielen Leben Ihre Freundin schon an ihrem Können feilt. Seien Sie dankbar für das Talent, das Ihnen geschenkt wurde, und kümmern Sie sich nicht um den Erfolg der anderen. Es ist dumm und gefährlich, das eigene Leben anhand des Lebens anderer Leute zu beurteilen. Es ist die beste Methode, sich mit Eifersucht zu vergiften. Alles, was Sie verdient haben, wird zu Ihnen kommen. Nützt es Ihnen irgendetwas, wenn Sie Ihre Zeit damit verbringen, wütend und neidisch zu sein? Lassen Sie Ihre Wut los und vervollkommnen Sie Ihre künstlerische Begabung. Haben Sie Freude an Ihrer Arbeit und kümmern Sie sich nicht um das Ergebnis. Arbeiten Sie einfach in dem Wissen weiter, dass das Talent Ihnen gegeben wurde, und seien Sie dafür dankbar!«

Nehmen Sie ein *gelbes* Karteikärtchen und schreiben Sie:

Alles, was du verdient hast, wird zu dir kommen.

Ricky ändert das Bild

Ricky wollte ein professioneller Musiker sein. Als er zu mir zur Sitzung erschien, war er in Weltuntergangsstimmung und meinte, er werde immer nur abgelehnt. Er machte das Universum dafür verantwortlich, dass er seinen Traum nicht verwirklichen konnte. Aber ich sah, dass Ricky nicht übte und fünf Nächte in der Woche feierte. Ich machte ihn darauf aufmerksam, und er gab zu, dass es mit seiner Disziplin nicht zum Besten stand. Ich betonte, dass seine Musik ihm offenbar nicht so wichtig war, dass er sich für sie einsetzte. »Ricky, nichts ist umsonst. Sie müssen sich entscheiden, worauf Sie sich im Leben konzentrieren wollen. Sie werden Ihre Lebensweise drastisch ändern müssen«, sagte ich.

»Aber es ist wirklich schwierig«, meinte er gereizt.

»Sie konzentrieren sich nicht auf die Sache, Sie üben nicht – Sie könnten genauso gut zugeben, dass Sie lieber Partys feiern, als professioneller Musiker zu sein. Es ist Ihre Entscheidung. Geben Sie nicht dem Universum die Schuld, wenn Sie faul sind und nichts mit Ihrer Musik machen. Tun Sie sich den Gefallen und erkennen Sie, dass Sie Ihren wahren Lebenszweck vielleicht noch nicht gefunden haben. Es ist in Ordnung, wenn Sie zugeben, dass das, was Sie wollen, zu schwierig ist. Sie können in einem anderen Leben immer noch versuchen, professioneller Musiker zu werden. Warum sehen Sie die ganze Sache nicht ein bisschen relaxed?«, fragte ich ihn.

Das war für Ricky ein Schock. Er dachte eine Weile nach und meinte dann betreten: »Ich habe mich nie richtig ansehen wollen, aber jetzt hab ich's getan. Es ist kein berauschendes Bild.«

»Sie können das Bild ändern, wenn Sie es wirklich wollen, Ricky«, meinte ich aufmunternd. Er beschrieb dann seine Kindheit, und dass sein Vater ihm gesagt habe, aus ihm würde nie etwas werden. Ricky hatte nicht erkannt, dass er die Vorhersage seines Vaters auslebte. Er stand immer noch unter dem Einfluss seiner Vergangenheit in *diesem* Leben. Ich betonte, er sei kein Kind mehr, das die Bestätigung seines Vaters brauchte. Er selbst müsse entscheiden, ob er seine Zukunft in die Hand nehmen wolle; wenn nicht, würden weiter Frust und Leere sein Leben bestimmen.

Ricky kehrte mit einer neuen Einstellung und neuer Kraft zu seiner Musik zurück. Er zwang sich, eine Stunde am Tag zu üben. Nach einiger Zeit stellte er fest, dass aus der einen Stunde drei Stunden geworden waren. Er entdeckte seine Liebe zur Musik neu, und von da an war das Üben keine Plackerei mehr. Drei Jahre, eine Reihe Gelegenheitsjobs und eine Änderung der Lebensweise waren notwendig, aber heute hat Ricky einen tollen Job in einer Band. Er sagte mir, er sei noch nie so glücklich gewesen, und jeden Tag geht es ihm mit seiner Arbeit besser und besser. Das Allerbeste war, dass sein Vater kam, um ihn spielen zu hören, und ihm sagte, er sei sehr stolz auf ihn. Wer behauptet da, ein alter Hund würde keine Tricks mehr lernen?

Nehmen Sie zwei *gelbe* Karteikärtchen und schreiben Sie:

1. Ich mache nicht das Karma für meine Faulheit und mein fehlendes Engagement verantwortlich.
2. Nicht das Universum ist dafür verantwortlich, wenn ich meine Träume nicht erfülle, sondern ich.

Übung: Auf der Suche nach Harmonie

Der Verstand kann sich nicht auf zwei Gedanken gleichzeitig konzentrieren. Ersetzen Sie deshalb jeden ärgerlichen, neidischen, feindseligen oder destruktiven Gedanken, der sich bei Ihnen einschleicht, sofort durch das Wort *Harmonie*. Harmonie enthält alles, was entsteht, wenn Sie gutes Karma hervorbringen: Gesundheit, Liebe, Sicherheit, Kraft und Inspiration. *Harmonie* bedeutet Gleichgewicht.
Gewöhnen Sie sich an, *Harmonie* zu denken, sobald Sie ängstlich, unsicher oder besorgt sind oder sich einsam fühlen. Entscheidend ist, dass Sie *Harmonie* nicht nur intellektuell, sondern mit Ihrem ganzen Wesen verstehen. Vergessen Sie nicht, dass Sie auf ein vollkommen ausgeglichenes karmisches Bankkonto hinarbeiten. Das Erreichen der Harmonie ist dabei der wichtigste Schritt.
Vor einer wichtigen beruflichen Sitzung etwa wird es Sie ruhiger machen, wenn Sie sich im Stillen sagen: »Ich gehe in diese Sitzung mit Harmonie.« Wiederholen Sie das Wort *Harmonie* im Kopf immer wieder, dann hüllt innere Ruhe Sie ein, und das schlechte Karma, das durch negatives Denken entsteht, hat keine Chance.
Meditieren Sie über *Harmonie*: Lieben Sie sie, integrieren Sie sie in alles, was Sie tun, sagen und denken. Halten Sie das Wort innerlich wie eine Melodie fest, und wenn Sie Angst oder Sorgen haben, tragen Sie es nach außen und summen Sie es. Hören Sie seiner Melodie zu, bis Sie spüren, dass Sie in den Rhythmus des Gleichgewichts, in Harmonie kommen.

Lichtbringer

Als Lichtbringer bezeichne ich Handlungen, die uns allmählich zu einer ausgeglicheneren Lebensweise führen. Jeder Schritt, der das persönliche Wachstum fördert, vermehrt das Licht in unserem Leben. Licht vermehrt gutes Karma. Mein Vorschlag zur Gestaltung Ihrer Zukunft arbeitet mit den folgenden Lichtbringern.

Willenskraft und innere Stärke

Die Entwicklung der Willenskraft setzt voraus, dass Sie wissen, was Sie wollen. Sie müssen sich für einen Lebenszweck entscheiden. Seien Sie realistisch. Wenn Sie vierzig sind und noch nie in Ihrem Leben getanzt haben, werden Sie nie Primaballerina werden, auch wenn Sie es noch so sehr wollen. Aber wenn Sie Sekretärin sind und die Position einer leitenden Angestellten anpeilen, müssen Sie wieder zur Schule gehen und etwas lernen. Vielleicht müssen Sie ein paar Jahre lang Vollzeit arbeiten und abends zum Unterricht gehen. Müdigkeit, finanzielle Sorgen, Terminprobleme müssen bewältigt werden. Es wird nicht einfach sein, aber mit Ausdauer werden Sie es schaffen. Es stimmt, viele Dinge im Leben sind kein Klacks. Schwierigkeiten können durch die Kombination von Willenskraft und innerer Stärke überwunden werden. Die beiden sind nicht voneinander zu trennen.

Willenskraft besteht in unserer ganz persönlichen Fertigkeit, den Willen zu lenken. Die Fähigkeit, den Willen zu stärken, hat jeder. Entschlossenheit, Geduld und innere Kraft sind dazu erforderlich.

Verbringen Sie Ihre Zeit nicht damit, vergangene Fehler zu bedauern. Nehmen Sie sich vor, sie nicht zu wiederholen. Wenn Sie es nicht schaffen, sagen Sie sich: »Ich werde das nicht mehr machen, denn es macht mich unglücklich.« Tun Sie dies, auch wenn Sie noch so oft von vorn anfangen müssen. Wir scheitern, weil wir uns weigern weiterzumachen. Konzentrieren Sie sich auf Ihr Ziel und verschwenden Sie keine Energie damit, sich selbst die Hölle heiß zu machen, weil Sie wieder einmal zu kurz gesprungen sind.

Innere Stärke entsteht durch Erfahrung, Wiederholung, Kontemplation und die Nachahmung der Menschen, die stärker sind als wir. Wir dürfen Schwäche nicht nachträglich verstandesmäßig begründen, wir müssen uns bemühen sie zu überwinden. Durch Kontemplation können wir unser Leben prüfen und herausfinden, warum wir in der Vergangenheit gescheitert sind. Wir müssen objektiv sein und uns die guten und die schlechten Eigenschaften ungefiltert ansehen. Wir alle haben Schwächen, und wenn wir uns jeden Tag ein paar Minuten Zeit zur Selbsterforschung nehmen, können wir sie entdecken und an ihnen arbeiten.

Wenn Sie an Ihrem Ziel festhalten, wird unweigerlich der Tag kommen, an dem Sie die Ergebnisse Ihrer Mühen sehen.

Freundlichkeit

Sie ist eine entscheidende Komponente des karmischen Gleichgewichts. Denken Sie an den Bumerang: Unfreundliche Taten, Gedanken und Worte verletzen nicht nur ihre Zielscheibe, sondern auch ihren Urheber, auch wenn dieser es nicht sofort bemerkt. Lawrence meint, wir sollten über die Freundlichkeit nachdenken, und rät: »Denk an drei Leute, zu denen du unfreundlich gewesen bist, und beobachte, welche Gefühle das bei dir ausgelöst hat.«

Wir sind alle nur Menschen, und also haben wir gute und schlechte Tage. Wir haben nicht unbedingt vor, unfreundlich zu sein, aber manchmal passiert es einfach. Menschen, die ihre Gefühle kennen und mit ihnen in Kontakt sind, fühlen sich schrecklich, wenn ihnen klar wird, dass sie unfreundlich gewesen sind. Vielleicht haben Sie Ihre Sekretärin angeranzt, weil Sie unter Druck waren. In einer hitzigen Auseinandersetzung sagen Sie schreckliche Dinge zu einem Menschen, den Sie lieb haben. Eine Mutter kann ein Kind durch unbeabsichtigte Unfreundlichkeiten am Boden zerstören, und umgekehrt.

Nehmen Sie ein *gelbes* Karteikärtchen und schreiben Sie:

Unfreundlichkeit erzeugt immer schlechtes Karma, weil sie auf Egoismus beruht.

Linda und die Bemerkung ihrer Mutter

Linda, eine Klientin von mir, ist nie darüber hinweggekommen, dass ihre Mutter ihr einmal gesagt hat: »Zieh diesen Rock aus, du siehst aus wie ein Flittchen.« Linda war 15 und hatte sich für eine Party von ihrer Freundin einen Rock geliehen. Es war die neueste Mode, und Linda dachte, er würde cool aussehen. Aufgeregt hatte sie ihrer Mutter ihr Outfit gezeigt, und als diese derart schroff reagierte, war sie fix und fertig. Die gedankenlose Reaktion der Mutter kam aus heiterem Himmel. Linda hatte derart verletzende Worte von ihrer Mutter noch nie gehört.

Linda rannte auf ihr Zimmer, weinte stundenlang und weigerte sich, zu der Party zu gehen. Es stellte sich heraus, dass die Mutter auf Lindas Vater wütend gewesen war und ihren Ärger an Linda abgelassen hatte. Linda kämpft noch immer mit einem schwachen Selbstwertgefühl. Sie sagte mir: »Können Sie sich vorstellen, wie es ist, wenn Ihre Mutter Sie ein Flittchen nennt? Sie hätte mir freundlich sagen können, dass der Rock ihr nicht gefällt. Ich habe in meinem Leben nie etwas getan, das es rechtfertigen würde, dass meine Mutter mir diese Bezeichnung verpasst.«

Lindas Mutter musste mit der Tatsache leben, dass ihre Worte nicht zurückgerufen werden konnten. Sie sagte Linda, es würde ihr Leid tun, aber der Schaden war angerichtet. Bumerang. Linda ist ein reizendes, sensibles, nicht nachtragendes junges Mädchen, aber die unfreundlichen Worte ihrer Mutter sitzen ihr immer noch wie ein Stachel im Fleisch. Sie kann ihren Schmerz nicht loslassen – sie hat es nicht gelernt, die Dinge aus der Distanz zu sehen.

Eltern sollten sich bewusst machen, dass Kinder durch Nachahmung lernen. Man muss ihnen beibringen, freundlich zu sein. Egoistische, gemeine Kinder lernen ihr Verhalten im Allgemeinen zu Hause. Oft haben Eltern wegen irgendetwas Schuldgefühle oder sie sind den Kindern gegenüber zu nachsichtig, und das kann etwas sehr Unfreundliches sein. Weil viele Eltern lange arbeiten müssen, um die Familie zu ernähren, haben sie für die Kinder wenig Zeit. Sie lassen es durchgehen, wenn die Kinder anspruchsvoll und unhöflich sind. Ich beobachte oft die Kinder, die im Park neben meinem Apartmenthaus spielen. Es macht mich traurig, wenn ich sehe, dass viele nicht bereit sind, mit ihren Spielkameraden zu teilen. Viele Kinder sind zu anderen Kindern schlicht und einfach gemein. Wird dieses Verhalten nicht korrigiert, werden sie zu egoistischen, gemeinen Erwachsenen.

In manchen Fällen versuchen die Eltern nach Kräften, ihren Kindern Freundlichkeit und Respekt beizubringen, aber es klappt einfach nicht. Möglicherweise hat das Kind den Charakterfehler aus einem früheren Leben mitgebracht. Aber denken Sie daran, das Karma lässt sich formen. Die Eltern sollten das Kind weiter dazu anhalten, gut und rücksichtvoll zu sein. Irgendwann wird diese Ausdauer eine positive Wirkung zeigen.

Genauso gut wie zu unseren Kindern sollten wir zu unseren Eltern sein. Leute, die ihre Eltern in einem Altenheim unterbringen und sie nie oder selten besuchen, werden irgendwann genauso von ihren Kindern behandelt werden. Nicht immer ist es möglich, Familienmitglieder zu sich nach Hause zu nehmen; aber wir sollten freundlich und liebevoll sein und sie so oft wie möglich besuchen.

Der Arbeitsplatz ist oft eine Brutstätte für Unfreundlichkeit. Ist es so schwierig, dort nett zu sein? Ein guter Chef kann streng sein, aber trotzdem menschlich bleiben. Im Lauf der Jahre sind Hunderte von Klienten zu mir gekommen, die verzweifelt waren, weil man sie am Arbeitsplatz gemein behandelt hatte.

Die folgende Übung hilft Ihnen, schlechtes Karma am Arbeitsplatz durch gute karmische Schwingungen zu ersetzen.

> Bleiben Sie freundlich, auch wenn alle anderen negativ drauf sind. Beobachten Sie, wie das positive, rücksichtsvolle Verhalten auf die anderen abfärbt. Es ist nicht einfach, aber sehr wirkungsvoll. Es könnte mit der Zeit Ihr

> gesamtes Arbeitsumfeld erträglich und sogar erfreulich machen.

Eine weitere Übung, um in allen Lebenslagen freundlich zu bleiben, sieht so aus:

> Denken Sie morgens als Erstes und abends als Letztes daran freundlich zu sein. Gehen Sie am Ende Ihres Tages noch einmal alles durch, was in den letzten 24 Stunden geschehen ist. Hätten Sie zu irgendjemandem freundlicher sein können? Haben Sie etwas Gemeines beobachtet und sich nicht darum gekümmert? Ziehen Sie Negatives an, weil Sie unfreundlich handeln?

Alles, was wir tun, wirkt sich nicht nur auf uns, sondern auch auf alle anderen aus. Freundlichkeit hat eine tief greifende Wirkung auf das kollektive Karma des Universums.

Geduld

Geduld erreicht alles, wonach sie strebt.
Die heilige Teresa von Avila

Geduld ist innere Ruhe, Gelassenheit, Selbstbeherrschung, Toleranz, Würde und die Fähigkeit, Schwierigkeiten zu ertragen ohne zu klagen. Deshalb ist sie als Tugend bezeichnet worden. Nicht jeder von uns ist mit der natürlichen Fähigkeit geboren, die Prüfungen des Lebens gelassen zu akzeptieren. Oft bewundern wir Menschen, die ohne Wut, Gereiztheit oder Besorgnis darauf warten können, dass das, was geschehen soll, geschieht.

Nehmen Sie ein *gelbes* Karteikärtchen und schreiben Sie:

Ohne Geduld ist das Leben eine einzige lange Klage.

Wir dürfen nie aus den Augen verlieren, dass wir nicht nur dieses Leben haben, um uns zu vervollkommnen, sondern viele. Das allmähliche Fortschreiten des persönlichen Wachstums in irgendeinem Lebensbereich löst immense Freude aus. Ob Liebesbeziehung, Kindererziehung oder Aufbau einer Freundschaft – Geduld ist immer das A und O.

Nehmen Sie zwei *gelbe* Karteikärtchen und schreiben Sie:

1. Begabungen und Beziehungen müssen die Freiheit haben, zu ihrer Zeit zu blühen.
2. Ich werde es nie so eilig haben, dass mir die Schönheit des Augenblicks entgeht.

Respekt

Wenn wir etwas oder jemanden respektieren, bedeutet das, dass wir es bzw. ihn achten, bewundern, schätzen, schützen und verteidigen. Die Welt wäre um vieles besser, wenn jeder von uns ein paar Minuten täglich über die Macht des Respekts nachdenken und in allen Aspekten seines Lebens entsprechend handeln würde.

Laurens Klagelied

Lauren war verzweifelt, als sie zu mir kam. Sie war seit drei Monaten mit einem Mann befreundet, und plötzlich hatte er aufgehört, sie anzurufen. Am Abend zuvor hatte sie ihn mit einer anderen jungen Frau in einem Restaurant gesehen; er hatte sie einfach ignoriert. Lauren war völlig geschockt und wollte wissen, was ich über ihre Beziehung »sah«.

»Ich weiß nicht, warum Sie sich eine solche Missachtung von irgendjemandem gefallen lassen sollten«, erwiderte ich. »Offenbar nimmt er auf Sie und Ihre Gefühle wenig Rücksicht, und ich glaube, es war ein Segen, dass Sie ihn gestern getroffen haben.«

Lauren dachte über meine Worte nach. »Aber er hat mir gesagt, dass er mich liebt!« Sie schrie es fast.

»Die Taten sprechen in diesem Fall eine deutlichere Sprache als die Worte, Lauren. Sie dürfen nicht nur hören, was jemand *sagt*, Sie müssen auch beobachten, was er *tut*. Dieser Mann hat Sie nicht respektiert, und das ist nicht akzeptabel.«

Leider habe ich in meiner Praxis Laurens Geschichte in vielen Variationen gehört. Als sie die Sitzung verließ, war ihr ein bisschen schwindelig. Sie gab zu, bei ihren persönlichen Beziehungen noch nie an Respekt gedacht zu haben. »Es kann keine wahre Liebe ohne Respekt geben«, schärfte ich ihr ein.

Respekt muss verdient werden. Wir bewundern Menschen wegen ihrer Leistungen oder wegen ihres Charakters. Chefs verdienen unseren Respekt durch ihr Verhalten im Beruf und weil sie ihr Wissen mit uns teilen. Eltern werden respektiert, wenn sie uns zu starken, liebevollen, höflichen, freundlichen und unabhängigen Menschen erziehen. Regierungen werden respektiert, wenn sie die individuellen Freiheiten ihrer Bürger verteidigen. Lassen Sie nie zu, dass man Sie respektlos behandelt. Es führt zur Entstehung eines destruktiven Musters, und Sie werden zu einem schlecht gelaunten, wütenden Menschen. Sie leben in einer Blase aus schlechtem Karma.

Nehmen Sie ein *gelbes* Karteikärtchen und schreiben Sie:

Gleiches zieht Gleiches an. Selbstrespekt ist ein Magnet für Respekt.

Verzeihen

Verzeihen erfordert sehr viel Kraft. Wenn wir verzeihen, füllt unser Herz sich mit gutem Karma. Verzeihen bedeutet, dass wir uns weigern, Groll entstehen zu lassen. Es lässt Hass, Ärger und jeden Racheimpuls los. Diese Geste der Liebe erleuchtet unseren Geist und unsere Seele. Es nimmt uns sehr viel Energie, wenn wir jemanden hassen oder ihm alles Schlechte wünschen. Groll oder ein Racheakt kommen als Riesenbumerang zurück und reißen unser Konto bei der Karmabank abgrundtief in die Miesen. Jedes Mal, wenn wir die kleinste Ungerechtigkeit verzeihen, zahlen wir gutes Karma ein, sodass wir Schulden tilgen und ein ausgeglichener Kontostand näher rückt.

Lawrence hat mir eine gute Übung gegeben, mit der wir unserem Denken das Verzeihen antrainieren können. »Jeden Abend, bevor du zu Bett gehst, musst du jedem verzeihen, der dir eine Ungerechtigkeit angetan hat. Du hast gehört, dass man einen Streit mit seinem Mann oder seiner Frau beilegen sollte, bevor man zu Bett geht. Aber eigentlich gilt das für jeden. Sieh die Ungerechtigkeit noch einmal vor dir und sage dir, dass du dem anderen nicht mehr böse bist. Du vergibst jedem. So schließt du Frieden mit denen, die dich verletzt haben, und kommst innerlich zur Ruhe.«

Nehmen Sie zwei *gelbe* Karteikärtchen und schreiben Sie:

1. Vergeben bedeutet, im Zustand der Gnade zu leben.
2. Wir sind nur dann vollkommen glücklich, wenn wir jedem verziehen haben.

Dienen

Jede Handlung, durch die wir anderen dienen, ist eine Einzahlung auf unser Konto bei der universellen Karmabank. Wir sind nur dann vollkommen glücklich, wenn wir anderen so dienen, dass wir uns selbst vergessen. Wann immer wir die Bedürfnisse anderer erfüllen, erzeugen wir gutes Karma. Das Dienen beeinflusst unser Karma und das Karma dessen, dem wir dienen. Wir tragen zu seinem Seelenfrieden bei und fördern so das Gleichgewicht in seinem Leben.

Wenn wir auf der Straße Müll auflesen, dienen wir der Umwelt. Wenn wir wählen, dienen wir unserem Land. Wenn wir einem Menschen zuhören, der das Bedürfnis hat zu sprechen, dienen wir ihm. Alles, was wir zum Nutzen anderer tun, trägt zum kollektiven guten Karma des Universums bei. Jeder von uns hat die Fähigkeit zu einer nützlichen Geste, welche die Welt dem karmischen Gleichgewicht ein bisschen näher bringt.

Der Karma-Ausgleich

Im Grunde ist Karma die Bezeichnung für die Herstellung des universellen Gleichgewichts. Alles kommt zurück. Sie ernten, was Sie gesät haben. Jeder Augenblick des Lebens gibt uns die Gelegenheit, mehr ins Gleichgewicht zu kommen und neues, gutes Karma zu erzeugen – einen weiteren Schritt auf dem Weg zur Meisterschaft über uns selbst zu machen. Dieser Prozess schleust uns von unseren früheren Leben durch das jetzige und dann in die zukünftigen hinein. Die Vergangenheit können wir nicht ändern, aber wir können die Zukunft gestalten. Das Wissen, dass wir immer wieder eine neue Chance bekommen, sollte uns trösten. Wir brauchen nichts zu überstürzen. Wir haben die ganze Ewigkeit vor uns. Jeder kann nur sein Bestes geben.

Jetzt, in diesem Augenblick, können wir anfangen, ein glücklicheres, fruchtbareres Leben zu leben, ein Leben, das unser Konto bei der Karmabank gewaltig ins Plus bringt. In allen Lebensbereichen können wir auf mehr Gleichgewicht hinarbeiten – Gesundheit, Sex, Geld und Macht. Wir werden wiederkommen, um noch ein paar Lektionen zu lernen, ein bisschen mehr Wahrheit zu finden, möglichst viel für andere zu tun und so der Vollkommenheit ein bisschen näher kommen. Wir werden dieses Leben beenden, die Erde eine Zeit lang verlassen, wiederkommen, unsere Kontoauszüge wieder an uns nehmen und unsere Reise Richtung Gleichgewicht fortsetzen. Und so unglaublich es erscheint, mit der Zeit werden wir alle karmischen Schulden gezahlt, alle irdischen Leben gelebt, vollkommene Erleuchtung und die Meisterschaft über uns selbst erreicht haben.

Liste der Merksätze

Kapitel Karma

Unkontrollierte Wut erzeugt negatives Karma. Sie wirkt sich zerstörerisch auf meine Gesundheit, meine Arbeit, meine Freunde, meine Familie und meine Seele aus. Ich finde Wege, meine Wut zu beherrschen.

Kapitel Karma und Reinkarnation

Karma bedeutet »Tat«. Gute Taten erzeugen gutes Karma.
Karma bedeutet »Tat«. Böse Taten bedeuten schlechtes Karma.
Ich erlebe mehr schlechtes Karma als gutes Karma, wenn ich öfter eigennützig als uneigennützig bin.
Ich bin mein Karma.
Durch das, was ich früher getan, gedacht oder gewollt habe, bin ich, was ich bin.
Durch das, was ich jetzt denke, tue und will, baue ich meine Zukunft auf.
Hochherzige Taten und konstruktive Gedanken erzeugen positives Karma.
Ich vergeude keine Zeit damit, mich darüber zu ärgern, dass ich mich nicht an meine früheren Leben erinnern kann.
Ich erfahre das meiste über meine früheren Leben, wenn ich mir mein jetziges Leben ansehe.
Fähigkeiten können eine stärkere Bestätigung für frühere Leben sein als Erinnerungen.

Ein Problem, das ich jetzt habe, muss nicht mein ganzes Leben lang ein Problem bleiben.

Ein echtes Déjà-vu-Erlebnis hat mit einem Vorfall in einem früheren Leben zu tun, den ich noch zu einem befriedigenden Abschluss bringen muss.

Sei geduldig. Es dauert ein bisschen, bis im Unterbewusstsein verborgene Erinnerungen freigelegt sind.

Denk immer über die Muster in diesem Leben nach, bevor du in frühere Leben eintauchst.

Wenn jemand zutreffende Informationen über ein früheres Leben erhält, zeigt der Effekt sich im jetzigen Leben.

Wo Leben ist, ist Hoffnung.

Du stirbst nicht, deshalb kannst du dich auch nicht umbringen.

Das Karma hat kein Verfallsdatum.

Kapitel Karma und Gesundheit

Ich respektiere meinen Körper und meinen Geist, damit ich harmonischer und gesünder lebe.

Ich tue mein Bestes, um andere nie mit irgendeiner Krankheit anzustecken.

Das Karma, das aus einer Täuschung entsteht, wiegt sehr schwer.

Übertriebener, zwanghafter Sport ist ein Missbrauch der Lebenskraft.

Du hast für dein Leben nur eine bestimmte Menge Lebenskraft erhalten. Vergeude sie nicht!

Konzentriere dich auf die Lösung, nicht auf das Problem.

Hass ist immer schädlich für die Gesundheit.

Mit jedem körperlichen Problem wird Karma abgearbeitet, das seine Ursache in diesem oder in einem früheren Leben haben kann.

Bei dieser Prüfung beschäftige ich mich immer nur mit der nächsten Minute.

Wenn ich meine Sucht in diesem Leben nicht überwinde, werde ich im nächsten wieder mit ihr geboren.

Die Willenskraft besteht in meiner ganz persönlichen Fertigkeit, sie zu lenken.

Ich konzentriere mich täglich auf mein Ziel und bemühe mich, es zu erreichen.

Mein höchstes Ziel besteht darin, so zu leben, dass ich den Rest meines jetzigen Lebens und meine nächsten Leben als besserer Mensch genießen kann.

Ich ändere meinen Blickwinkel und sehe nicht mehr den Verzicht, sondern das, was er mir einbringt.

Kapitel Karma und Sex

Leidenschaft ohne solide Basis beeinträchtigt das Urteilsvermögen.

Ich handle absolut selbstlos. Nur das kann meine Ehe retten.

Es gibt keine Opfer des Karmas.

Ich gelobe, dass ich unter allen Umständen nach frühestens vierzig Tagen mit einem neuen Bekannten intim werde.

Die Vergangenheit kann nicht verändert werden, aber ich kann verändern, wie sie mich in der Gegenwart beeinflusst.

Die Kundalini-Energie fließt dahin, wohin die Gedanken gehen. Denk an Schönheit, Harmonie, Gleichgewicht, Dienen, dann wird der Weg kristallklar.

Nicht der Computer betrügt, sondern der Mensch.
E-Mails sind keine Beziehung.
Niemand stirbt, und nichts kann gelöscht werden.
Du kannst nicht ohne Nahrung oder Wasser leben, aber du kannst ohne Sex leben.

Kapitel Karma und Geld

Dankbarkeit ist die erste Regel der spirituellen Entwicklung.

Wahres Selbstwertgefühl stellt sich nur ein, wenn ich im Gleichgewicht lebe.

Eine fixe Idee kann zu Wahnsinn führen.

Zwanghafte Gedanken müssen durch konstruktive ersetzt werden.

Konstruktiv ist ein Gedanke, der meine Gesundheit verbessert und mich innerlich ruhiger macht.

Ignoriere nie eine Gelegenheit, jemandem zu helfen.

Der Nächste, der Hilfe braucht, könntest du sein.

Ich kann schlechtes Karma nicht löschen, aber ich kann lernen und in diesem Augenblick damit anfangen, gutes Karma hervorzubringen.

Positives Denken und entsprechendes Handeln erzeugen gutes Karma.

Ich tue alles Menschenmögliche, um meine Schulden zurückzuzahlen, bevor ich einen Konkurs in Erwägung ziehe.

Wenn ich in diesem Leben Geld missbrauche, werde ich im nächsten Leben keines haben.

In der universellen Karmabank gibt es keine Löschungen.

Schulden haben kein Verfallsdatum.

Der Obdachlose, den du jetzt vernachlässigst, könntest im nächsten Leben du sein.

Kapitel Karma und Macht

Macht sollte in meinem Leben eine positive Position besetzen.

Wahre Macht spiegelt sich in meinen inneren Qualitäten.

Ich werde nicht zum Sklaven meines Ehrgeizes.

Ich konzentriere meine Energie darauf, hervorragend zu sein, nicht darauf, Macht zu bekommen.

Geschichte ist die Erinnerung an menschliche Kämpfe.

Was wir heute tun, ist die Geschichte von morgen.

Selbsterkenntnis ist der erste Schritt zur Macht.

Bitte, höheres Selbst in mir, verhilf mir zu der Macht, alle Hindernisse zu überwinden, die mich von meinem Glück fern halten.

Wahre Macht hat ihre Ursache in der Fähigkeit loszulassen.

Wahre Macht beruht auf Integrität.

Es liegt Macht in der Geduld.

Tu alles in deiner Macht Stehende, um Schaden abzuwenden. So erzeugst du gutes Karma.

Ein selbstloser Mensch, der Macht hat, beherrscht sich selbst.

Wenn du einen Hilferuf hörst, ist es dein Karma, ihn zu beantworten.

Wahre Macht besteht darin, den Standpunkt des anderen zu sehen.

Kapitel Karma und Gleichgewicht

Jede Arbeit, die im Geist der Harmonie verrichtet wird, fördert das Gleichgewicht.

Ich kann und will eine Arbeit finden, an der ich Freude habe.

Ein Leben, in dem du dein Karmakonto jeden Tag belasten musst, ist tragisch, weil viel Energie verschwendet wird.

Verschwendung erzeugt negatives Karma.

Ein Baum wächst so, wie er verwurzelt ist.

Alles, was du verdient hast, wird zu dir kommen.

Ich mache nicht das Karma für meine Faulheit und mein fehlendes Engagement verantwortlich.

Nicht das Universum ist dafür verantwortlich, wenn ich meine Träume nicht erfülle, sondern ich.

Unfreundlichkeit erzeugt immer schlechtes Karma, weil sie auf Egoismus beruht.

Ohne Geduld ist das Leben eine einzige lange Klage.

Begabungen und Beziehungen müssen die Freiheit haben, zu ihrer Zeit zu blühen.

Ich werde es nie so eilig haben, dass mir die Schönheit des Augenblicks entgeht.

Gleiches zieht Gleiches an. Selbstrespekt ist ein Magnet für Respekt.

Vergeben bedeutet, im Zustand der Gnade zu leben.

Wir sind nur dann vollkommen glücklich, wenn wir jedem verziehen haben.

ARKANA
GOLDMANN

Der Weg der Achtsamkeit

Pema Chödrön
Wenn alles zusammenbricht 21525

Steve Hagen
Buddhismus kurz und bündig 21544

Dalai Lama
Die Lehren des tibetischen
Buddhismus 21539

Dalai Lama
Das Herz aller Religionen ist eins
13278

Goldmann • Der Taschenbuch-Verlag